伟大的中国考古

见证中华文明的25处奇迹发现

项木咄 编著

北京理工大学出版社
BEIJING INSTITUTE OF TECHNOLOGY PRESS

序 言
Forword

1921 年，在时任中国地质调查所所长丁文江的支持下，瑞典地质学家安特生对河南渑池仰韶村遗址进行了发掘，从而揭开了中国考古学的序幕。自那以后的 100 多年来，中国考古学呈现出异彩纷呈的状态，各种划时代的发现层出不穷。相信阅读此书的各位，随口都能念出不下十个代表性考古遗址。不过，考古学毕竟是一门研究时空的学问，要准确理解中国考古的伟大成就，必须深入考古现场。在本书中，我们选取了二十五处经典的考古遗址，以时间顺序来一一展现中国历史的宏伟图卷。

故事首先从距今 50 万年前的周口店开始讲起。在周口店龙骨山，我们发现了古人类居住遗迹，那时候的古人类已经形成了一整套成熟的以石片制作石器的工艺传统，甚至已经学会了用火，这是古人类的巨大进化。

在那之后，人类经过数十万年的进化，于距今 10 000 年前后迈入了新石器时代。距今 9 000 年前的贾湖遗址，被誉为“人类从蒙昧迈向文明的第一道门槛”，是研究中国史前文化的重要窗口。此后几千年的东亚大陆，逐渐开始步入社会复杂化的阶段，并很快出现了早期国家，开始了延续数千年的中华文明。考古学家许宏先生在苏秉琦先生的基础上颇为诗意地将这段历史分为“满天星斗”“月明星稀”“皓月凌空”三个阶段。

“满天星斗”，这一阶段指的是新石器时代晚期，距今 5 500—3 800 年，此时中国各地出现了众多相对独立发展的区域性文明，比如环太湖地区的良渚文化、长江中游的屈家岭—石家河文化、海岱地区的大汶口—龙山文化等。这些文明如同天上的繁星，各自闪耀，异彩纷呈。我们将着重讲述以良渚古城为代表的良渚文化，看 5 000 年前的良渚社会，在阶层分化、大型工程、农业生产等各个领域发生了哪些深刻的变革。

“月明星稀”，这一阶段相当于考古学上的青铜时代，中原地区开始出现所谓的“广域王权国家”，从二里头文化到商代的殷墟，黄河流域这一中华文明的核心区域开始迈入一体化的王朝进程。它们如同夜空中的明月，照耀着中华大地。不过，尽管中原王朝崛起，其他地区的青铜文化依然存在，比如四川盆地的三星堆文化。它以独特诡谲的青铜艺术，一再震惊着世人。

“皓月凌空”，以秦汉统一为标志，中华大陆进入了中央集权时代。这一时期，各地的土著文化也逐渐融入帝国文化，形成了统一的政治和文化中心。这一阶段大概是读者最为熟悉的部分，也是本书着墨最多的部分，我们按照朝代，同时兼顾地域差异和遗址类型，呈现每个阶段极具代表性的考古发现。秦汉时期是集权王朝的形成与上升期，我们从几个典型的陵墓入手，秦始皇陵、马王堆汉墓、南越王墓、满城汉墓以及海昏侯墓，还原那个时代的辉煌。魏晋南北朝是帝国的动荡时期，战乱频繁，人民颠沛流离，他们希望在精神上获得解脱，而刚传入中国不久的佛教宣扬生死轮回，使人们能在虚幻中得到一点慰藉，佛教因此得以大力发展。青州龙兴寺佛教窖藏出土了从北魏到北宋共四百余尊佛造像，其中绝大多数集中在北魏晚期到北齐之间，这批造像以独特的艺术风格和美学特征，在中国古代佛教艺术中占有重要地位，被誉为“青州样式”。隋唐时期是帝国的鼎盛期，我们将着重讲解法门寺地宫出土的文物，所谓“地宫一开，就是半个盛唐”，法门寺地宫出土的佛指舍利、金银器、瓷器以及各种珠宝等，为我们揭示了唐朝佛教文化、宫廷文化和异域文化的完美交融。

之后帝国进入所谓的“衰弱期”，尽管如此，考古发现还是有很多可圈可点之处，“南海Ⅰ号”沉船的发现和打捞标志着中国水下考古学的起步和发展，是我国水下考古的里程碑，船上发现的大量瓷器、钱币等文物，是宋代海上丝绸之路的直接物证。明朝定陵是我国历史上第一座也是迄今为止唯一一座采用科学考古方法主动发掘的皇陵，虽然发掘过程充满了曲折和争议，但出土了大量珍贵文物，包括金器、玉器、瓷器等，这些文物为研究明代社会生活、宫廷礼仪、手工艺等方面提供了重要资料。江口沉银遗址则创造性地用了“围堰考古”的手段，并通过磁学、电学等技术确定遗址位置，最终使消失了数百年之久的张献忠“宝藏”重见天日。

以上，是对本书各大考古遗址简单的串联。更多考古遗址中精彩的内容，留待大家后面慢慢探索。我们相信，通过这二十五个精彩的考古故事，大家对中华文明的辉煌成就会有更生动、直观的了解！

目 录

Contents

周口店遗址

• 探寻人类起源的重要线索

地址：北京市房山区周口店镇龙骨山
年代：旧石器时期
发掘时间：1927 年
主要出土文物：“北京人”头盖骨化石、用火遗迹、石器、动物化石等

“爪哇人”的悲剧

在考古学领域，有所谓的三大终极命题，即人类的起源、农业文明的起源和国家的起源。其中，关于人类自身是从何而来的，应该是我们千百年来最关心的问题。现在我们已经有一个基本的共识，即人类由猿进化而来，其进化顺序又可分为四个阶段：南方古猿、能人、直立人和智人。

1891 年，荷兰医生尤金·杜巴斯在中爪哇梭罗河边的特里尼尔附近发现了一个头盖骨，次年又发现了一根大腿骨。他认为，这根大腿骨的结构形态已经与现代人没有显著区别，特别是骨的后面也有股骨脊，这表明大腿骨的主人已经能够和现代人一样直立行走，杜巴斯将其命名为“直立猿人”或“猿人直立种”，俗称“爪哇人”。但是由于传统观念的束缚，再加上没有文化遗物共生，这一发现遭到了学术界的普遍质疑。杜巴斯无奈宣布收回自己的结论，从此再也不提“爪哇人”的故事。直到 30 多年后，与“爪哇人”同处于相同进化阶段的周口店“北京人”化石惊现于世，并很快得到了学术界的认可，人们这才恍然大悟，原来在猿与人之间真的存在“直立人”这一进化阶段，于是又回过头来重新承认了“爪哇人”的地位。

周口店遗址

尤金·杜巴斯

发现“北京人”

1918 年，瑞典著名地质学家、考古学家安特生通过在燕京大学任教的麦格雷戈·吉布教授，得知北京郊区周口店镇一个叫鸡骨山的地方有成片的古代鸟类化石。安特生对此产生了兴趣，按照吉布教授的路线，找到了周口店西南约 2 000 米处的鸡骨山，并且花了整整 1 天时间，收集了两大包化石。他敏锐地意识到，周口店的秘密绝不止于这些动物化石，还有更大的宝藏在等待着他。

“爪哇人”复原像

延展阅读　达尔文“人类是由猿类进化而来的”

1859 年，达尔文发表了《物种起源》，开始用“自然选择法则”代替“上帝的旨意”，来解释地球上先后出现的生物。这是进化论第一次正式向“神创论”提出挑战。1871 年，达尔文又发表了《人类的由来及性的选择》，通过列举解剖学、胚胎学、遗痕器官和返祖现象等事实，论证了人类是由猿类进化而来的。生物并非由神创造，人类也不是上帝的杰作，居然是由猿演化而来！此说一出，彻底激怒了神权论者。然而，由于缺少直接出土的人类化石作为证据，“从猿到人”学说从提出伊始就备受质疑，甚至成了某些人口中的笑柄。

安特生

1921 年初夏，安特生安排奥地利古生物学家师丹斯基去周口店做短期发掘，从此，周口店的发掘拉开了序幕。1926 年夏天，师丹斯基从周口店挖掘的化石中找到一颗人类的牙齿，经安特生和师丹斯基初步估计，这颗牙齿至少距今约 50 万年。尽管当时还有很多的分歧，但这一消息不啻为一枚重磅炸弹，震撼了学术界，因为当时在亚洲大陆上没有发现过这样古老的人类化石。1927 年，周口店“北京人”遗址的发掘正式开始。

1929 年 12 月 2 日，负责周口店发掘工作的裴文中经过彻夜工作后，挖出了一块头盖骨化石。这块头盖骨化石后来被命名为“中国猿人北京种”，

秃鹫头骨

1921 年发掘现场

1927 年发掘第一地点

简称“北京人”。它的发现立即引起了全世界的关注，一时间，“北京人”头盖骨化石的国内外相关报道多达两千多条。它让人类开始重新认识自己的起源，并将人类对于自身历史的认识整整提前了 50 万年。

到了 1936 年，裴文中的另一位同事贾兰坡又发现了另外三个“北京人”头盖骨。这次发现的头盖骨意义更加重大，其中一个头盖骨比过去发现的头盖骨都要完整得多，甚至连神经大孔的后缘部分和鼻骨上部及眼孔外部都依然完好。后来的研究表明，该头骨的脑量大约为 1 100 毫升，属于一位青年女性。通过对这些头盖骨和其他骨骼化石的研究，专家们推测“北京人”生活的时代为距今 70 万至 20 万年之间。

1929 年秋，发掘第一地点（猿人洞）顶部

1935 年，发掘队采取打格划方的方法对遗址进行发掘

为什么“北京人”如此重要?

在“爪哇人”被发现的时代，科学界普遍认为，要确定一个物种属于人类，要符合两个最基本的条件：一是会制造使用工具；二是会用火。正因此，不少科学界人士认为“爪哇人”不能算作人类。

1929 年，随着第一个“北京人”头盖骨的出土，还发现了一块有打击痕迹的石英片，随后又发现了许多类似的石块。由于技术限制，这些石块是否为“北京人”的工具一直无法确定。直到 1931 年，经法国考古学家

女性“北京人”复原图

“北京人”第Ⅲ号头盖骨模型（1929年发现的第一颗“北京人”头盖骨化石）

头骨脑容量约为915毫升，可能来自一个八九岁的儿童，该头盖骨原件于1941年失踪。

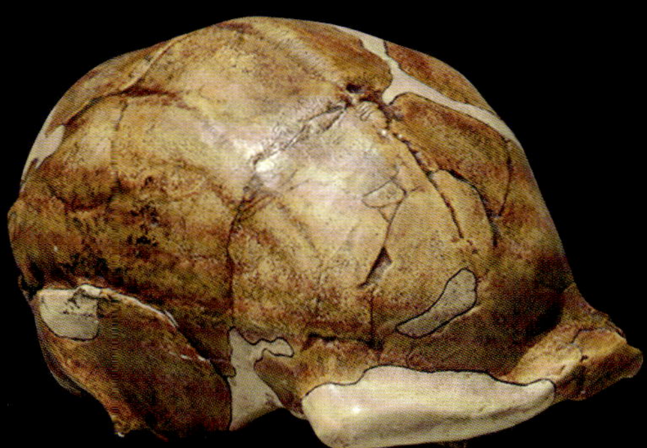

“北京人”XI号头盖骨模型

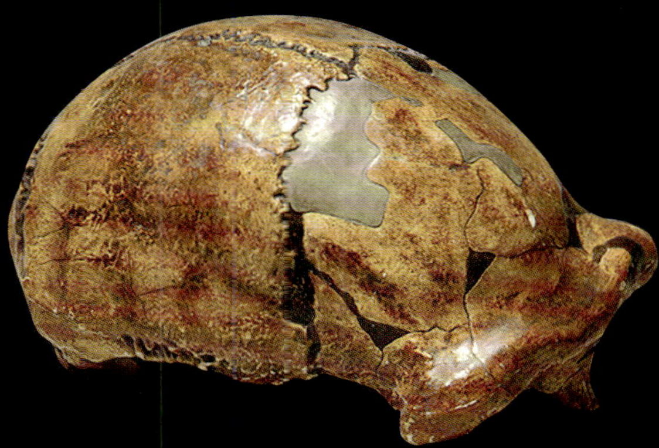

“北京人”XII号头盖骨模型

石核

雕刻器

刮削器

石片

步日耶鉴定，确认这些石块为人工打制的石器。最终，周口店遗址发掘出十万多件石制品，包括石核、石片、工具等，都是“北京人”打制石器过程中不同工序的产物。

除了人工打制的石器，周口店遗址还发现了“北京人”用火的证据。1929 年，发掘人员从遗址中挖出了似乎被烧过和部分炭化的兽骨化石，并于 1930 年和 1931

延展阅读　“能人”的发现

1959 年，英国的利基夫妇在非洲的奥杜威峡谷发现了一个粗壮的男性头盖骨和一些人工制造的石器。根据钾氩法测定，头盖骨所处的地层年代距今约 175 万年，这一男性也被命名为“东非人”。不过，仅仅从脑容量来看，“东非人”的头骨只有 600 毫升，要完成制造石器，甚至狩猎这种复杂的行为，显得有些“力不从心”。第二年，利基夫妇的儿子乔纳森·利基，又在相同的地层挖出了一些头骨和附有牙齿的下颌骨。这些化石的脑容量多达 800 毫升，几乎是“东非人”的 1.5 倍，而且头盖骨的形状与现代人更加接近。研究之后，他们判定之前发现的人工石器，其实是这些新人种制造的，而“东非人”不过是被他们猎杀的猎物而已。后来，这种能够制作工具的人种被命名为“能人”，寓意“手巧的人”，暗示这个人种能够制造工具。

能人化石

年分两次送到法国巴黎进行鉴定，化验结果显示这些样本是人类使用火的证据。1931 年，考古人员在鸽子堂又挖出了许多烧骨、烧石、木炭等，经过北京协和医学院药学系化验，也被证实是用火的遗迹。就这样，“北京人”已经会使用火为学术界所承认。周口店第一地点中发现的五个灰烬层、三处灰堆遗存以及大量的烧骨等丰富的

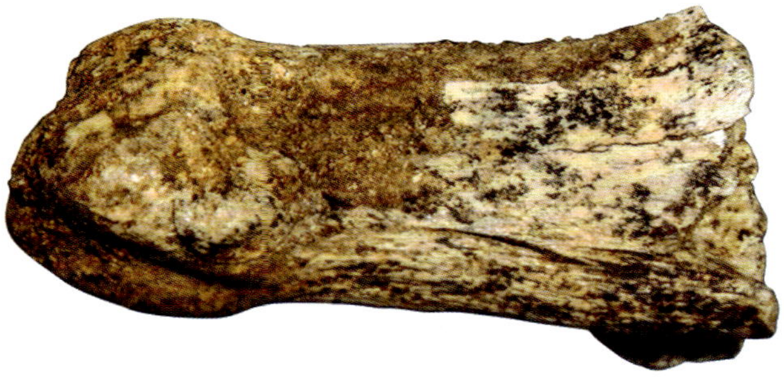

烧骨

灰烬

用火遗迹，都表明“北京人”不仅懂得用火，而且会保存火种。

这两个证据强有力地证明了“北京人”是人类的一种。由于“爪哇人”头盖骨与“北京人”相似，因此“爪哇人”也最终被纳入人类的大家庭，结束了长达 40 年的“爪哇人”是人还是猿的争论。“北京人”的发现将人类历史提早到了 50 万年之前，在当时被认为是已知最早的人类，这是人类起源研究的一个重大突破，也是“北京人”的重要性所在。在此后很长一段时间内，“北京人”都是已知世界范围内最早学会制造工具和用火的人种之一。直到 1960 年，距今约 190 万年，“最早制造工具”的能人被发现。就这样，人类发展史的序列变成了：① 能人阶段；② 直立人阶段（以“北京人”为代表）；③ 智人阶段（分为早期智人和晚期智人，晚期智人即现代人）。虽然“最早制造工具”的头衔让位给了能人，但“北京人”作为直立人的代表，在人类进化史上依然占据着重要的地位。

背景知识　“北京人”头盖骨消失之谜

尽管“北京人”在人类进化史上占据重要的地位，但遗憾的是，周口店北京人遗址博物馆展出的“北京人”头盖骨都是复制品。真正的头盖骨在 20 世纪 40 年代丢失，至今下落不明。1937 年，日本全面侵华战争爆发，周口店的发掘工作被迫中止。1941 年，因美日关系紧张，史前考古学家裴文中担心保存在协和医学院的“北京人”头盖骨不安全，决定暂时运往美国，战争结束后再归还。头盖骨由美军军医威廉·弗利以私人行李名义带出中国，但太平洋战争爆发，威廉·弗利被俘，两只装有头盖骨的行李箱也失踪了。80 多年过去，这些头盖骨的下落仍是个谜。幸运的是，中国研究者在头骨运走前制作了一批模型，让我们能通过这些展品一窥“北京人”的风采。

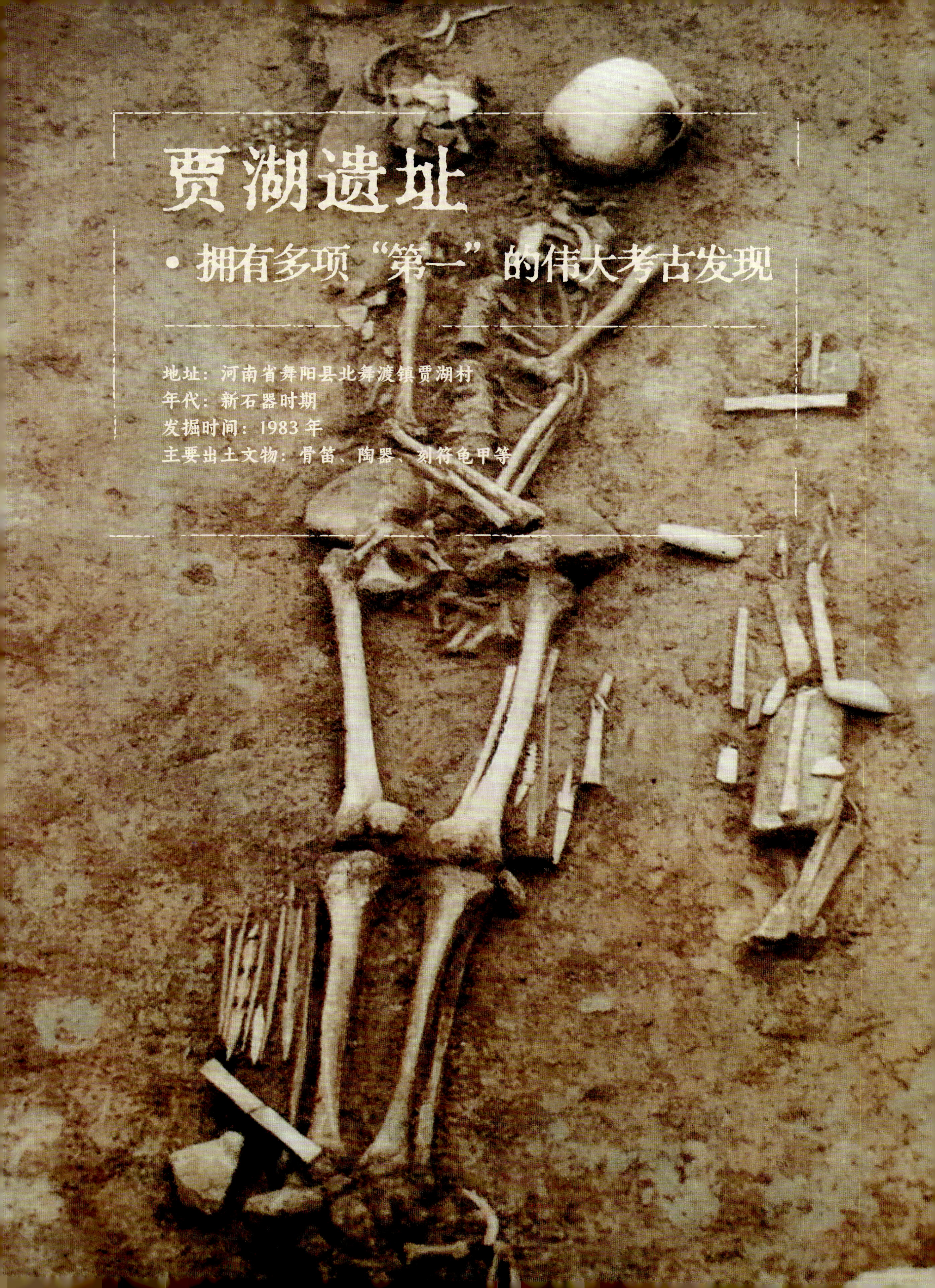

贾湖遗址

• 拥有多项“第一”的伟大考古发现

地址：河南省舞阳县北舞渡镇贾湖村

年代：新石器时期

发掘时间：1983 年

主要出土文物：骨笛、陶器、刻符龟甲等

大雨冲刷而来的考古大发现

河南省驻马店市，地处北亚热带与暖温带的过渡地带，气候温和，降水稳定。但谁也没想到，这样一个地区，居然会因为一次台风北上引发的罕见暴雨而酿成了巨大灾难——1975 年 8 月 8 日，当年的第三号台风在福建登陆后，越江西、穿湖南，最后直入河南境内，造成了历史罕见的特大暴雨，并且导致了板桥水库等数十座水库垮塌，洪水淹没了大片土地。

正是这场大洪水，把舞阳县境内贾湖村的房子冲得只剩一间未倒。1978 年，国家拨款来修村东边的防护堤。在平整土地的过程中，该村老师贾建国在地里挖出了一些碎陶片，还有一些形状奇怪的石头。贾建国是村里的文化人，有一定的文物保护常识，他怀疑这些挖出来的

贾湖遗址博物馆外观

贾湖遗址发掘现场

陶片和石头，会不会跟史前遗址有些关系？于是，他将自己的发现通报给了县文化馆。这件事情引起了县文化馆工作人员朱帜的重视。当时河南的裴李岗遗址刚刚被发现，整个河南文博界十分重视对新石器早期文化的探索。所以朱帜一看到这些标本，立刻就联想到了裴李岗遗址。这会不会是一个与裴李岗遗址文化属性相类似的遗址呢？

淮河流域迄今所知年代最早的新石器时代文化遗存

经过朱帜的努力，河南省文物考古所考古队在1980年春天进驻贾湖村，在村东进行了试掘。在最初的一个探方内，考古人员很快发现了大量的人类墓葬。墓葬相互叠压，表明这很可能是一个集中墓葬区，被数代人反复使用过。通过研究出土的陶片，考古人员初步判断，这是一个与裴李岗遗址时代相同、性质相近的新石器时代遗址。利用碳14测年法，考古学家选取了贾湖遗址的十九个样品进行了测量。这十九个样品中，有九份木炭样品、五份草木灰样品、四份人骨样品和一份果核样品，考古学家尽可能保证了样品的多样化和准确性。结果发现，贾湖遗址的年代大概在距今9 000年到7 800年之间。

光说这个年代，可能大家的感知并不明显，我们来做个比较。黄河中游地区非常重要的仰韶文化，它所代表的彩陶文化非常有名，年代距今约7 000年到5 000年之间；而以玉文化闻名世界的、2019年被列入《世界遗产名录》的良渚文化就更晚了，距今约5 300年到4 300年。也就是说，贾湖遗址比这些我们熟知的史前文化还要早很多。

1983年春，对贾湖遗址的发掘正式开始。自那以后，贾湖遗址的发掘基本就没有断过，从1983年到2013年，一共经历了八次发掘，每次发掘都有振奋人心的收获。2023年，距离第八次考古发掘10年后，为配合贾湖国家考古遗址公园建设，新一轮考古发掘再度启动。

延展阅读　如何确定遗址的年代？

在考古学研究中，确定遗址的年代是首要的，只有弄清楚了一个遗址的年代，考古学家们才能够把它放到合适的“坐标”，进行横向和纵向的分析，遗址中出土的文物，才有了参考的基准。

在考古学研究中，最常见的测定年代方法是碳14测年法。它基于一个非常简单的原理：生命体在活着的时候不断吸收着碳14，直到死前那一刻。之后，生命体内的碳14开始呈现一定规律性的衰减，衰减率大约是每隔5 700年减少一半。根据衰减的规律性，我们提取来自考古地点的有机材料样本中的碳14含量，比如木炭、木头、种子或者骨骼等，就可以较准确地测定其年代。因为简单、准确、高效，所以碳14测年法迅速在考古学界普及，成为考古学研究的有力武器。除了碳14测年法，树木年轮法、热释光断代法、钾氩法等测年方法也是考古学家常用的。

世界上“最早的酒”

酒，似乎是全人类的共同爱好。古人将酒的发明归功于仪狄和少康。《世本》中说：“仪狄始作酒醪，变五味。少康作秫酒。”要真正解决“酒是什么时候发明的”这个问题，还得靠考古学的研究。

考古学家在贾湖遗址中发现了一些形状很有特色的陶器，像腹部穿孔的甑形器、小口双耳罐、高领敞口罐等。从样式来看，应该是用来存放液体的器物，可由于时间太久，陶器中早已空空如也。不过，由于长时间使用，细心的专家发现，器皿的底部竟然沉淀了一层薄薄的残留物。恰恰是这些残留物，为日后的研究带来极大的便利。

贾湖遗址陶器中沉淀的残留物，是贾湖先民使用陶器后留下的“物证”。从1999年开始，张居中团队与世界酒史研究者麦克戈文教授合作，对十六个陶片标本上的沉淀物进行了化学分析。实验结果出人意料，这些沉淀物中含有酒类挥发后的酒石酸，还包含有蜂蜜和山楂的化学成分。他们最终得出结论：这些陶器曾经盛放过以稻米、蜂蜜和水果为原料混合而成的发酵酒。这是中国目前发现的，也是世界上最早的酒类饮料的沉淀物，从而将人类酿酒史提前到了距今约 9 000 年前后，将世界酒史向前推进了 1 000 多年。

单纯从考古学角度考虑，很难解出“酒的发明起于何时”。考古学讲究的是“以材料说话”，即使是残留物分析，年代越古老，留下的材料就越有限，就越会存在“幸存者偏差”。所以我们只能说，这是目前为止最早的酒类饮料沉淀物。

贾湖遗址出土的鼎罐壶组合

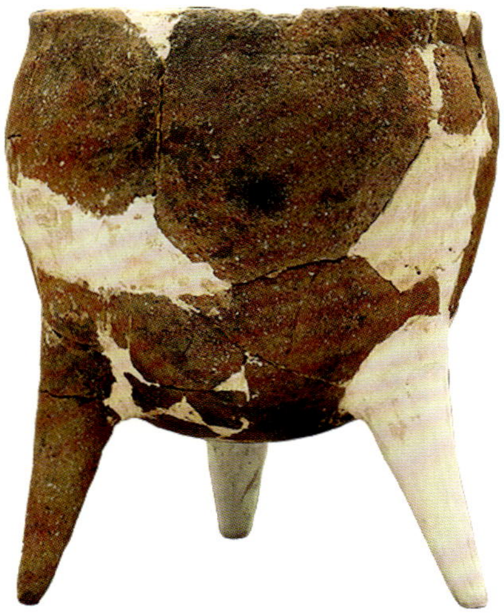

遗址中出土的罐形鼎

酿酒成分化验陶片

延展阅读　残留物分析

在考古学发展的早期阶段，考古学家都是根据发掘出土的遗物、遗址的分布状况和结构来诠释考古发现的，这些都是肉眼能够见到的信息。但是随着考古学的不断发展和不同学科的逐渐介入，考古遗址中那些不易被发觉的部分，例如附着在容器上的残渣、工具上的一些使用痕迹等，越来越受到重视。通过特定的技术手段，这些所谓的“残留物”甚至能够提供巨量的信息。随着对残留物研究的深入，目前已经形成了一个叫“残留物分析”的新的考古学方向。

在 282 号墓内发现的骨笛

远古的回声

1986 年，在贾湖遗址第四次发掘中，考古学家们首次发现了两支骨笛。这两支骨笛不同于现代的横笛，既没有吹孔，更没有笛膜孔；也不同于箫，因为没有吹奏用的山口。所以当时的记录人员只用了“穿孔骨管”“笛形器”等名称来代替。

骨笛的发现令发掘领队张居中先生十分欣喜，他认为这应该是一种远古的乐器。

1987年春，在贾湖遗址的第六次发掘中，考古人员在清理282号墓时，在墓主人左股骨内侧发现一支完好的“穿孔骨管”，在左股骨外侧还有一支断了三节的同类器，分别编号M282：20号和M282：21号。1987年夏天，张居中带着精美的M282：20号，前往北京拜访音乐界的专家。中国艺术研究院民族音乐研究专家萧兴华先生见了骨笛如获至宝，当场确定它就是吹管乐器。随后他们又请来了笛子演奏家宁保生先生试奏，也得到

贾湖遗址M282：21号骨笛

新石器时期，乐器
长22.6厘米、直径最宽约1.1厘米
现藏于河南博物院

贾湖遗址 M282：20 号骨笛

新石器时期，乐器
长 22.2 厘米、直径约 1.2 厘米
现藏于河南博物院

了其肯定。

对于音乐界来说，1987 年 11 月 3 日是一个值得纪念的日子。萧兴华先生与时任中国艺术研究院音乐研究所所长的黄翔鹏先生、武汉音乐学院院长童忠良先生及徐桃英、顾伯宝工程师一行五人，携带着“闪光频谱测音仪”来到河南省文物研究所，进一步对骨笛进行了测音。测音结果表明，骨笛至少能形成六声音阶，也可能是七声齐备的音阶。萧兴华、徐桃英先生还利用这支骨笛吹奏出了我国传统名曲《小白菜》。大家一致认定，贾湖骨笛是目前中国音乐考古史中发现的最早的吹管乐器实物，这一发现改写了中国音乐史，在世界音乐史上也有重要地位。从此，在音乐史学界，贾湖骨笛被视为中国音乐文明的源头。

目前，贾湖遗址出土了四十余支骨笛，它们大多用鹰、鹫一类猛禽的腿骨或翅骨制作。贾湖遗址 282 号墓出土了两支骨管，以其中 21 号骨笛为例，这支骨笛通长 22.6 厘米，直径最宽处约 1.1 厘米，用鹤类禽鸟的尺骨钻孔做成。笛子有七个孔，可以演奏七种近似音节的乐曲。骨笛出土时已经断为三部分，考古专家认为，在墓主人生前这支骨笛就已经受损。但令人惊讶的是，骨

贾湖遗址出土的其他骨笛

笛的每个折断处都被人加工过，钻了多个小孔，并用细线连缀在一起。这种细致的修复方式说明了墓主人对这支骨笛的重视和喜爱。

这些骨笛从选料到制作都非常精细，选料首先要长短合度。造好料后截去两端关节，打磨光滑，再按一定尺寸刻画等分符号，最后钻孔。试吹后，有的孔音有差，再钻小孔调音。可以这样认为，每一支骨笛都是上古乐师心血的凝聚。从另一个角度分析，制成的骨笛要具备高低音阶，符合音律，事先必须经过严密的计算，以确定开孔的位置、孔径的大小。而精确的计算就必须懂得相应的数术知识，这又从侧面显示了当时贾湖人民高超的科学水平和生产力发展水平。

令人疑惑的龟甲

贾湖遗址的先民，还有着大量使用龟甲的情况。在目前发掘的六百一十八座墓葬中，有二十六座墓葬出土有龟甲，共计九十九件（套）。它们有的是成组的背腹甲扣合完整的龟壳，有的是单个完整的龟甲，还有的是龟甲碎片。有意思的是，大部分龟甲都有石子伴生出土，比如出土于363号墓的这件龟甲，属于背腹甲扣合完整的龟壳，龟腹内藏有十二颗石子，其中浅色石子七颗，深色石子五颗，皆为自然石子。更有意思的是，这

363号墓的龟甲

H50号墓出土的成组龟甲

二十六座出土龟甲的墓葬大多有着比较丰富的随葬品，且随葬品中均有骨笛。为什么会出现这种情况呢？这些随葬的龟甲有什么用途？放置在龟腹中的小石子究竟有何用意？

目前学术界主要有四种观点。第一种认为龟甲是宗教仪式上的一种乐器或响器。出土的龟甲基本上是完整的背腹甲，它形成了一个封闭的独立空间，而使用者只需要摇晃龟甲，内部的石子就会摇晃发出声响。北美的印第安人至今仍有用龟甲制成响器用于宗教仪式的现象，他们在重要节日舞蹈时，会手持龟甲响器指导跳舞者。另外，龟甲基本上与骨笛伴生而出，这是不是暗示着龟甲也是与骨笛类似的乐器呢？

第二种观点认为龟甲是灵物。我国自古以来就有鬼灵崇拜的习俗。《礼记·礼运》中将龟列入四灵之一，在河图洛书的传说中，更是将龟排在四灵之首。由此可见，龟灵崇拜是中国传统文化的一个重要组成部分。高广仁、邵望平先生在综合分析大汶口等史前墓葬随葬龟甲的现象后认为："龟甲内装石子，背甲涂朱，应与医、巫或宗教上的某种功能有关，为一种灵物。"由此，他们认为商殷文化中的龟灵、龟卜观念即渊源于此。

《神龟图》

金代，张珪作

绢本，长卷，设色，26.4 厘米 × 55.3 厘米

现藏于故宫博物院

第三种观点依据背甲上有穿线的小孔，从而认为它是挂于身上的佩戴之物。不过此说法值得商榷，因为它无法解释为何龟甲中会放置石子。

最后一种观点是数卜说，这也是贾湖遗址发掘者的观点。此观点认为龟甲中的小石子是巫师进行占卜的道具，石子颜色有深浅、数量和大小之分，说明当时的贾湖人已经有了奇偶数、阴阳等概念，而之所以将石子放置在龟腹之中，是因为龟有"灵性"，能够"知天之道""寿蔽天地"。

至于哪一种说法才是正解，目前还没有定论。

中国文字的起源?

在西方史学界，文字一直是判断文明起源的重要标志。中国虽然是世界文明古国之一，但目前我国公认最早的文字是殷墟甲骨文，距今有 3 300 多年，比苏美尔和古埃及的文字晚约 2 000 年。然而，殷墟甲骨文目前可释读的文字已有五千多个，早已是成熟的文字体系。所以大家普遍认为，中国文字的形成应远早于甲骨文之前。

那么，中国文字的起源该往哪里找呢？贾湖遗址或许可以给我们答案。

我们在贾湖遗址的龟甲、陶器、骨器和石器上，发现了十七例契刻符号，虽然它们第一眼看上去仿佛“天书”，但实则有迹可循，全都是有意识刻划的。

发掘者将这十七例契刻符号分为三类。第一类符号从形状上分析具有多笔画组成的组合结构，其中应该蕴含着契刻者的某种意图，记录了一件特定事情，所以具有原始文字的性质。比如这件刻符龟甲，其右下角明显有个类似人类眼睛的图像，通常被释读为“目”字，

龟甲上的“目”字符号

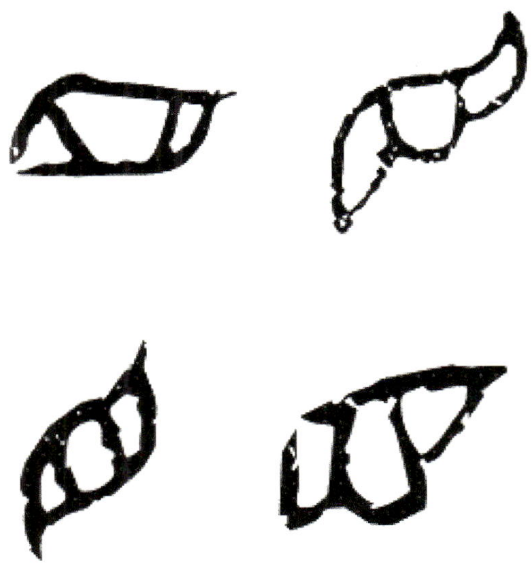

甲骨文中的“目”字形象

贾湖遗址出土的刻符龟甲，右下角有个人工刻划的凿刻符号，类似人类的眼睛形状

《说文解字》目部：“人眼、象形，重童子也。”同时，这一形象也和后来甲骨文、金文乃至于战国时期的青铜刻划符号一致，说明贾湖之后的几千年来，“目”字的眼睛形象都被保留了下来。另外还有学者根据这一形象刻于龟甲之上，而龟甲又是占卜的工具，所以联想到了《周易》的八卦。《周易·说卦》说：“离为目”，因此认为此形象为八卦中离卦的卦象。

第二类契刻在石颜料块或陶网坠上，可能是用于戳记的符号。如一件陶网坠上有“⊞”符号，发掘者认为陶网坠可能用于测量，而此符号的中心点可用于定位。

第三类均在龟甲上契刻，为横或竖的一道或两道直向刻痕，可能具有记数的形制，是计数类符号。

这些契刻符号公布之后，引起了国内外学术界的重视，学者们普遍认为这是中国目前发现的最早的刻划符号，甚至已经具有了原始文字的属性。

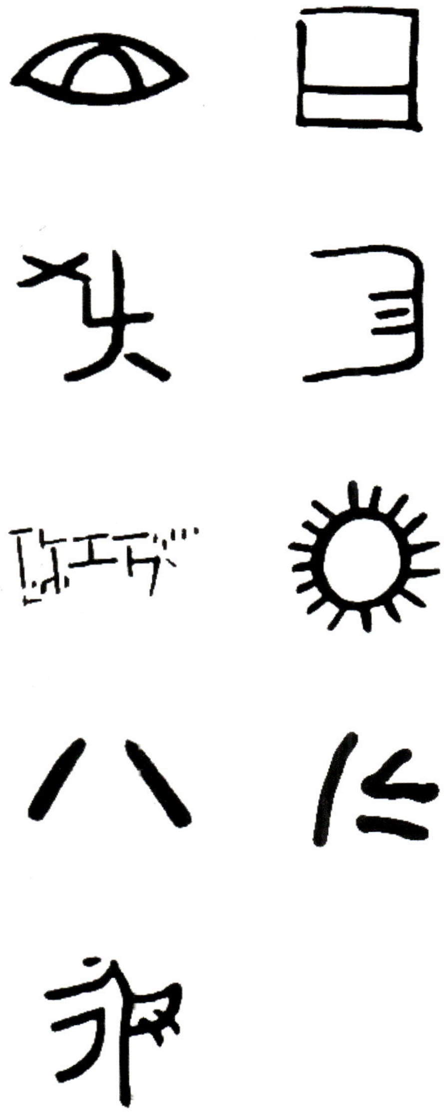

贾湖遗址发现的具有原始性质的文字

契刻在石颜料块或陶网坠上，可能用于戳记的符号

此外，贾湖遗址还发现了一批炭化稻米和相应的石铲、石镰、石磨盘等农具，说明9 000年前的贾湖居民就已经开始了水稻的种植，是目前发现的世界上最早的稻作农业遗址之一。另外发掘的蚕丝蛋白的残留物和骨针等用于编织的工具，说明贾湖人已经掌握了养蚕制丝和纺织技术，这些发现或许是世界上已知的最早的纺织品。

所以，贾湖遗址作为淮河流域迄今所知年代最早的新石器文化遗存，再现了淮河上游八九千年前的辉煌，是中国新石器时期文化的代表，颠覆了人们对上古时代音乐、宗教、文字、种植等文化的认识，是早期的中国人从蒙昧走向文明的标志。

刻在龟甲上可能用于计数的符号

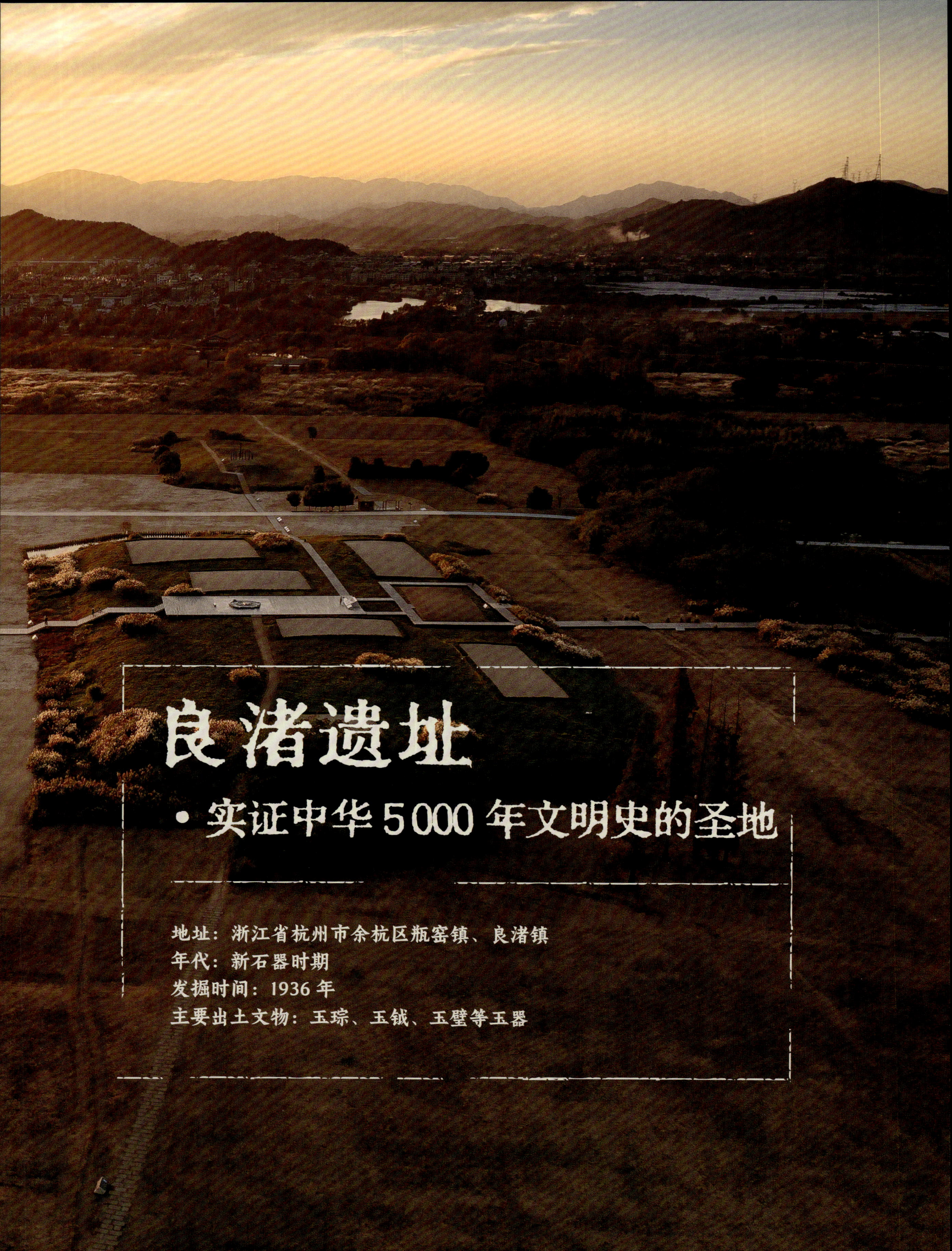

良渚遗址

• 实证中华5000年文明史的圣地

地址：浙江省杭州市余杭区瓶窑镇、良渚镇
年代：新石器时期
发掘时间：1936年
主要出土文物：玉琮、玉钺、玉璧等玉器

良渚遗址发现简史

1936 年，浙江杭州老和山杭州第一公墓的施工现场，出土了一些形状奇特的石器，这一发现引起了吴越史地研究会的注意。很快，由浙江省立西湖博物馆和吴越史地研究会合作组成的发掘队对老和山进行了考古发掘。发掘队伍中有位叫施昕更（1911—1939 年，余杭县良渚镇人）的小伙子，他本是浙江省立西湖博物馆的地质矿产组助理，这次他的主要工作是绘图记录发掘的地层。不过，施昕更瞧见从地里发掘出的石器，总有种似曾相识的感觉。

施昕更老家在杭州西北郊的良渚镇，这是一个“C”形盆地，南北方是大遮山和大雄山两座天目山余脉，西部散落着低矮山丘，东部则是一片敞开的平原，水网密布，自古以来就是鱼米之乡。在他小时候，附近的村民就时不时在地里挖出一些石器、陶器。这些早已司空见

良渚古城沙盘模型

蛋壳黑陶高柄杯

龙山文化（距今 4 600—4 000 年）
高 26.5 厘米、口径 9.4 厘米
1973 年出土于山东日照东海峪遗址
现藏于山东博物馆

黑陶罐

良渚文化（距今 5 300—4 300 年），容器
高 14 厘米、口径 12 厘米、底径 14 厘米
出土于余杭镇南湖
现藏于良渚博物院

惯的东西，居然在老和山挖出了！对于自己的发现，施昕更很是兴奋，老和山的发掘结束后，他立即回到老家开始搜集，短短几天时间，就在田间地头找到了很多黑色陶片。当时山东城子崖龙山文化遗址发现没多久，受此影响，施昕更认为良渚的这些黑陶和城子崖龙山文化的黑陶很相似，于是认为这里是龙山文化的一支。

西湖博物馆馆长董聿茂得知此事后非常重视，遂拨款让施昕更主持发掘，1936 年年底至 1937 年年初，施昕更先后对棋盘坟、横圩里、茅庵前、古京坟、荀山东麓以及长明桥钟家村等六处遗址进行了试掘，获得大批黑陶和石器。

这是良渚文化首次发掘，根据三次发掘结果，施昕更在 1937 年 5 月完成了五万字的《良渚：杭县第二区黑陶文化遗址初步报告》，从此以后，良渚文化正式进入大家的视野。

1987年，瑶山11号墓的玉器出土现场

不过如前所述，当时良渚文化被认为是山东龙山文化的一支，所以并没有单独对其进行考古学文化命名。直到20多年后的1959年，随着在上海、江苏等地发现了越来越多类似文化面貌的遗址，新中国考古学的掌舵人夏鼐先生才终于将其命名为“良渚文化”。

此后将近30年，良渚文化的发掘相对沉寂，直到1986年，反山王陵横空出世，考古学家在这里发掘出了十一座大墓，共出土玉器、石器、象牙器、嵌玉漆器、陶器等一千二百余件（组），其中90%都是玉器。在最引人注目的12号墓中，出土了重达6.5千克的“玉琮王”、象征至高权力的“玉钺王”，并首次发现了代表良渚“神徽”的神人兽面纹。考古学家认为，这里就是当时的良渚“国王”的葬身之处。

自那以后，与良渚文化有关的重要发现层出不穷：

1987年，瑶山遗址发掘，考古学家认为这里是良渚人的祭坛和观象台。

挖掘前的反山王陵

1986 年反山遗址发掘现场

1992 年，莫角山遗址发掘，这座 10 余米的高台，就是良渚古城曾经的宫殿区。

2007 年，良渚古城的城墙最终被发现，至此，以往所有的发掘线索串联在一起，良渚古城面目初露端倪。

2015 年，发现良渚古城外围水利工程。这是目前发现的中国最早的大型水利系统，也是世界最早的拦洪大坝系统。

2019 年 7 月，良渚古城遗址申遗成功，正式成为中国第五十五处世界遗产。

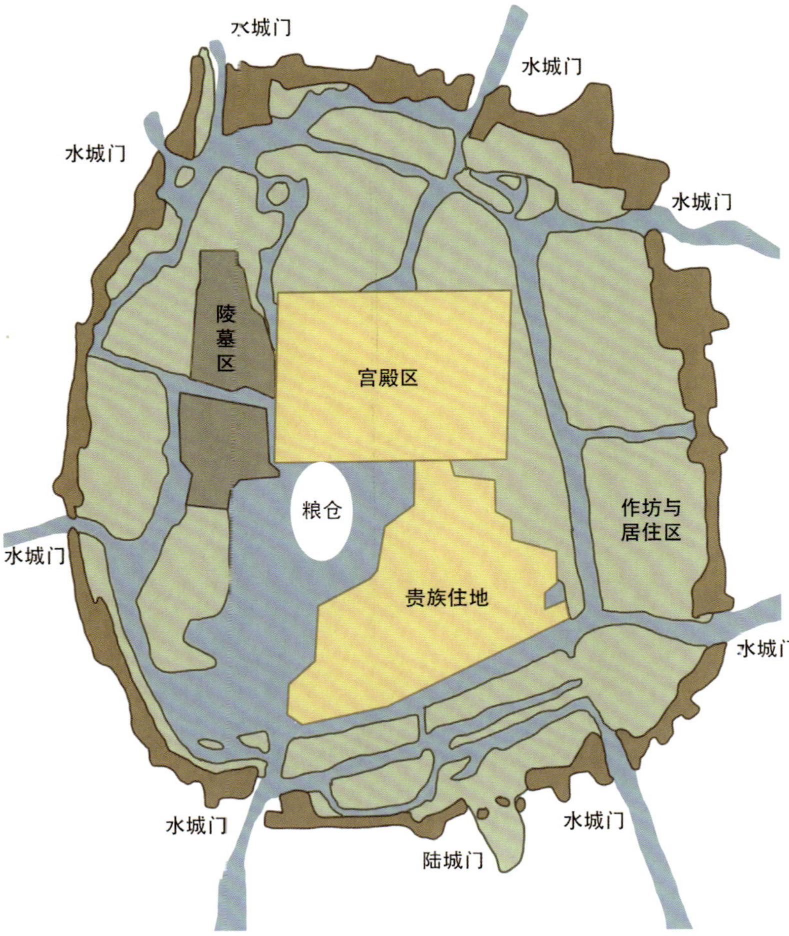

良渚古城功能布局图

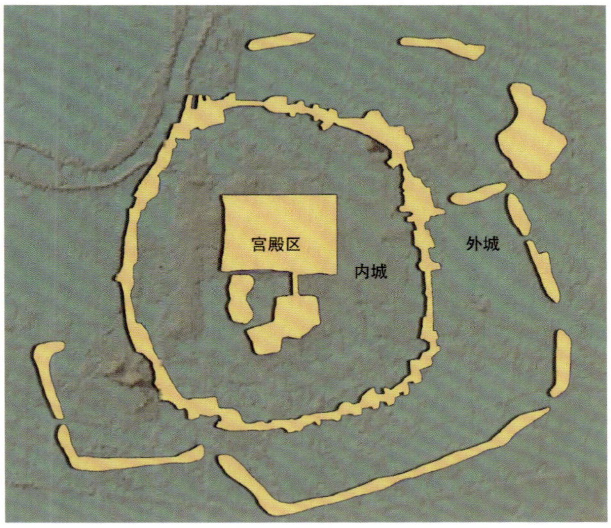

良渚古城三城平面图

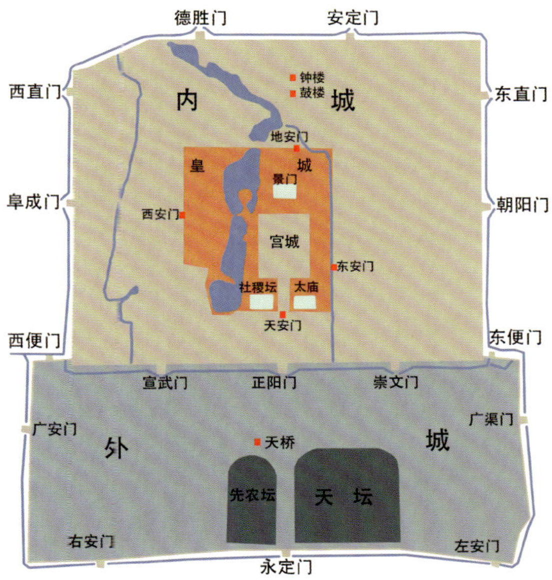

明清北京城格局划分

中华第一城

为什么良渚古城遗址能够获得世界遗产委员会的青睐，从而成功入选世界文化遗产？用委员会的话来说，良渚遗址最重大的意义，是“实证中华5 000年文明史的圣地”。

从施昕更开始，经过几代考古人的不懈努力，良渚遗址的面貌逐渐清晰。这是一个拥有严格的等级划分和社会分工的复杂社会，整个王城的构成，从最中心面积约30万平方米的莫角山宫殿区，到面积约300万平方米的内城和面积约630万平方米的外城，再到范围更广的外郭城和庞大的水利工程系统，显示出了明显的等级差异。而宫城、内城、外城这三重格局，与我们后世熟悉的都城格局相似，如明清北京城“宫城、皇城、内城、外城”，可以称为我国古代都城格局的滥觞。

恢宏的宫殿、雄伟的城墙、科学的水利工程，再加上无数象征权力与信仰的玉器，这一切的一切都证明了，良渚人不仅能够同时动员上万人为同一件事情而努力，还有严格的等级划分和社会分工，是名副其实的早期国家社会。良渚的社会发展程度，已经完全可以和古埃及、苏美尔、印度哈拉帕等世界古老文明相比肩。

5 000年前的良渚人，做的最伟大的事情就是建造了一座等级分明、井然有序的王城。

莫角山遗址模型

■ 莫角山遗址

在王城的中心位置，良渚人堆起了一座东西长 630 米、南北宽 450 米、高 12 ～ 16 米，面积近 30 万平方米的高台，这里便是王城的宫殿区——莫角山。

整个莫角山全都由人工堆筑而成，考古学家经过计算，认为总土方量达到了惊人的 228 万立方米。作为对比，埃及胡夫金字塔的石方量为 252 万立方米，略微多于莫角山，但考虑到胡夫金字塔的建造年代距今约 4 700 年，比莫角山的年代要晚 300 年，所以有人认为，莫角山土台是当时世界上规模最大的单体建筑工程。

土台之上，又建有三座小土台，分别为大莫角山、小莫角山、乌龟山。良渚人就是在这三座小土台上，建造了宏伟的宫殿，供良渚国王使用。在宫殿区的中间，还有一个 7 万多平方米的沙土广场，相当于十个足球场那么大，是良渚人举行重要活动的地方。

■ 反山王陵

莫角山的西北角是良渚王室的墓葬区——反山王陵。这是已知的良渚文化遗址中出土玉器数量最多、品种最丰富、雕琢最精美的一处高等级墓地，一共发现了十一座良渚文化高等级墓葬，并出土了一千二百多件（组）随葬品，其中玉器占了九成。这十一座墓葬大致按照南北两排分布，并呈现一定的布局规范，其中等级

1986 年，反山王陵发掘现场

最高的 12 号墓在南排居中，共出土了六百五十八件随葬品，其中出土的“玉琮王”和“玉钺王”堪称国宝。

和莫角山一样，反山王陵也是一处人工特意营建的独立高台，考古学家将其形象地命名为土筑金字塔。

■ 钟家港古河道

莫角山的东侧，有一条长约 1.2 千米、宽 5 ~ 75 米，贯穿王城南北的钟家港古河道。考古学家在河道内发现了很多玉石器、漆木器、骨器等制作的残件、半成品和加工工具，以及大型木构件等遗物，这表明河道两岸台地存在着专门的手工业作坊区，说明当时已经出现了高度的社会分工，城内的居民至少有一部分人专门从事高端手工业生产。

■ 池中寺粮仓

与作坊区相对应的，是在莫角山南侧的池中寺粮仓。2017 年，考古学家在这里发现了两大片炭化稻谷堆积，重量超过了 39 万斤。专家们推测，池中寺可能是良渚王国的大型粮仓，是城中居民的主要粮食来源。那么，这些稻米是从哪儿来的呢？迄今为止，考古学家还未在古城遗址内外发现过任何水稻田遗迹，但是在临平茅山遗址、余姚施岙遗址等地，都发现了大量的良渚文化时期的古稻田。这些地方在良渚文化时期，都属于王城的“郊区”，这意味着当时的社会分工已经高度精细化，

反山王陵 20 号墓出土情况复原

城内的人“不事生产”，而有专门的“郊区”农民从事农业，再将生产好的稻米源源不断地提供给城内百姓。

■ 良渚古城的城墙与城门

宫殿、贵族墓葬、手工作坊区、粮仓……这些成为良渚内城的重要组成部分，而将内城与外城相隔的，是一个呈圆角长方形的城墙。整个良渚城墙周长约6 000米，共有九座城门，其中八座是水城门，一座是陆城门，可见良渚王城是一座以水为主的城市，是纵横的水系将良渚人与外界连接，活脱脱一个原始版的水泊梁山。

良渚人建造城墙，有自己的独特方法。他们先是在城墙底部铺设很多石头作为地基，再把黄土堆筑在垫石上，最终形成宽 20 ～ 150 米、高约 4 米的城墙。如此大的工程量，假设三个人一天挖一土方，需要一万人连续工作 1 年才能完成。同时考古学家还发现，城墙的修筑是不间断连续施工的。这意味着什么？意味着需要非常强大的组织协调能力和后勤保障。

据估计，良渚城墙底部的铺石面积达到了 29 万平方米，相当于四十个标准足球场的大小。这么多的石头，又是从哪儿来的呢？按照常理推测，人不会舍近求远去搬运石头，一定会优先选择近的地方。而恰好良渚古城三面环山，北有大遮山，南有大雄山，有没有可能石头就来自这些山体呢？专家们详细鉴定了城墙底部铺石的质地、磨圆度、块度，同时调查了周围山系的情况，两者对比后最终得出结论，北城墙的石料来自城北的大遮山南坡，南城墙的石头来自城南的大雄山北坡。

城墙之外，考古学家又发现了更大范围的外郭城，扁担山、和尚地、美人地、卞家山、里山、文家山等长

茅山遗址出土的分体石犁，是良渚人最常用的耕作工具

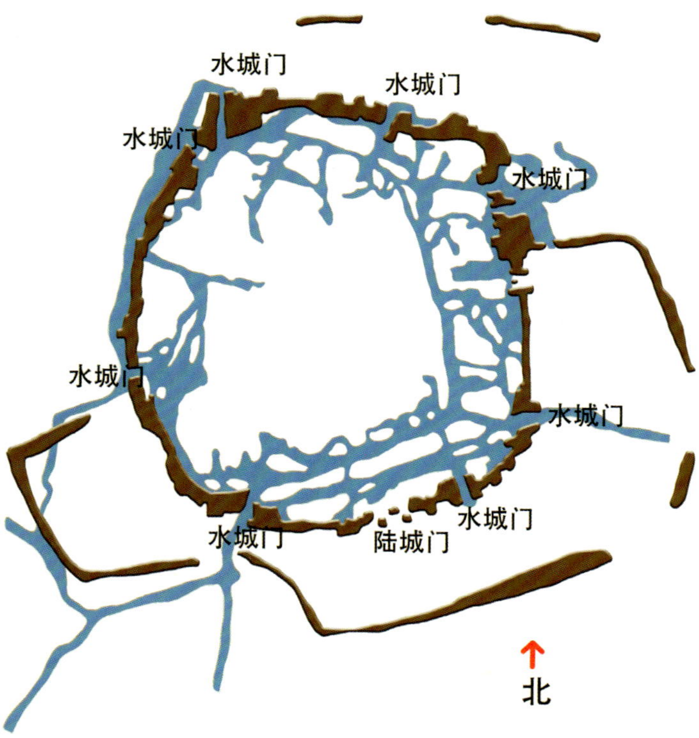

良渚古城的城墙

现在的南城墙位置

背景知识　为什么良渚古城的城墙这么宽？

在一般人的印象中，城墙的主要作用是御敌，所以都会修建得巍峨高耸、坚不可摧。然而，良渚古城的城墙宽度为 20～150 米，而高度仅为 4 米左右，这就使得城墙的坡度很缓，可以轻易爬上去。所以城墙大概率不是用来御敌的。

良渚人费时费力地修筑如此宽的城墙，大概有以下几个目的：

第一，为了方便交通。水运是当时的主要交通、运输方式，研究发现良渚城墙内外两侧都有开挖出来的河道，这样城墙就与城内的水网联通起来了，四通八达，去哪儿都方便。

第二，为了方便居住。良渚地区水多，水患肯定也多，所以良渚城内所有的建筑都是建在高台之上的。考古学家在城墙顶部发现了很多生活垃圾，罐、壶、尊、豆一应俱全，还有一口良渚晚期的水井。由此可见，曾有一批良渚人在城墙上生活。

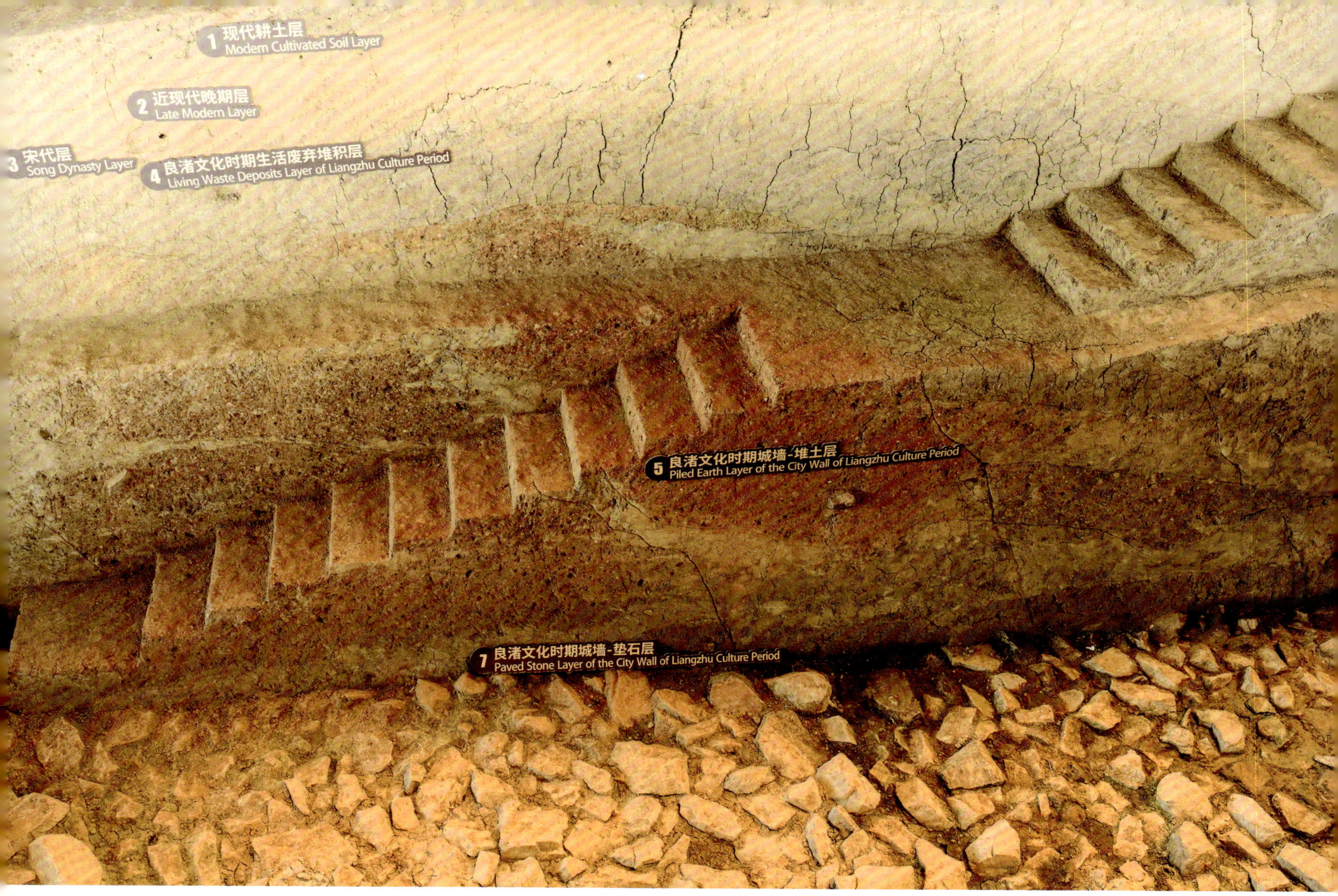

南城墙遗址，底部为石块铺设的地基

瑶山遗址祭坛

条形台地断续相连，围绕城墙分布。这些台地也由良渚人堆筑而成，合围面积达到 8 平方千米。

外城区域还有非常重要的瑶山遗址。瑶山遗址是长方形覆斗状土台，整体上呈正南北向。台面以红褐色土筑成，东侧挖出一条回字形沟槽，然后用灰色土将沟槽填平，使台面形成三重土色的结构。考古学家研究发现，瑶山遗址是良渚人观测天象的天象台。良渚人根据日出日落的方位来分辨日期，以此判断春分、夏至、秋分和冬至的时间，为农业生产提供指导作用。

除此之外，瑶山也是迄今发现的年代最早的高等级良渚墓地。这里发现的墓葬距今约 5 300 年，比良渚王城、反山王陵的时间都要早。这意味着这里很可能是早期良渚人的居住地，等到几百年后良渚王城修建完毕，良渚贵族迁移至城内，瑶山才逐渐被废弃。

中国“最早的大型水利系统”

5 000 年前的长江中下游平原，气候比现在要温暖湿润很多。由于良渚的海拔只有两米多高，每当夏季来临，充沛的雨水就会顺着周围的山体，变成汹涌的洪水，威胁着良渚人的生活。为了抵抗山洪，天才的良渚人开始了另一项伟大的工程：造堤坝！

2012 年，一个偶然的机会，浙江省考古所的王宁远研究员通过观察卫星图片，意外地发现了良渚古城的水利系统。2015 年，考古学家们发掘出了十一条水坝。这十一条水坝共分为三个部分。第一部分为谷口高坝，一共六条，分布在良渚古城西北侧的山间，分

老虎岭遗址公园

谷口高坝区	平原低坝区	山前长堤区
石坞坝		
秋坞坝	鲤鱼山坝	
蜜蜂垄坝	梧桐弄坝	塘山坝
周家畈坝	官山坝	
老虎岭坝	狮子山坝	
岗公岭坝		

十一条水坝图示

为东、西两组，每组封堵一个谷口。第二部分为平原低坝，一共四条，位于谷口高坝南约 5.5 千米的平原孤丘之间。最后一部分为山前长堤，即塘山遗址，呈东西向，平面近曲尺形，中段有双重坝体结构，是良渚水利系统中最大的单体工程。

良渚人非常聪明，他们将水坝分成高低两部分，高坝建于山谷，用来拦截山谷里的洪水。低坝将平原上的小山丘连接起来，与高坝合围成面积 9.39 平方千米的水库区。一旦山洪到来，洪水就被拦截在这水库中，再通过山前长堤，将水引到良渚古城的北面，用于运输、灌溉和生活用水。这样一整套水坝系统，大致可以阻挡短期内 870 毫升的连续降水，这样的雨量即使放到现在，也属于百年一遇的标准。

据测算，这十一条水坝的总土方量是 228 万立方米，比秦始皇陵所用的封土量还多一半，工程量不可谓不大。那么，良渚人是如何做到的呢？他们使用了一种非常新奇的技术：草裹泥，即用芦苇、茅草将泥土裹成快递包裹大小的草包，有点类似于现在抗洪抢险时使用的沙包。由于草裹泥可以提前制作，还方便运输和垒筑，因而大大提高了效率，使良渚人在短时间内就能建成大坝。

良渚水利系统被认为是目前发现的中国最早的大型水利系统，它比传说中的大禹治水的年代还要早 1 000 多年，同时也再次佐证了良渚王国的管理机构和社会之复杂，确实无愧于“实证中华五千年文明史之圣地”的称号。

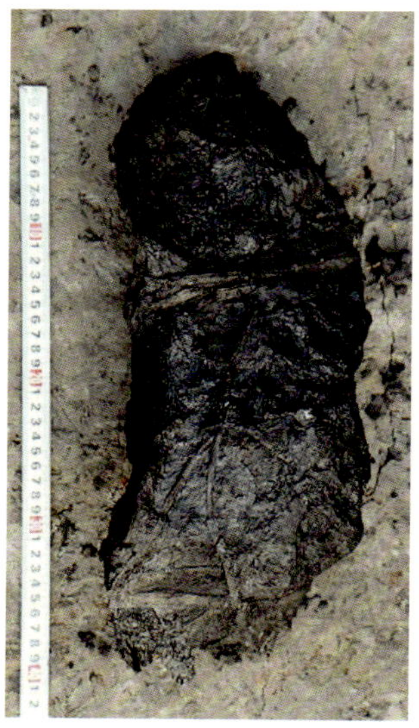

草裹泥以及用草裹泥做的河坝

玉琮王

新石器时代，礼器
通高 8.9 厘米、上射口直径 17.1 ~ 17.6 厘米，下射口直径 16.5 ~ 17.5 厘米
余杭反山墓出土
现藏于浙江省博物馆

玉见礼仪

王城、宫殿、水利堤坝……这些庞大工程的背后，是无数良渚人的付出与努力。可是，良渚国王是如何做到让这么多人来建造这座伟大的王城的呢？

答案是玉，以及由玉产生的等级制度与信仰体系。

尽管中国的玉文化源远流长，但良渚玉器无疑是其中极其璀璨的明珠。良渚先民围绕对神的崇拜，设计出了用以区别阶层、标识身份、反映等级的玉礼器系统。在这套玉礼器系统中，形塑出既掌握王权又掌握神权的政权最高统治者，反映了良渚社会是具有政教合一特征的国家形态。

■ 玉琮与良渚神徽

玉琮是良渚文化极具独创性的玉器，形状一般为内圆外方的柱体，象征天圆地方，同时在四角的凸面上雕刻兽面图像，是通天地、敬鬼神的重要法器。出土于反山王陵 12 号墓的玉琮，是目前发现的质量最大的玉琮，重达 6.5 千克，被称为“玉琮王”。它的外壁中部雕刻了八个精彩绝伦的“神人兽面像”，即所谓的良渚“神徽”。

“玉琮王”上的良渚神徽分析图

“神徽”分为上、下两部分，上半部刻划了一个弯肘叉腰的神人，头戴介字形大羽冠，下半部刻划了一只蹲踞趴伏的神兽，糅合了多种动物造型的元素，有着阔嘴獠牙和鸟形趾爪，以及一双重圈大眼，象征着太阳与光芒。

除了诡谲的形象，“神徽”的雕刻技法也出神入化，它的线条比头发丝还要细，在 1 毫米的宽度内甚至有四五条笔直平行的细线，每条仅 0.1～0.2 毫米，媲美现代微雕工艺。

良渚文化绝大部分玉器上都刻有“神徽”，只不过有的繁复，有的简化，只雕刻“神人”形象或者“兽面”形象。有意思的是，无论是在早期的良渚玉器上，还是在晚期的良渚玉器上，这一“神徽”造像几乎不变，完全是程式化复刻。由此可见，尽管良渚文化前后延续了 1 000 年，但“神徽”始终是不同时期的良渚人的共同信仰。

良渚不同时期，玉琮上的神徽形象如下方图片所示。

玉琮，良渚文化早期，赵陵山遗址 77 号墓

玉琮，良渚文化中期，寺墩遗址 4 号墓

玉琮，良渚文化晚期，反山 12 号墓

玉璧

良渚文化晚期，礼器
尺寸不详
现藏于台北“故宫博物院”

■ 玉璧与鸟立高台

玉璧是良渚文化中另一种重要的玉器，《尔雅·释器》曰：“肉倍好谓之璧。”“好”指的是中间的那个孔，“肉”则指除去孔的其他部分，当圆形玉器的边宽是孔径的两倍的时候，这件玉器就可称为“璧”。但从实际发掘情况来看，几乎没有器物能符合这样的标准，所以，考古学家们一般将边宽大于孔径的圆形有孔器都称为“璧”。

良渚文化高等级墓葬中，品质较好的玉璧，出土的位置往往在墓主人的上身部位，而那些制作稍粗糙的玉璧，往往呈堆叠状位于脚端部位，考古学家推测璧在这里可能是“财富”的象征。反山M23出土了五十四件玉璧，是迄今为止出土玉璧数量最多的良渚墓葬。

玉璧上的“鸟立高台”图案

古埃及第一王朝国王杰特的名字

玉璧在良渚文化中有着重要意义，但奇怪的是，迄今为止我们没有在一件玉璧上发现“神人兽面纹”，倒是发现很多玉璧雕刻以“鸟立高台”为主体的图案。这究竟有什么用意，我们仍不得而知。不过有意思的是，万里之外的古埃及文明也有类似的符号。古埃及的王名一般由鸟形外加台形组成，鸟形表示神，台形表示宫殿，台形内部刻有国王的名字。两者之间是否存在联系呢？

■ 玉钺

如果说琮代表神权，璧代表财权，那么钺则代表着王权与军权。钺起源于新石器时代的生产工具石斧，最初也是生产工具，后来作为武器使用。随着生产力的发展和社会分化的出现，钺脱离了实用功能，发展成具有一定象征意义的礼器。一柄完整的玉钺由钺身、冠饰（瑁）和端饰（镦）以及嵌玉髹漆的柄（柲）组成。

玉钺王

新石器时代，礼器

通长 17.9 厘米、上宽 14.4 厘米、刃宽 16.8 厘米、厚 0.8 厘米

余杭反山 12 号墓出土

现藏于浙江省博物馆

背景知识 刻玉工具之谜

良渚玉工的雕刻技艺令人惊叹，神徽高不足3厘米，宽不及4厘米，但刻划的线条纤细如发，在1毫米宽度内竟然雕刻着四五条细线，堪称良渚时代的“微雕”工艺。在没有放大镜、雕刻机的远古时代，良渚玉工是如何做到的呢？

有人根据良渚墓葬中出土的鲨鱼牙，猜测良渚玉器是用鲨鱼牙雕刻出来的。然而，鲨鱼牙的莫氏硬度在5～6，而良渚玉器的莫氏硬度达到了6～6.5，所以鲨鱼牙压根儿不能在玉上雕刻。

还有人猜测良渚玉工用了焚烧加热的方法，先使玉器表面硬度降低后再进行加工。但良渚玉器线条均匀流畅，迸裂分叉的现象极少，而加热软化后的玉器，线条之间容易迸裂分叉。

那么，是用什么工具雕刻的呢？

一个较为合理的答案是，良渚人是用莫氏硬度高达7的燧石来雕刻玉器的。虽然用燧石来雕刻玉器容易钝化，但是从考古发掘来看，良渚时期这种燧石非常多，随处可见，完全可以满足作为一种易钝化的玉雕工具的需要。至于如何才能做到“微雕”工艺，大概真的要靠熟能生巧吧。

不过这也从侧面说明了，那时候的社会必定已经发展到了物质资源非常丰富的程度，以至于能够养得起一众“天才”，让他们衣食无忧，十年如一日地钻研雕刻技术。

良渚文化中其他玉器的佩戴

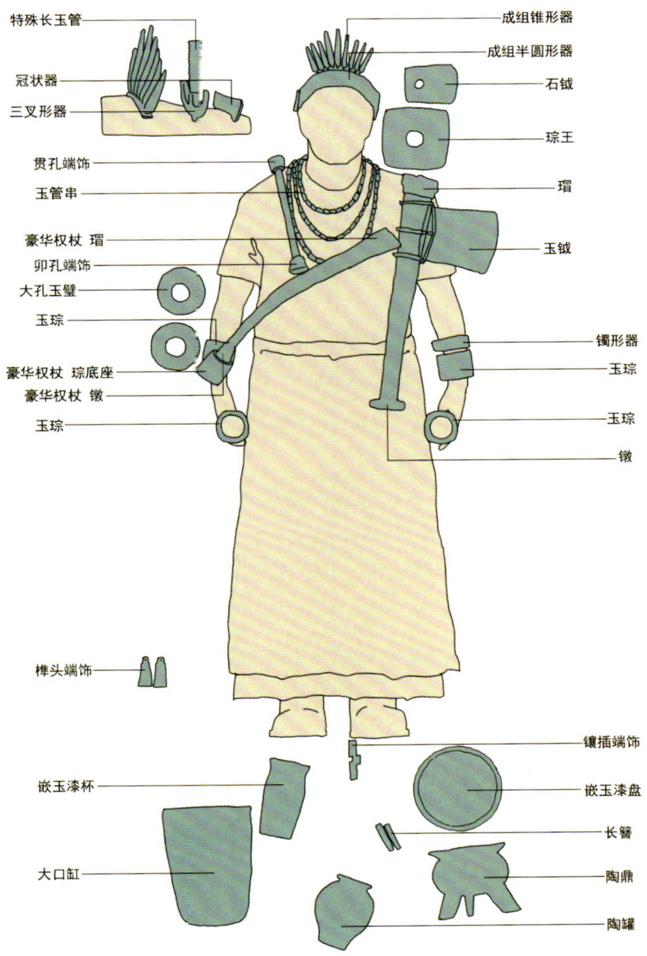

良渚文化玉器佩戴情况

除了玉琮、王璧、玉钺，良渚文化墓葬中还出土了很多玉头饰，这些玉头饰往往与身份、等级、性别有关。

三叉形器仅出土于良渚时期的贵族男性墓葬中，所以应该是一种男性专用的器物。其下部边缘轮廓一般为圆弧形，上有三个分叉，中叉位置往往配上玉管一起使用，再插到头发上，有点类似于现在的簪子。

锥形器一般以3、5、7、9的奇数为一组，成组出现，等级越高，数量就越多。比如反山遗址中的王陵墓葬多为九件一组，而属于平民墓葬区的文家山墓地，等级最高的墓葬仅随葬三件锥形器，差别明显。

半圆形器仅见于反山、瑶山等高等级墓葬，一般四件一组，有缝缀隧孔，说明原来是缝在皮革类的载体上，作为头饰佩戴。

和三叉形器类似，锥形器和半圆形器似乎也是男性贵族专用，它们通过梳子、簪等多种形式插于头部，整体类似于“神人兽面纹”中的“神人”形象。良渚的贵族应该就是通过这种形式，将自己塑造为神的代言人。

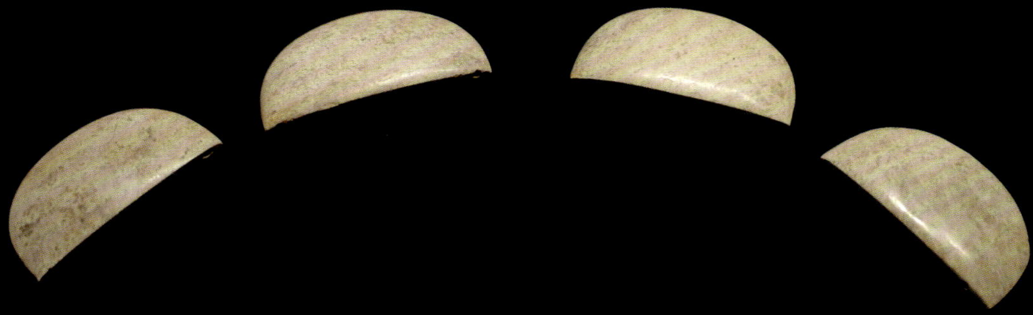

半圆形器，瑶山遗址采集

反山 20 号墓玉锥形器

瑶山 M726 出土的神人兽面纹玉三叉形器及其配套的玉管

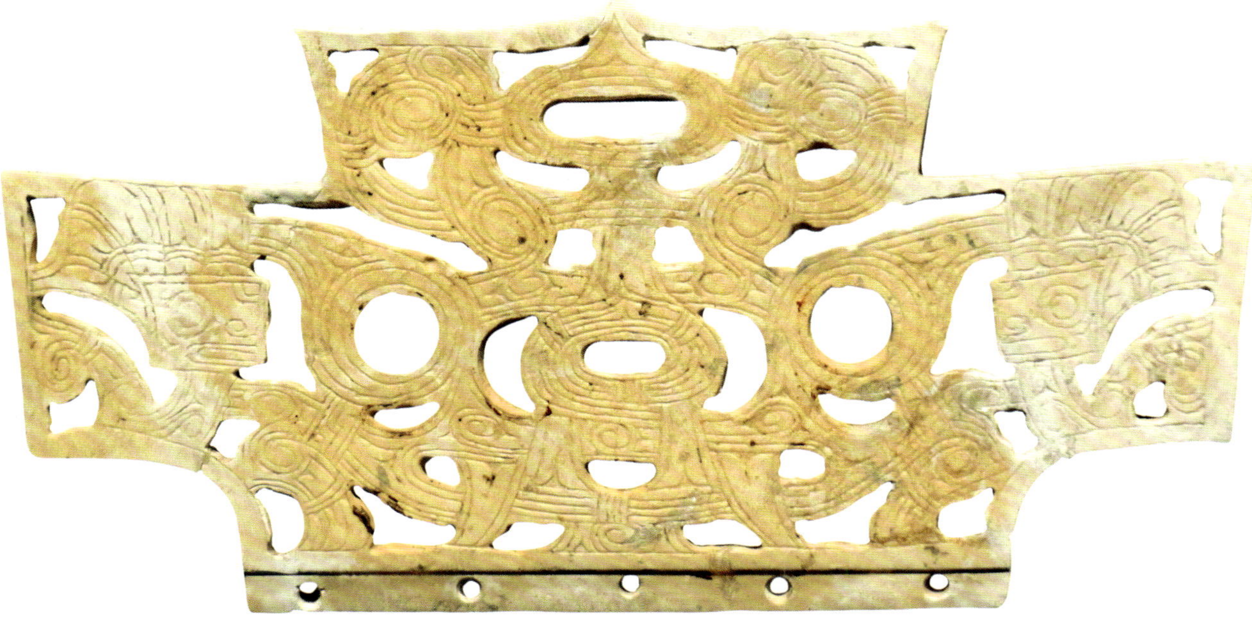

反山16号墓出土的玉梳背

另外，良渚文化中还有一种独特的冠状器，一开始大家并不知道其具体用处，所以根据它的形状类似于“神徽”上的“介”字形冠帽而命名为冠状器。1999年，考古工作者在浙江海盐周家浜遗址的发掘中，发现了一件和象牙梳连在一起的冠状器，这才明确了它是一种插在发髻上的头饰，正确的名字应该叫“玉梳背”。

象牙玉梳背

现藏于中国海盐博物馆

延展阅读　玉润中华：中国史前玉文化

重玉，是中国古代文明的重要特征。9 000多年前，小南山遗址创造出了迄今为止中国最早的玉器组合。之后，玉器制造技术一路由北向南，影响了各大史前文化，并进而创造了灿烂的中华玉文化。红山文化、凌家滩文化和良渚文化三足鼎立，共同塑造了史前玉文化的高峰。经过4 000多年的发展，玉文化最终在黄淮流域实现了伟大的汇聚，于4 500—4 000年前的龙山时代达到了顶峰。自此以后，玉文化也从“神玉”向“王玉”过渡，中华大地逐步进入文明社会。

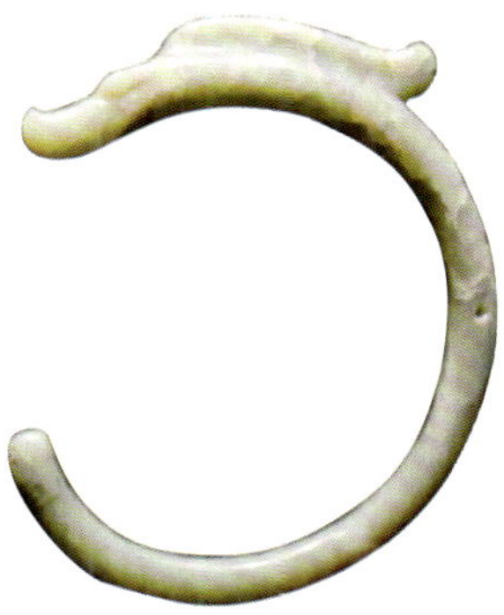

玉龙，红山文化

玉人，凌家滩文化

喇家遗址

• 东方的“庞贝古城”

地址：青海省海东市民和回族土族自治县官亭镇喇家村
年代：新石器时期
发掘时间：1999 年
主要出土文物：人骨遗骸群、“黄河磬王”石磬、面条遗存、玉璧、玉环、大玉刀、玉斧、玉锛等

离奇的尸骨坑

1998年秋天，中国社会科学院考古研究所的王仁湘在青海省调查西北古文明时，途经民和县喇家村，听说村民在耕地时挖出了零散的人骨。这些骨头显然不是近期埋下的，而是死去了很久。王仁湘虽未能停留做深入调查，但他记下了喇家村这一地点。

1999年，考古人员先进行了尝试发掘。2000年，青海省考古所正式在喇家村展开考古发掘。随着发掘工作的深入，大家愈发觉得，这批人骨实在是太奇怪了。一般考古发掘出土的尸骨都在墓穴中，它们的姿态无论是平躺还是侧卧，都比较规整，同时在尸骨旁边或多或少都有些随葬品。但喇家遗址的人骨并没有埋葬在墓葬中，姿态也很奇特，有的肢体扭曲，有的匍匐在地，最让人印象深刻的是一位蜷缩着、怀里抱着一具小孩尸骨的女性死者。4号探方里面足足埋葬了十四具人骨，小到7岁儿童，大到40多岁的成年人。进一步清理后发现，这些尸骨所倚靠的地方，有大面积的白灰面。一些有经验的考古学家很快反应过来，这应该是古人用来涂抹墙壁以防潮的石灰面，并由此判断这里是房屋基址，换句话说，这十四位喇家村的先民是惨死在了房屋里。

人类学家对人骨进行了分析，发现他们身上没有明显的创伤，所以，排除了大屠杀这一可能性。既然不是屠杀，那是不是当时发生了突发事件呢？考古学家立即

姿势奇特的人骨

喇家遗址中的尸骨

想到了一个著名的外国遗址：庞贝古城。在重现的庞贝古城里，我们可以清楚地看到生活突然被中断的情景：餐桌上放着没有吃完的带壳的熟鸡蛋和鱼，面包炉里有烤好的面包，商店前柜上放着的硬币……甚至每一位遇难者死去时的姿态和动作，也被完整地保留了：有蹲在地上双手捂住面孔的，有趴在地上不断挣扎的……整个庞贝古城就像被定格在某一瞬间。所以，有没有一种可能，喇家遗址也经历了一场类似于庞贝古城的劫难，从而导致了这些人的惨死？

蜷缩着保护孩子的女性尸骨

延展阅读　庞贝古城

79年，距离庞贝仅10千米的维苏威火山突然爆发，红色岩浆从火山口喷射，飞溅至四周。巨大的威力使火山灰冲至万米高空，将天空遮蔽，最终，厚厚的火山灰无情地将庞贝从地图中抹去。直到1 000多年后，庞贝古城才被人重新发现。

喇家遗址发掘现场

一场史前大灾难

考古人员发现，这些尸骨在发掘之前被大量的红色黏土所包裹，而类似的红色黏土在喇家村的田野沟壑中到处都有。喇家村的最南端正是滚滚东流的黄河！黄河在途经青海和甘肃两省交界时从喇家村南边流过。几千年来，虽然几经改道，但都没有离开过喇家村所在的这片盆地，至今喇家遗址上还可以看见许多大大小小的黄河故道。

红色黏土层

当时的陶碗和 4 000 年前的面条

大约 4 000 年前，喇家遗址所在的黄河流域正值史前洪水频发期。专家通过分析黏土沉积的特点和成分，认为发生了一场大洪水，这场洪水携带着大量泥沙涌入了黄河两岸，摧毁了喇家村，洪水退去后，水中的泥沙沉积下来成了红色黏土。然而，有人对洪水的说法表示怀疑，认为喇家村高出黄河河床 21 米，洪水不太可能在短时间内淹没村子，而且房屋门都朝北，背对黄河，居民应有足够时间逃生。他们还指出，溺水身亡的尸体通常会浮在水面上，而不是被红色黏土包裹，这与遗址中发现的情况不符。如果喇家村的灾难不是由大洪水引起的，那么红色黏土的来源将无法解释。

考古队在距遗址不远处的山体上发现了一些裂缝，这些裂缝宽窄程度不一，最宽处甚至超过了半米，裂缝中间填充的是非常细腻的棕色砂子，裂缝并没有触达地面，这意味着砂子不是从上方灌入，而是从地下喷出的，这恰恰是大地震才具有的喷砂现象。

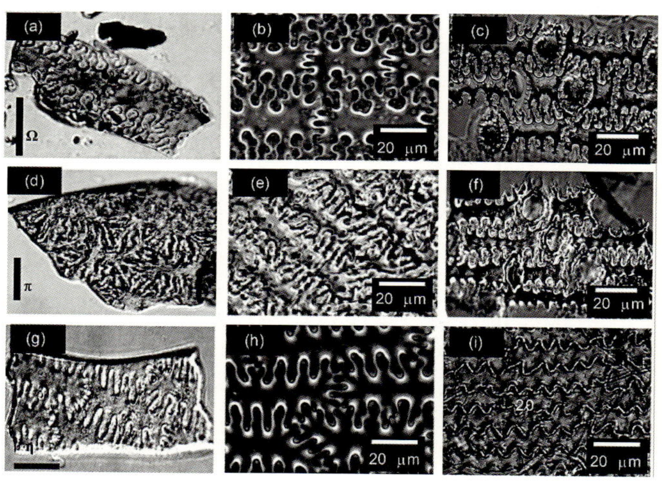

面条沉积层中的稃壳植硅体与现代植物稃壳植硅体对比

4 000 年前的面条细节

面点

唐代，食物
阿斯塔那墓出土
现藏于新疆维吾尔
自治区博物馆

擀面女俑

唐代，陶俑
阿斯塔那墓出土
现藏于新疆维吾尔
自治区博物馆

喇家遗址位于官亭盆地，属于青藏高原与黄土高原之间的过渡带。根据史料记载，自公元前 193 年起，喇家遗址周边地区发生过三十五次五级左右中等破坏性地震。专家们推测，地震也是造成喇家先民惨死的原因之一。另外，在现已发掘的喇家遗址的房址中，有相当一部分遗址的地层结构自上而下呈现：红色黏土层—坍塌黄土层—人骨遗骸—齐家文化古地面的结构。这种地层关系表明，大地震先导致了房址坍塌，造成房毁人亡，之后一场大洪水来袭，遗址最终被红色黏土层覆盖。

这个解释得到了大多数人的认可，而喇家遗址作为中国史前灾难遗址的代表，被称为“东方庞贝”。令人意想不到的是，这两次毁灭性的灾难，带给我们的不仅仅是累累白骨，还有一个改变世界历史的重要发现。

2002 年，考古人员在喇家遗址的第 20 号房址中发现了一个倒扣的陶碗，这个陶碗是齐家文化的典型器物，直径约 20 厘米、高约 10 厘米，橙红色细泥陶质，外表有浅蓝色条纹。在拍照存档时，考古人员惊讶地发现陶碗内泥土中有一坨细长的物体，形似面条。这一发现被迅速拍照并报告给考古领队。

专家从碗底到碗口，共提取了六个部位的样品，其中三个取自条状物层，另外三个取自条状物所在的土层内。接着对样品进行植硅体分析，并和西北地区常见的大麦、小麦、小米等近八十多种植物果实中的植硅体形状进行比较，最终发现植硅体的形状与粟和黍非常吻合。为了进一步验证，研究者又进行了淀粉粒偏光实验，结果表明，样品同样分别呈现粟和黍的特征。两个结果互

延展阅读　植硅体

植硅体，是一种微体植物化石。它有两个特点：第一个是非常耐酸、耐高温、抗风化，因此能够保存很久很久，上万年都不成问题；第二个特点是不同的植物会产生不同的植硅体组合和独特的形态，如扇形、十字形、哑铃形等，通过这些形态就可以反推出它是什么样的植物。

相印证，有力地证明了这碗古老的面条是由粟和黍米做成的！确认这些物体是货真价实的面条，这一重大发现发表在期刊《自然》上，震惊了全世界。

早在8 000多年前，中国先民已培育出粟和黍，并成为北方主食。4 000年前，小麦从西方传入，逐渐取代粟和黍。传统观念中，粟缺乏黏性，适合煮粥，而黍则黏性强，专家推测，混合粟和黍制作面条是为了增加面食的黏性。研究发现，这些古老的面条中还含有油脂和动物骨头碎片，表明这是一碗荤面。这次小米面条的发现纠正了关于中国古代饮食习惯的错误观念。以前学者们认为中国古人主要以粥饭形式食用五谷，即粒食传统，而面食是后来从西域传入的。喇家遗址的发掘显示，早在4 000年前，中国人就已经能将粟黍制成面食，并创造出多姿多彩的面食文化，进一步证实了中国才是面条的起源地。

喇家遗址与齐家文化

出土时的“黄河磬王”

“黄河磬王”

齐家文化乐器
长约100厘米、宽60厘米、厚约4厘米
现藏于青海省博物馆

在喇家遗址的考古发掘中，大量珍贵的陶器、石器、玉器和骨器等文物重见天日，揭示了古代社会的等级和礼仪制度，特别是“黄河磬王”和各类玉器。“黄河磬王”是长方形的青色石头，中上部有个小孔，敲击时发出深沉的声音。这个磬的制作严格遵循了黄金分割的比例，这表明4 000年前的人类在制造此类重要器物时已经拥有了高超的技艺。由于其出土地点靠近黄河，且在形制和尺寸上都非常罕见，因此被誉为“黄河磬王”，并且与夏朝时期的齐家文化有着密切的联系。

喇家遗址的分布面积、遗迹规模以及反映社会等级的文物，都指向一个可能的事实：这里曾是齐家文化时期官亭盆地的中心聚落或部落王国。该遗址的经济基础主要以种植粟为主，同时还拥有先进的手工业，尤其是制石、制陶和制骨业，以及制作精美玉器的作坊。遗址出土的玉器不仅数量众多，种类繁多，而且有的还成套出现，出土的玉璧形制大多为圆形，但也有个别不甚浑圆。这些发现丰富了我们对齐家文化玉器的了解。这些玉器的原料除了来自当地的玉矿外，还远至祁连玉、昆仑玉和和田羊脂玉，这说明早在4 000年前，丝绸之路上的贸易活动就已经非常频繁。

双口提梁彩陶壶

青海省文物考古研究院修复后的陶器

喇家齐家文化玉璧

二里头遗址

• 在这里，探寻“最早的中国”

地址：河南省洛阳市偃师区二里头村

年代：夏商时期

发掘时间：1959 年

主要出土文物：镶嵌绿松石兽面纹铜牌饰、绿松石龙形器、牙璋、乳钉纹青铜爵、青铜钺、各种陶器等

二里头是不是夏都？

1959 年，71 岁高龄的中国科学院考古研究所研究员徐旭生先生，带队奔赴河南的登封、禹县（今禹州）、巩县、偃师等地进行考古调查。他此行的目的是寻找传说中的夏都。

自 1926 年顾颉刚出版《古史辨》掀起一场声势浩大的"疑古运动"起，相当一部分人就开始质疑夏朝的存在，认为夏朝是完全虚构的历史。不过，徐旭生却持不同的观点，他对比了古书上记载的关于夏朝及以前的所有材料，详细研究后认为，夏朝的存在是毋庸置疑的，并就此提出了夏文化考古。他还对文献中与夏朝有关的地名，如"禹居阳城""夏启有钧台之享""伊洛竭而夏亡"等进行了逐一考证，确定了夏文化探索的重点区域有两个：第一是河南中部洛阳盆地及附近，尤其是颍水谷（颍河）上游，登封、禹县地带；第二则是山西西南部汾河下游。

二里头夏都遗址博物馆

20 世纪 50 年代的二里头村

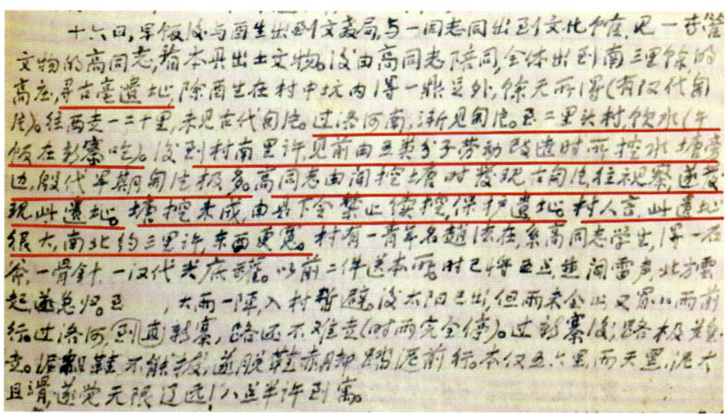

十六日，早饭后与西生出到文教局，与一同志同出到文化馆，见一专管文物的高同志，看本县出土文物。后由高同志陪同，全体出到南三里余的高庄，寻古亳遗址。除西生在村中坑内得一鼎足外，余无所得（有汉代陶片）。往西走一二十里，未见古代陶片。过洛河南，渐见陶片。至二里头村，饮水（午饭在彭寨吃）。后到村南里许，见前面五类分子劳动改造时所挖水塘旁边，殷代早期陶片极多。高同志由前挖塘时发现古陶片，往视察，遂发现此遗址。塘挖未成，由县下令禁止续挖，保护遗址。村人言，此遗址很大，南北约三里许，东西更宽。村有一青年名赵法在，系高同志学生，得一石斧、一骨针、一汉代半底罐。以前二件送本队，时已将五点，远闻雷声，北方云起，遂急归。至 ，大雨一阵，入村暂避。后太阳已出，但雨未全止，又冒小雨前行。过洛河，到（直）彭寨，路还不难走（时雨完全停）。过彭寨后，路极难走。泥黏鞋不能拔，遂脱鞋赤脚蹈泥前行。本仅五六里，而天黑，泥大且滑，遂觉无限辽远！八点半许到寓。

徐旭生先生在 20 世纪 50 年代发现二里头遗址的日志

1959 年的河南考察，就是在这一指导思想下进行的。后来的事实证明，徐旭生的嗅觉十分敏锐，在河南偃师二里头村这个地方，发掘到了灰坑和陶器等遗物。因为首次在二里头村发现，所以该遗址被命名为“二里头遗址”。根据采集到的文物，徐旭生判断这是一个商代早期的遗址，并认为它很有可能是商代开国君主汤的都城西亳。

此观点一提出，就引起了考古学界的震动。中国科学院考古研究所立即对二里头遗址进行了考古发掘，并一直持续到了现在，整整发掘了 60 余年。考古勘测结果显示，二里头遗址面积达 300 万平方米，然而，即使已经发掘了 60 余年，历经几代考古人，也只揭露了 4 万多平方米的空间，不到总面积的 2%。可见考古真的是一份细水长流的工作。

目前我们知道，二里头遗址上最为丰富的文化遗存就是二里头文化，它的时代大约是公元前 1800 年到公元前 1500 年，对应史书的记载，相当于夏代的中晚期。由于二里头所在的洛阳盆地恰好位于周代文献中提到的夏人活动区域，而且遗址中发现的大型宫殿遗迹有力地表

二里头遗址发掘现场

1978 年二里头遗址 2 号基址的发掘

明了它就是个强大的国家，同时碳 14 测年结果也证明了二里头存在的时间与夏朝的纪年吻合。多种证据叠加下，有一部分学者纠正了徐旭生的观点，认为二里头文化属于夏文化，二里头就是夏代中晚期的都城。

这一观点的最有力的支持者是著名考古学家邹衡先生。1977 年，登封王城岗遗址发掘现场举行了一场夏文化问题研讨会。在会上，邹衡做了约 6 小时的两次发言，首次公开阐述二里头一至四期是夏文化，而不是汤都西亳。由于邹衡先生声望极高，甚至被誉为“商周考古第一人”，所以这一观点影响极深。后来随着偃师商城的发现，有学者根据偃师商城的年代和地理位置与文献记载的西亳地相吻合，论定该城址才是汤都西亳，更加支持了“二里头文化是夏都”的结论。慢慢地，学术界逐渐形成共识，认为二里头文化与中国文献记载的夏朝活动的地域、年代、发展程度比较符合，因此很有可能就是夏文化。

不过，国际学术界却不买账，外国学者认为中国学者先入为主地预设了夏朝的存在，从而失去了学术研究的客观性。夏的记载最早出现在周代，而时间上离夏最近的商代，甲骨中却未见有关夏的片言只语，因此，夏有后人杜撰的嫌疑。

那么，二里头文化究竟是不是夏文化呢？

回答这个问题前，我们先来思考另一个问题：我们为什么要证明夏文化的存在？我想大多数人都清楚，这是民族自尊心使然。中华文明号称有上下 5 000 年历史，但其实中国历史在西周晚期的共和元年，即公元前 841 年之后，才是真正有文献记载年代的‘信史”，此前的历史年代模糊不清，存在很多分歧。

1994 年，时任国务委员、国家科委主任、著名科学家宋健访问埃及，在卢克索遗址看到一份完整的埃及古史编年，精度在 10 年之内。这引起了宋健的思考：中国能否也建立起西周共和元年以前的古史编年？

回国之后，在宋健的倡议下，1996 年中国启动“夏商周断代工程”，目标是制定出一份有科学依据的夏商周三代年表。最终，该工程不仅确信夏的存在，还列出了夏代各王的世系表，将中国的历史一举推到了 4 000 多年前，成为与古埃及等古老文明相媲美的文明。

由此可见，证明“二里头文化是不是夏文化”不仅是个学术命题，更是一个政治命题、社会命题，掺杂了太多中国人的情感。剥去那些主观因素，探讨“二里头文化是不是夏文化”并不那么重要，因为无论二里头是不是夏文化，它都在中国文明史上占据重要的地位和价值，它有力地证明了在 4 000 年前的东亚大陆上存在着一支辉煌的文化，它拥有恢宏而完备的都邑、排列有序的大型礼制建筑群、夯土围垣的官营手工业作坊区、不同等级的墓葬，以及国家级祭祀区，是名副其实的“最早的中国”。

背景知识 **“宅兹中国”**

“中国”一词最早可在西周初年的青铜器“何尊”铭文中见到。何尊是西周早期的一件青铜酒器，制作于周成王五年，为贵族“何”所制。在其内底铸有十二行一百二十二字的铭文，叙述了周武王在灭商后决定建立东都的过程。铭文中记载了祭告上天的言辞：“余其宅兹中国，自之薛（乂）民”，意指建都于天下之中心，以此统治全国人民。而这里所指的“中国”即为洛邑所在的中原腹地——洛阳盆地，而二里头遗址恰好位于洛阳盆地内，是目前发现最早的一座大型都邑。

“何尊”铭文中的“宅兹中国”

广域王权国家

根据二里头工作队前队长许宏的定义，二里头文化属于“广域王权国家”。所谓的广域王权，即国家拥有较为广阔的管控范围，统治者也具有相对有力的控制权。

在二里头之前，距今 7 000 年至 5 000 年左右，东亚大陆上已经有了红山文化、大汶口文化、良渚文化、仰韶文化等异彩纷呈的区域文化，但它们各自都只能影响和辐射到一部分区域，就像夜空中的点点繁星交相辉映，考古学家苏秉琦将其命名为“满天星斗”模式。到了距今 4 000 年左右的二里头时代，一个体量庞大的向四周强势辐射的广域王权国家终于开始出现，整个东亚大陆开始从多元走向一体，从“满天星斗”变成“月明星稀”，二里头就如那明月一般，开始照耀着中华大地，让其他文化变得黯淡。

那么，说二里头是“广域王权国家”，有什么证据呢？

根据学者的研究，二里头文化已经形成了以二里头遗址为核心的多层级聚落社会面貌。在目前发现的六百

登封南洼遗址出土的陶片

巩义稍柴遗址出土的卜骨

多处聚落中，二里头遗址占地面积在300万平方米以上，是绝对的核心，周边有数十万至百余万平方米的区域性中心聚落、数万至20万平方米左右的次级中心聚落，以及众多几千至数万平方米的更小型聚落。

这些不同等级的聚落，在整个社会体系中起着不同的作用，发挥着不同的功能。比如，河南巩义的稍柴遗址面积达到了60万平方米，由于它地处洛阳盆地东部交通要塞，所以它应该行使的是拱卫首都的职能；而面积约51万平方米的荥阳大师姑、168万平方米的新郑望京楼等城址很可能是二里头在东疆设置的军事重镇；登封南洼遗址承担着为皇室和高等级贵族生产白陶的职责；洛阳景阳冈、黑王和高崖西等聚落作为小范围的地区中心，承担着资源获取、军事防御等功能；灰嘴遗址则是二里头文化的区域性中心聚落，承担着为二里头社会提供石器生产的原料、半成品或成品等职能。

由此可见，二里头文化已经形成了金字塔式的聚落等级结构，充分显示了二里头王国具有发达的控制网络和统治文明。

二里头的牙璋

夏代，礼器
长 48.1 厘米、宽 11.4 厘米、重 900 克
全器由器身、柄、阑组成，造型精美，器型庞大，气势恢宏
现藏于二里头夏都遗址博物馆

牙璋

广域王权的统治力，还体现在对更远的区域考古学文化的辐射上，在其他同时期的考古学文化中，我们均能见到二里头文化的影子。极具代表性的是一种叫作牙璋的器物。牙璋是一种有刃的器物，器身上端有刃，下端呈长方形，底部两侧有突出的扉牙，一般作为礼器使用。考古资料显示，牙璋最早可以追溯到距今 4 000 多年前，山东地区的龙山文化遗址、陕北地区的石峁遗址中都有发现。不过早期的牙璋尺寸较小，造型也较为简单，大部分出自山地祭祀或者城墙夹缝中。

而到了二里头文化时期，牙璋的风格大变，主要呈现大型化、龙形化和礼器化三大特征，长度由之前的约 30 厘米增加到约 50 厘米，牙璋上的扉牙呈现出张嘴的龙形象。二里头遗址发现的四件牙璋，均出自高等级的贵族墓葬中，表明牙璋已成为代表等级身份的重要礼器。

接着，牙璋开始从二里头向周边地区扩散，根据现任二里头工作队队长赵海涛的介绍，“二里头式”龙形牙璋主要向南影响了很多地区，其中一条传播路径是通过湖北、湖南传到了广东、福建、香港，另一条传播路径是顺着长江一直到了三星堆、金沙遗址，然后继续向南影响到越南北部。

三星堆的牙璋主要出土于 1、2 号祭祀坑中，时间上属于商代晚期，年代上晚于二里头。专家推测，牙璋作为礼器，存在着世代相传的可能性。除此之外，三星堆出土的铜牌饰、铜铃也都与二里头文化有着渊源关系。有意思的是，在越南北部的冯原文化遗址也出土了八件牙璋，年代属于夏商时期，形制高度接近三星堆风格，可以断定当时的越南地区也受到了二里头文化的影响。

牙璋的广泛传播，说明了二里头文化创造的这种以玉礼器为代表的礼仪制度，被很多地方吸收和接纳，这是二里头文化作为当时先进文化强大影响力的重要体现。这些现象都无可辩驳地说明二里头文化所控制的范围极其广泛，超越了以往任何一个考古学文化，是当之无愧的广域王权国家。

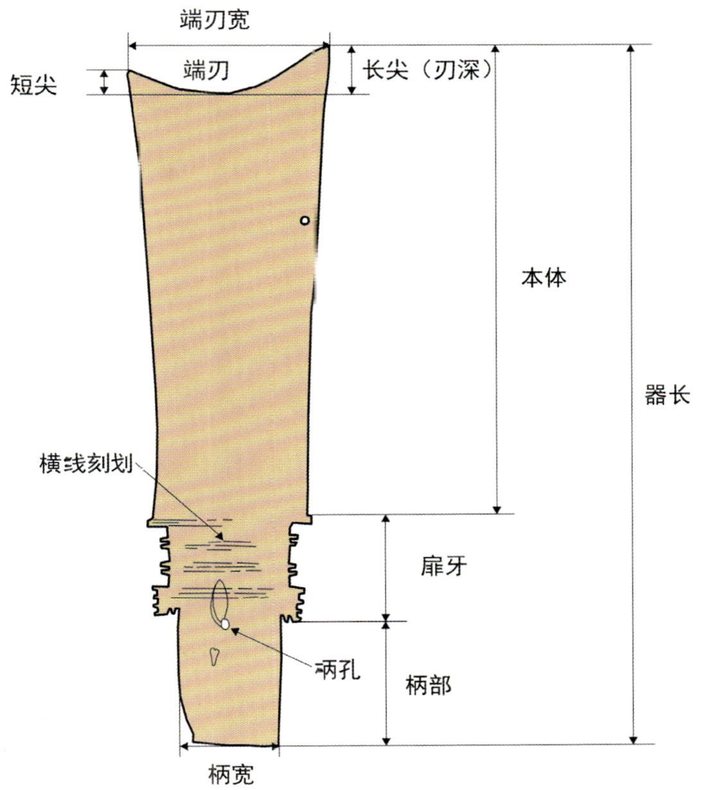

牙璋各部位名称示意图

三星堆 8 号坑出土的玉牙璋

二里头考古遗址公园俯拍

二里头之“最”

现在我们聊起二里头文化，往往会津津乐道于其中的多项之“最”，比如迄今为止中国最早的中轴线布局的四合院式的宫殿建筑群，最早的国家级祭祀场所，最早的青铜器，最早的“中国龙”等。

二里头宫殿区一共发掘了两个基址群，这两个基址群都呈中轴线布局，堪称后世宫城制度的鼻祖。二里头工作队前队长许宏说：“聚落形态太重要了，比那些值钱的文物还重要。因为做历史研究，必须把那些具体的物放在一个大的背景里才有意义。”

通过对二里头遗址的勘探研究，我们发现二里头遗址已经拥有了完整的城市主干道路网络。四条相互交叉的道路将整个城市划分为不同的功能区，中间的三个分区分别为祭祀区、宫殿区和官营作坊区，左右两边六个区域，则是贵族的居住和埋葬区。整个城址规划有序、布局严整、层次分明，是当时社会结构和等级制度、礼制和王权至上的体现。

二里头遗址还出现了迄今为止中国最早的国家级祭祀场所。一处分布于宫殿区以北，是专门的祭祀场所，主要包括圆形的地面建筑、长方形的半地穴建筑及附属于这些建筑的墓葬。还有一处分布于宫殿区东北部的1号巨型坑，坑中发现有多处幼猪的完整骨架和部分猪骨。完整猪骨的方向多样，但均为四肢向左、脊背朝右的侧身姿势，应该是有意摆放，可能是以幼猪为牺牲的祭祀遗存。这几个祭祀遗存分布集中，且层层叠压，意味着当时的祭祀活动十分盛行。

二里头遗址二号宫殿建筑模型

在宫殿遗址的南面，则是一个官营作坊区，里面发现了2万平方米的铸铜作坊和1 000多平方米的绿松石器加工作坊。由此可以判断，墓葬中出土的青铜器、绿松石器应该都是在本地加工的。

二里头遗址祭祀猪套箱

乳钉纹铜爵

夏代，礼器
高 26.5 厘米、总长 31.5 厘米
现藏于二里头夏都遗址博物馆

青铜钺

夏代，兵器
尺寸不详
现藏于二里头夏都遗址博物馆

网格纹铜鼎

夏代，礼器
通高 20 厘米、口径 15.3 厘米、底径 10 厘米
现藏于二里头夏都遗址博物馆

目前大多数学者都赞同青铜器是由西亚起源，然后逐步向外扩散传播，并沿着河西走廊进入中原地区的。在新疆、甘肃等地史前遗址出土的一些青铜制品，它们的时代比二里头还要早一点，但用途却大相径庭，主要用作装饰品和日常小件用品。而二里头接触到青铜冶炼技术后，立即应用到了礼器的制作上，比如，青铜爵、青铜鼎等，以后来之姿创造了灿烂的青铜文明。

二里头遗址出土的乳钉纹铜爵底部平整，腹部装饰有乳钉纹，而三个细长的锥形脚上有钉形短柱。整体造型优美，线条流畅，呈现出一种清逸而夸张的形态，散发着古代文明的独特魅力。这件铜爵被誉为“华夏第一爵”，是中国目前发现的最早的青铜器之一。

还有一件网格纹青铜鼎，通高仅有 20 厘米，造型和纹饰风格与河南龙山文化晚期的陶鼎形制一脉相承，但材质却是当时罕见的贵金属——铜。这是迄今为止我国考古发现的最早的青铜鼎。二里头还出土了一件青铜钺，虽然这件青铜钺看上去其貌不扬，通体素面，仅在肩部环绕一周带状网格纹。经过金相检验及成分分析，青铜钺的平均铜含量为 93.3%，锡含量则仅为 5.7%，属于低锡青铜。虽然这件青铜钺的精致程度完全无法和商周时期的青铜器相比，但它是目前中国发现的最早的青铜钺，具有不可估量的价值。

除此之外，二里头还出土了一件绿松石龙形器，被誉为“华夏第一龙”。它出自 3 号基址院子里的一座贵族墓葬中，共由两千余片各种形状的绿松石片组合而成，每片绿松石的大小仅有 0.2 ~ 0.9 厘米，厚度仅 0.1 厘米左右。龙身略呈波状曲伏，中部出脊。由绿松石片组成的菱形主纹象征鳞纹，连续分布于全身。如果你看过实

绿松石龙形器细节图

绿松石龙形器

夏代，礼器
长 64.5 厘米，中部最宽处 4 厘米
现藏于中国考古博物馆

物，必定会为其栩栩如生的形态、富有视觉冲击力的形象所折服。专家们认为，绿松石龙形器是中国龙图腾崇拜思想最直接的来源，其用工之巨、制作之精、体量之大，在中国早期龙形文物中十分罕见。

二里头遗址还发现了另一件镶嵌了绿松石的兽面铜牌饰。这件铜牌饰出土时，被佩戴在死者胸前，可能是一种饰品。它的制作十分精巧，表面镶嵌着数百片绿松石，拼合成了兽面的图案。尽管经历了三四千年的岁月，但仍然保持完好，没有发生任何松动或脱落。这是目前已发现的最早，也是最精美的镶嵌铜器之一，可以说它开创了镶嵌铜器的制作先河。

“最早”的青铜礼器文明、严谨有序的宫城规划、等级分明的聚落结构、广阔且强大的文化辐射……所有的一切都表明了，二里头是当时的政治、文化和精神统治的中心，是“最早的中国”。

绿松石龙形器细节图

镶嵌绿松石兽面纹铜牌饰

夏代，礼器

长 16.5 厘米，宽 8～11 厘米

现藏于二里头夏都遗址博物馆

造型丰富的陶制品

二里头遗址出二的陶器数量庞大，种类繁多，功能多样，包括日常生活用具，如饮食器皿、灯具、盛装容器等，也有用于宗教仪式、祭祀活动的陶俑、陶塑等，这些陶器的制作工艺非常精湛，手工技艺高超，装饰内容丰富多样，包括动植物、几何纹样、人物形象等，部分陶器经过彩绘装饰，色彩艳丽。这些装饰既反映了当时人们对周围环境的观察和描绘，也展示了那个时期艺术家的审美追求。

陶罐

背景知识　地域文化的融合

海纳百川，有容乃大。位居中原的二里头文化，不断吸收着其他地域的文化元素。和绿松石龙形器同出一墓的，还有一件灰陶象鼻盉。造型如此奇特的象鼻盉，显然不是二里头本地的作品。无独有偶，这种类型的陶器在浙、赣、闽交界的东南地带广泛出土，如福建省光泽马岭遗址就曾出土过类似的象鼻盉。因此，专家们认为当时存在着一条从东南陶器产业区域向中原二里头地区进献贡品的朝贡之路。同时还出土了一件鸭形鼎，这种类型的鼎在东南的浙江、上海一带，发现的数量非常多。这些都说明了二里头文化不仅将自己的文化输出到各地，还吸收着来自不同区域的文化元素，展现出兼收并蓄的博大胸怀。

陶鬲

二里头陶盉

二里头出土的鸭形鼎

上海闵行博物馆馆藏的鸭形鼎

殷墟

• 中国20世纪百大考古发现之首

地址：河南省安阳市洹河南北两岸
年代：夏商时期
发掘时间：1928年
主要出土文物：刻辞卜甲、后母戊鼎、妇好鸮尊等青铜器，玉人、玉凤等玉器，以及嵌绿松石象牙杯等和带流虎鋬象牙杯

殷墟发掘简史

1899年秋，清朝国子监祭酒王懿荣从自己的药方中发现一味名为“龙骨”的药材，其实是一些龟甲或兽骨的碎片，这些碎片上契刻着特殊符号。作为晚清著名的金石学家，王懿荣意识到这些符号的重要性，命下人收集“龙骨”。经过研究，他认定这些符号是商代文字。王懿荣成为甲骨文的第一位发现者和收藏家，被誉为“甲骨文之父”。1910年，《殷商贞卜文字考》一书考定甲骨出土地是安阳小屯村，甲骨文是殷商王朝占卜的遗物。这一结论，为日后殷墟的发掘奠定了基础。

1928年10月13日，董作宾与临时工作人员开始对殷墟进行试掘，拉开了殷墟发掘的序幕。经过十八天的发掘，共出土了有字甲骨八百多片，骨器、玉器、贝及铜、铁、陶等器物近三千件。1929年春，中国考古学奠基人之一的李济开始了殷墟第二次发掘，这也是殷墟首次正式发掘。这次发掘不再以寻找甲骨为主要目标，陶器、兽骨、铜器等作为标本受到同等重视。而且此次使用探坑法发掘，每坑3米×1.5米，并标注坑名。同时，李济还测绘了较详细的殷墟地形图。此次发掘标志着殷

甲骨窖

1928 年秋，殷墟的第一次发掘现场

1931 年春，殷墟第四次发掘，右一为吴金鼎，右二为董作宾

1934 年，殷墟第九次发掘

墟的发掘完全脱离金石学范畴，走向现代田野考古学之路。

1931 年春，梁思永参加了殷墟第四次考古发掘。在后冈遗址的发掘中，梁思永发现了“后冈三叠层”，解决了仰韶文化早于龙山文化，而龙山文化又早于小屯文化的年代序列，获得解决中国史前文化与中国历史相关性的一把钥匙，也标志着中国田野考古学在方法上达到了新的水平，是中国田野考古学走向成熟的重要标志。

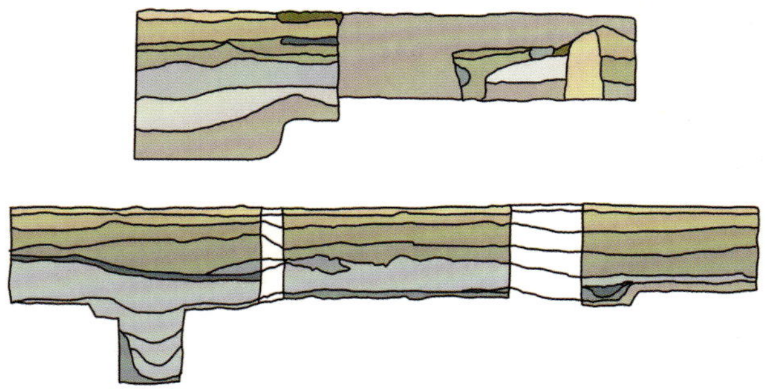

后冈三叠层

1934—1935 年的第十、十一、十二次发掘，确定了此地就是商朝王陵墓地。1936 年的第十三次发掘，考古队在编号 YH127 的灰坑内发现了一万七千零九十六片甲骨，这是殷墟历次科学发掘以来出土甲骨最多的一次，为甲骨文和殷商史研究提供了十分宝贵的材料。至 1937 年，考古人员对殷墟进行了十五次科学发掘，取得了丰硕的成果。1937 年抗日战争的全面爆发，殷墟发掘工作被迫停止。直到 1950 年，武官村大

背景知识　后冈三叠层

“后冈三叠层”地层可以分为三部分：上层土质浅灰色，多出土白陶，是标准的小屯文化层；中层土质偏绿色，多出土黑陶，是标准的龙山文化层；下层土质为深灰色，是以彩陶为主要标志的仰韶文化层。

YH127 发掘现场

甲骨搬运现场

妇好墓复原场景

墓的发掘掀开了殷墟发掘的新篇章。1976年，商王武丁配偶妇好墓重见天日，又一次震撼了世人。

经过近100年的发掘，殷墟早已经成为中国考古学的象征。近年来，殷墟仍不断有重要发现出土，展示出了殷墟的巨大潜力。著名考古学家夏鼐先生说："殷墟不仅文物丰富，而且学术价值极高。它蕴藏的宝物，还远未罄竭。"

青铜器发掘现场

背景知识　妇好

妇好，是商朝王武丁的妻子，"妇"是其所获爵位。她是中国历史上有记录的第一位女性军事统帅，甲骨文记载了她多次领兵征战，征服了多个周边国家，为商朝开疆拓土。妇好也是一位杰出的政治家，负责主持多种祭祀活动，并担任占卜之官。她在30多岁时去世，武丁非常悲痛，为她举行了隆重的葬礼，并建了一座大型墓穴。妇好墓是殷墟唯一保存完整的商代王室墓葬，也是迄今为止发现的唯一能与甲骨文联系并断定年代、墓主人及其身份的商王室成员墓葬。墓中出土了一千九百多件随葬品，包括青铜器、玉器、石器、陶器等，如青铜鸮尊、象牙杯等。妇好墓的发现对研究商朝历史和文化具有重要意义，特别是对了解商朝女性的地位和角色提供了重要证据。

第一个有文献可考的都城

殷墟，位于河南省安阳市西北郊的洹河南北两岸，以小屯村为中心，面积约30平方千米，是中国历史上第一个文献可考、并被考古学和甲骨文所证实的都城遗址。根据史料记载，公元前14世纪，商朝第十九位君主盘庚将都城从奄（今山东曲阜）迁至北蒙（今安阳市西北小屯一带），并更名为“殷”，因此商朝后期也被称为殷商。盘庚选择殷（今安阳）作为新都，主要是因为其地理位置优越。安阳位于太行山东麓，三面环平原，多河流（如漳、洹、淇、卫等）交汇，东临古黄河，提供了水源、交通便利和天然防御。太行山的丰富木材资源也有利于新都城的建设，帮助商朝迅速恢复社会秩序。

宫殿宗庙遗址的仿殷大殿

殷墟王陵墓葬区航拍图

经过几代考古学家的共同努力，我们现在对殷墟的基本结构有了大致的了解。整个殷墟由宫殿宗庙遗址、王陵遗址、洹北商城遗址等共同组成，大致分为宫殿区、王陵区、一般墓葬区、手工业作坊区、平民居住区和奴隶居住区。

殷墟的宫殿宗庙遗址是其最重要的部分，位于小屯村东北部，面积约0.65平方千米。1937年发掘出五十三座宫殿建筑基址，是宫殿宗庙遗址的核心。这些建筑基址被著名考古学家石璋如划分为甲、乙、丙三组。甲组基址位于东北部，有十五座夯土基址，主要是东西向长方形房基，个别为凹字形，是商王室的宫室和寝居；乙组基址位于西南部，有二十一座夯土基址，主要是长方形房基，结构复杂，面积巨大，被认为是殷王室的宗

背景知识　“殷墟”称谓的由来

自盘庚迁都至殷起，商王朝在此地经历了八代十二位国王共273年的统治，使殷成为商朝的政治、经济、文化、军事中心。周武王灭商后，实行分封制，将商纣王之子武庚封于殷，后因武庚叛乱被杀，殷民迁离，此地逐渐荒废，成为现今所称的“殷墟”。

甲十二基址

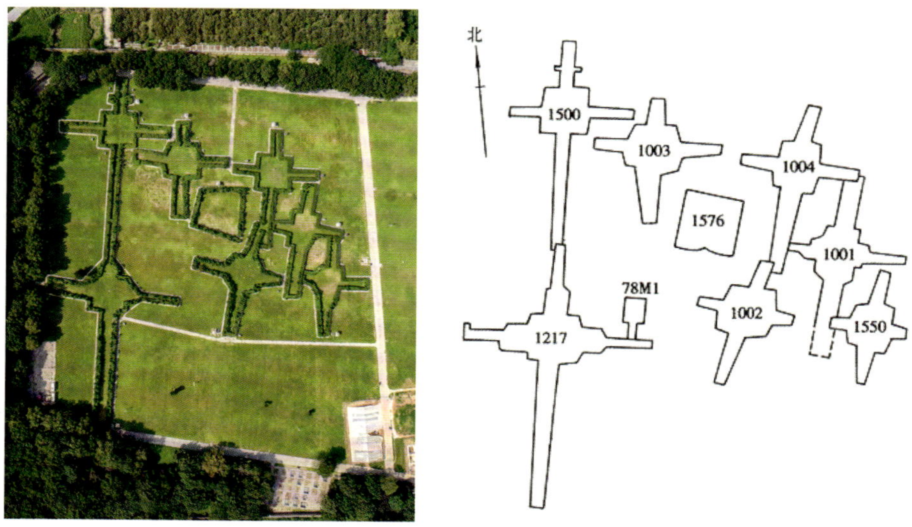

“亞”字形墓航拍图及图示

庙建筑；丙组基址位于乙组西南部，有十七座夯土基址，对称排列，面积较小，用于祭坛建筑。宫殿宗庙建筑遗址规划宏大，符合“前朝后寝，左祖右社”的建筑格局。

除此之外，考古学家还在宫殿宗庙遗址内发现了很多手工业作坊遗址，它们分散在小屯村附近，如小屯东北地铸铜遗址、小屯村北地制玉作坊等。

王陵遗址是殷墟另一个核心区域，它位于洹河北岸侯家庄与武官村北高地，目前已发现大墓及较大墓十三座、祭祀坑两千五百多个。1934—1935年秋，考古组在侯家庄西北冈进行了大规模考古发掘，最终在西区发现了八座大墓，在东区发现了大量祭祀坑，以及一座大墓、四座较大墓。这十三座墓葬中，有八座是“亞”字形墓。所谓“亞”字形墓，是指在方形或长方形竖穴土圹墓室的四边各有一条斜坡状墓道，从空中向下俯瞰，就如同“亞”这一字形。“亞”字形墓规模宏大，气势恢宏，被视为规格最高的陵墓，在之后相当长的一段时间内，只有帝后陵才能用此形制。

血腥的人祭

如果你去殷墟参观，在遗址区内，可以时不时看到当年人祭仪式遗留下来的痕迹。如乙七基址附近，有非常多的祭祀坑，祭祀坑里埋的是商人在宗庙奠基、置础、安门、落成等各阶段举行建筑典礼时埋入的人和牛、羊、狗等牺牲。殷墟王陵的东区也分布着大量的祭祀坑，这些祭祀坑排列集中而有规律，里面埋葬了大量人骨。

在侯家庄第1 550号墓中，发现了排列整齐的长方形坑，每个坑里埋有约十具无头遗骸，这被认为是“伐羌”仪式的体现。在大司空村的殷墟四期第250号灰坑，一具无脊柱连接、肋骨张开的人骨被发现，推测是“卯”祭的对象。殷墟甲骨文中“羌”字出现了六千八百三十四次，显示出当时人祭习俗的普遍性。

在商之后的周朝，人祭的现象就大幅减少，甚至消失了，他们往往会用木俑或者陶俑来代替人祭，自此以后，中国历史开始逐渐朝文明跨越。

1984 年和 1999 年发现的铜甗和里面被蒸煮过的人头骨

背景知识 羌

有学者对殷墟甲骨文中的卜辞进行了研究，发现商人祭祀最常用的是羌人。羌人是当时的晋陕地区的土著居民，在甲骨文中“羌”字被描绘为头顶羊角的人，有时还表现出脖子被捆绑或拴在木桩上的形象，象征着他们已被俘获。甲骨文中关于“羌”的内容丰富：“获羌”表示俘获羌人；“伐羌”指砍下羌人的头；“岁羌”是剁下羌人的头；“俎羌”则是将羌人放在案板上剁；“卯羌”更为残忍，指的是将羌人劈成两半。这些描述透露出一股寒意，并且在考古发掘中都能得到证实。

背景知识 青铜甗里的人头

1984 年，殷墟王陵区考古现场挖出一个祭祀坑，发现一个藏有人头的青铜甗，但被认为是偶然现象。1999 年，又在一个贵族墓葬中发现一个青铜甗盛放着一颗少女的头颅，显示这可能是一种特殊葬俗。研究发现，这两颗人头颜色暗沉，断茬齐整，与其他人头不同，表明它们被蒸煮过。对 1984 年的人头进行体质人类学鉴定和同位素分析后，确认是一位十四五岁的少女，来自东南方的淮河流域，牙齿也没有龋齿现象，说明她的食物主要是蛋白质，表明她地位较高。结合甲骨文记载，专家猜测这位少女可能是商朝军队南征淮河流域时俘获的贵族战俘，被带到殷都成为奴隶，最终在主人去世时作为人牲被砍头并蒸煮，成为殉葬品。

祭祀坑被埋藏的殉葬者

祭祀坑里的头骨

一片甲骨惊天下

殷墟最显著的标签当属甲骨文。甲骨文是汉字发展的关键形态，被称为“最早的汉字”，兼有象形、会意、形声、假借、指事等多种造字方法，已经是成熟的文字。甲骨文因其刻写于坚硬的材质上，故字体呈方形。从字体的数量和结构来看，甲骨文已经发展成一个较为严密的文字系统。

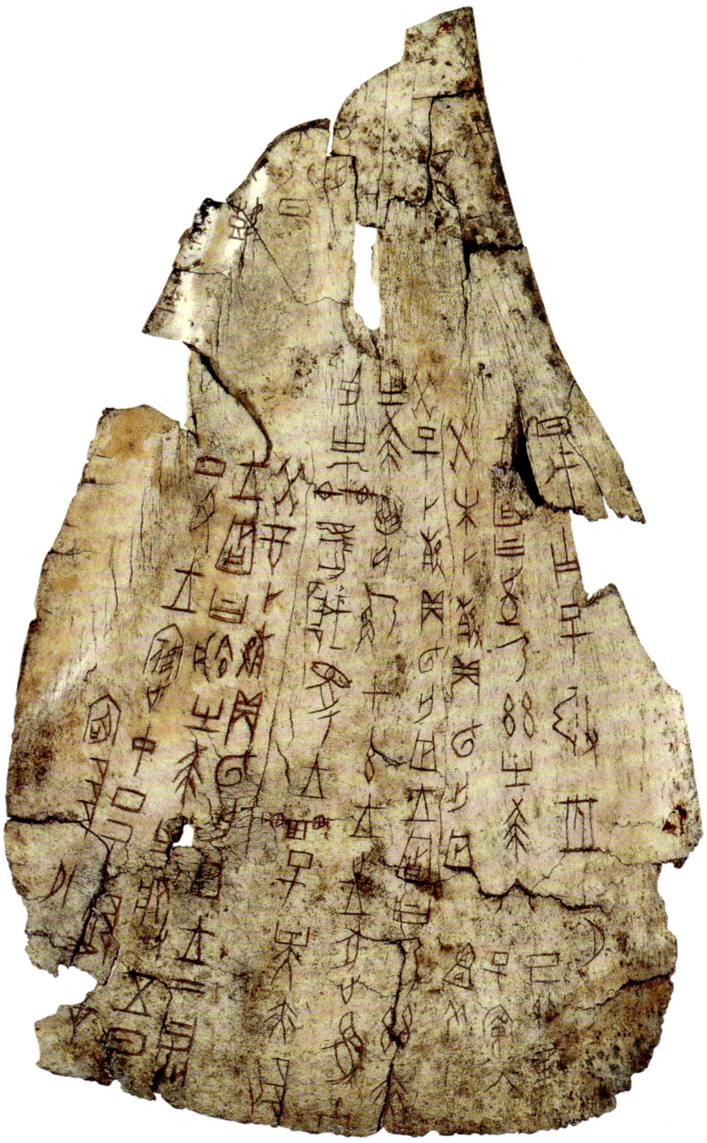

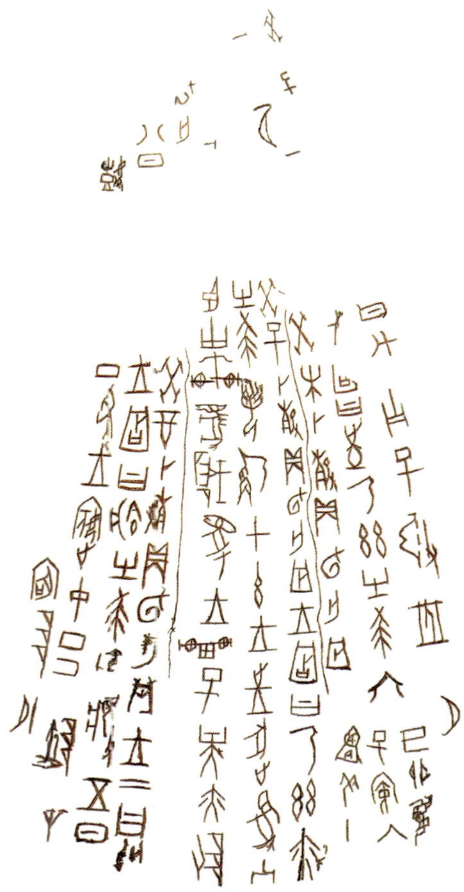

“王往逐兕”涂朱卜骨刻辞上的甲骨文

“王往逐兕”涂朱卜骨刻辞

商代，卜骨
长 32.2 厘米、宽 19.8 厘米
现藏于中国国家博物馆

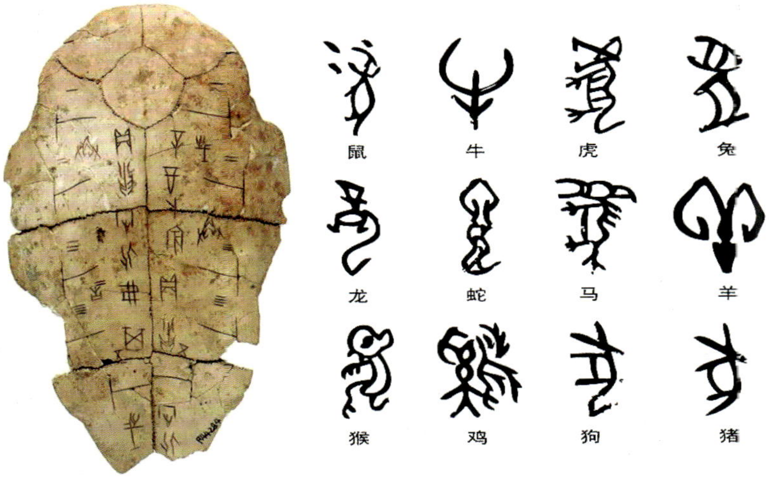

卜骨片和甲骨文的十二属相

卜骨片及甲骨文拓片

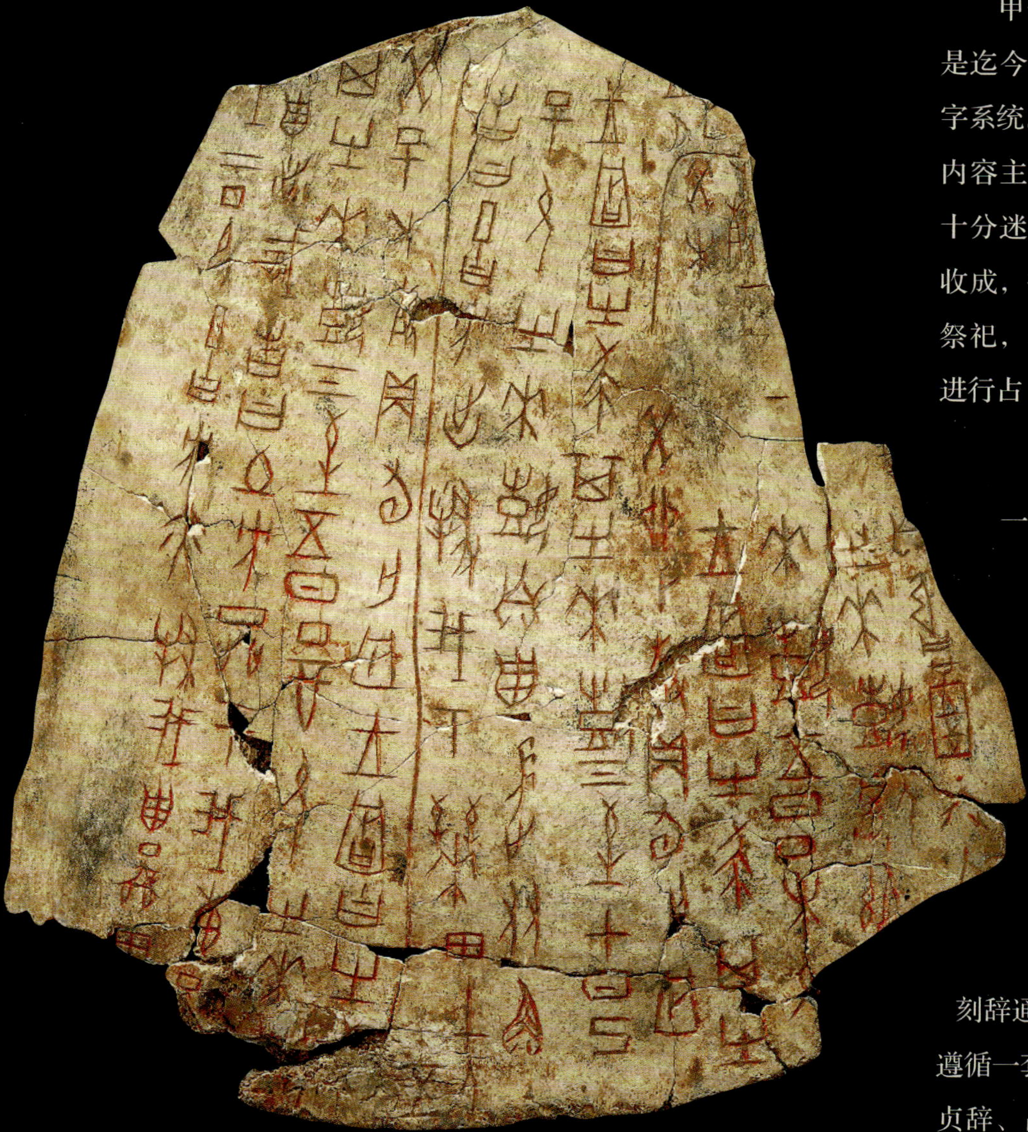

"土方入侵"涂朱卜骨刻辞

商代，卜骨

长 22.5 厘米、宽 19 厘米

现藏于中国国家博物馆

甲骨文是商代晚期最主要的文字，也是迄今为止中国发现的年代最早的成熟文字系统。目前一共发现了十余万片甲骨片，内容主要是商王室的占卜记录。商朝王室十分迷信，大事如天是否下雨，是否有好收成，打仗会不会赢，该对哪些鬼神进行祭祀，小事如生育、疾病、做梦等，都要进行占卜。

占卜所用材料大体分为两大类：一类是龟甲，又称卜甲，多用龟的腹甲；一类是兽骨，又称为卜骨，多用牛的肩胛骨，也有羊、猪、虎骨及人骨。卜甲和卜骨，合称为甲骨。一般而言，甲骨占卜过程可分为占卜前的材料准备、占卜中的行卜问询、占卜后的记录存档三部分。考古发现许多甲骨上有朱红和黑墨书写的文字，表明刻辞通常是先书写后刻划的。卜辞的内容遵循一套完整规范，分为四个部分：前辞、贞辞、占辞和验辞。前辞记录占卜日期和提问者；贞辞是具体的问卜内容；占辞是国王根据甲骨兆纹做出的吉凶判断；验辞则是事后验证占卜结果和实际发生的事情。

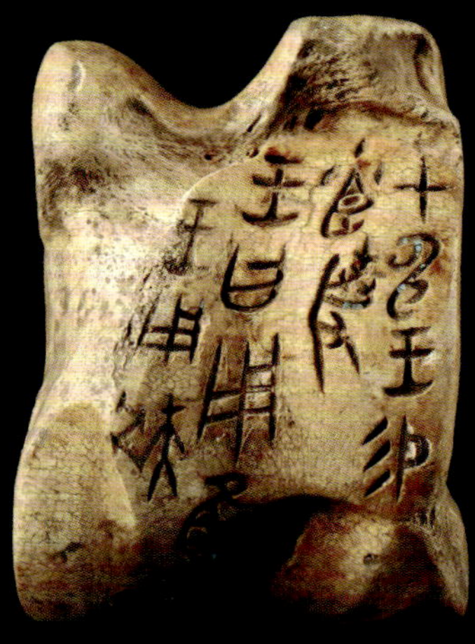

殷墟甲骨片

殷墟青铜器

在殷墟，考古学家们挖出了大量的青铜器。这些青铜器种类繁多，大致分为五大类：礼器、乐器、兵器、工具与生活用具、装饰品与艺术品等。其中，礼器和兵器在当时特别重要，体现了“国之大事，在祀与戎”的理念。青铜礼器的类型丰富，包括炊食器、酒器、水器等。炊食器主要有鼎、甗、簋等，其中鼎是商周时代最重要的礼器。酒器包括尊、斝、觚、爵等，水器主要有盘、盂等。殷墟出土的青铜乐器相对较少，主要有铜铙，形状像钟，可以敲击发声。兵器在青铜器中占有重要地位，攻击型兵器数量最多，包括戈、矛、钺、大刀等。工具与生活用具类青铜器包括斧、锛、刀等工具，以及镜、勺等生活用品，造型简单实用。装饰品与艺术品类青铜器通常用于装饰或展示，如人面具、人头面具、铜牛、铜虎、铜铃等。

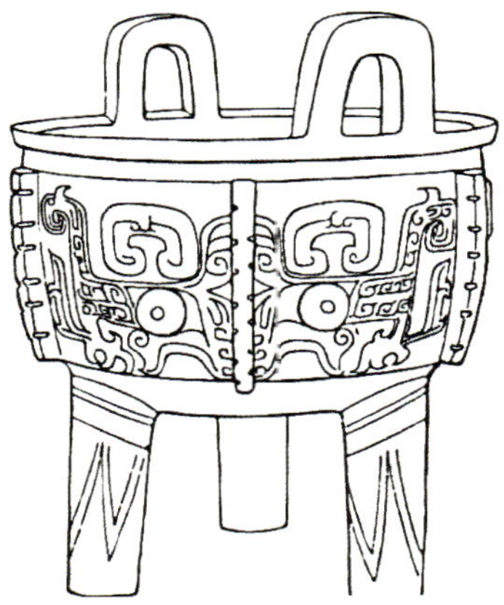

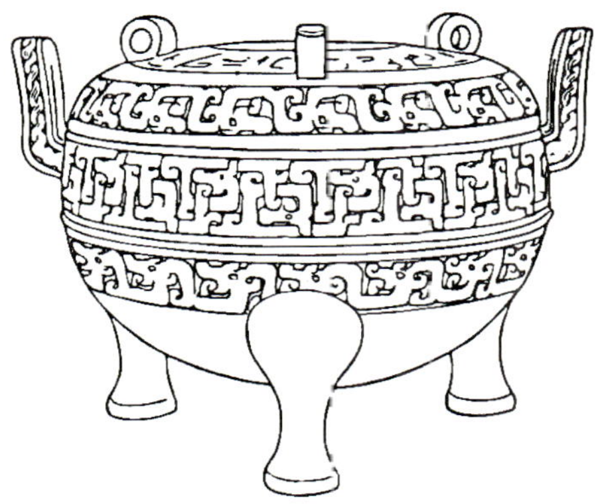

鼎

三或四足，圆形或方形腹，两耳，常用于烹饪和盛放食物。

尊

侈口，束颈，圆腹或方腹，圈足，用于盛酒。

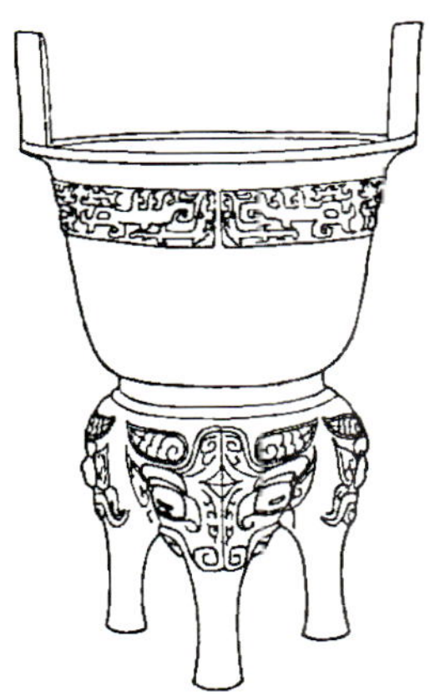

甗

类似鼎，但上部有甑，用于蒸食物。

簋

圆腹，两耳，圈足，用于盛放粮食或食物。

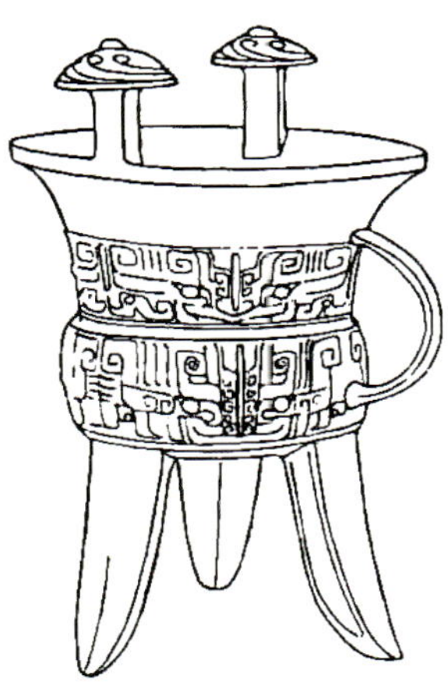

斝

侈口，有三足和把手，用于温酒。

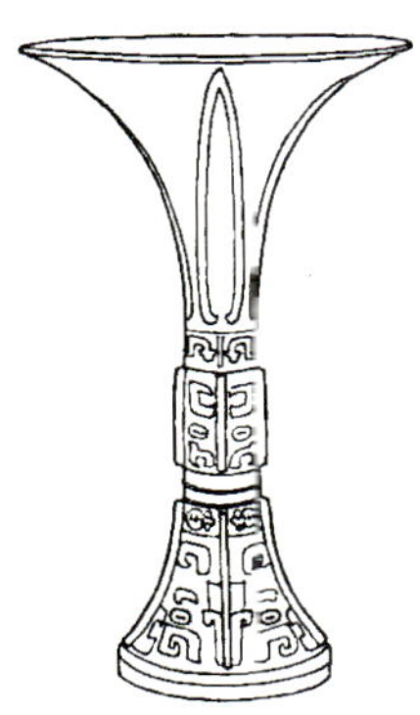

觚

喇叭形口，细腰，圈足，也是酒器。

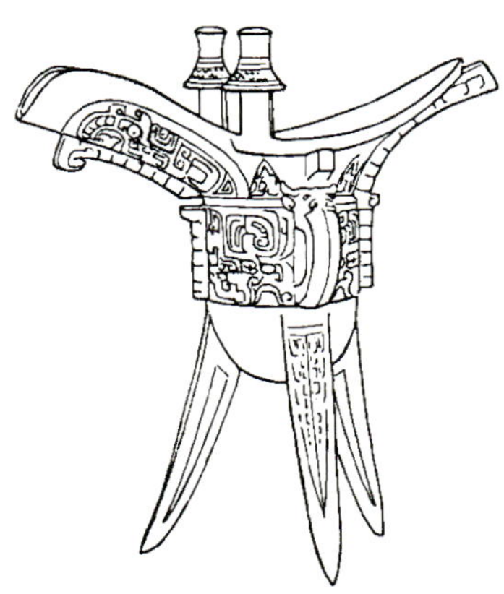

爵

管状流，一侧有把手，下有三足，用于饮酒。

殷墟青铜器风格夸张而神秘，展示了原始的、粗犷的生命力。纹饰繁丽，主要有几何形纹样、动物纹样等。这些图案的布局严谨，整体呈现出一种庄严而凝重的气氛，其中饕餮纹是极为常见的一种纹饰。青铜器上还经常发现铭文，这些铭文的内容包括重要事件和器主的族氏、作器者名等。

商周青铜器饕餮纹

商周青铜器夔龙纹

后母戊鼎

商代，炊食器
高133厘米、口长110厘米、口宽79厘米，重832.84千克
现藏于中国国家博物馆

若要在殷墟众多出土文物中选出最具代表性的一件，那非后母戊鼎（亦称“司母戊鼎”）莫属。后母戊鼎高 133 厘米，口长 110 厘米、口宽 79 厘米，重 832.84 千克，是目前为止中国发现的最重青铜器。后母戊鼎的名称来源于鼎内壁上的铭文，这些铭文表明这件青铜器是为了祭祀母亲戊而制作的。它的设计精细，装饰有兽面纹（饕餮纹的一种）、夔龙纹等。

“后母戊”铭文

殷墟青铜器中，妇好墓出土青铜鸮尊也是精品。鸮尊有两件，在妇好墓四百六十八件铜器中脱颖而出，是宝藏中的宝藏。其整体呈现为一站立状的猫头鹰，头部高昂，两眼圆睁，显得非常警觉和

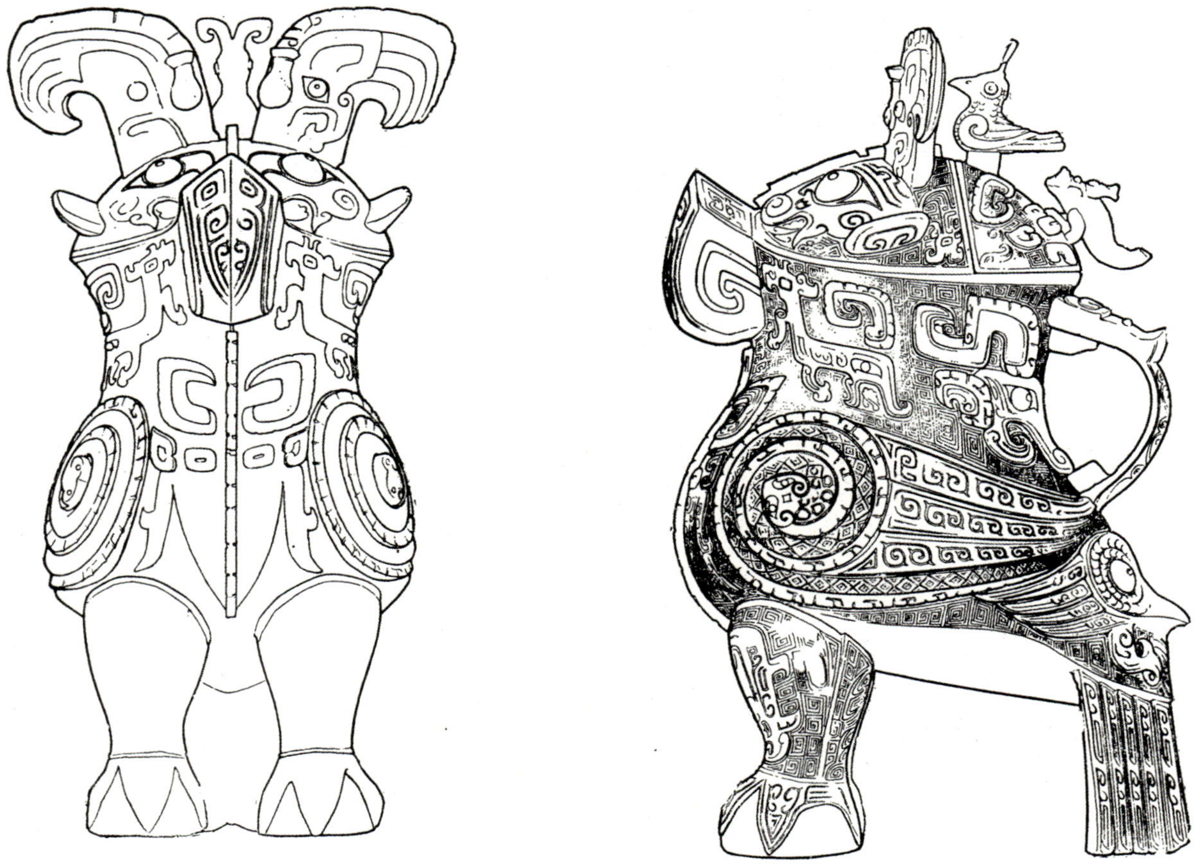

鸮尊纹样图

背景知识　国之重器后母戊鼎往事

1939 年春，两位村民在殷墟附近探查时意外发现了这个大鼎。他们原本想私藏这个宝贝，但因为鼎太重，无法移动，只好暂时埋回原处，等日后有机会再做打算。后来，日本警备队队长水野大佐听说了这个消息，悬赏 70 万伪币寻找大鼎。为了防止国宝落入敌寇手中，村民用一个小鼎冒充，骗过了日本人。抗战胜利后，后母戊鼎被重新挖掘出来，并保存在安阳县古物委员会。随后，后母戊鼎被运往当时的南京中央博物院筹备处保存。1948 年，国民党军队败退，开始分批次地偷偷将故宫文物运往台湾。当时后母戊鼎也在运送名单中，但由于它太重了不好搬上飞机，最终被弃置在南京机场。到了 1959 年，中国历史博物馆（中国国家博物馆前身）建成，后母戊鼎从南京调往北京，永久收藏于中国国家博物馆。

妇好鸮尊

商代晚期，酒器
通高 45.9 厘米、口径 16.4 厘米
现藏于中国国家博物馆、河南博物院

妇好鼎

商代，食器
高 29.5 厘米、口径 25 厘米
现藏于中国社会科学院考古研究所

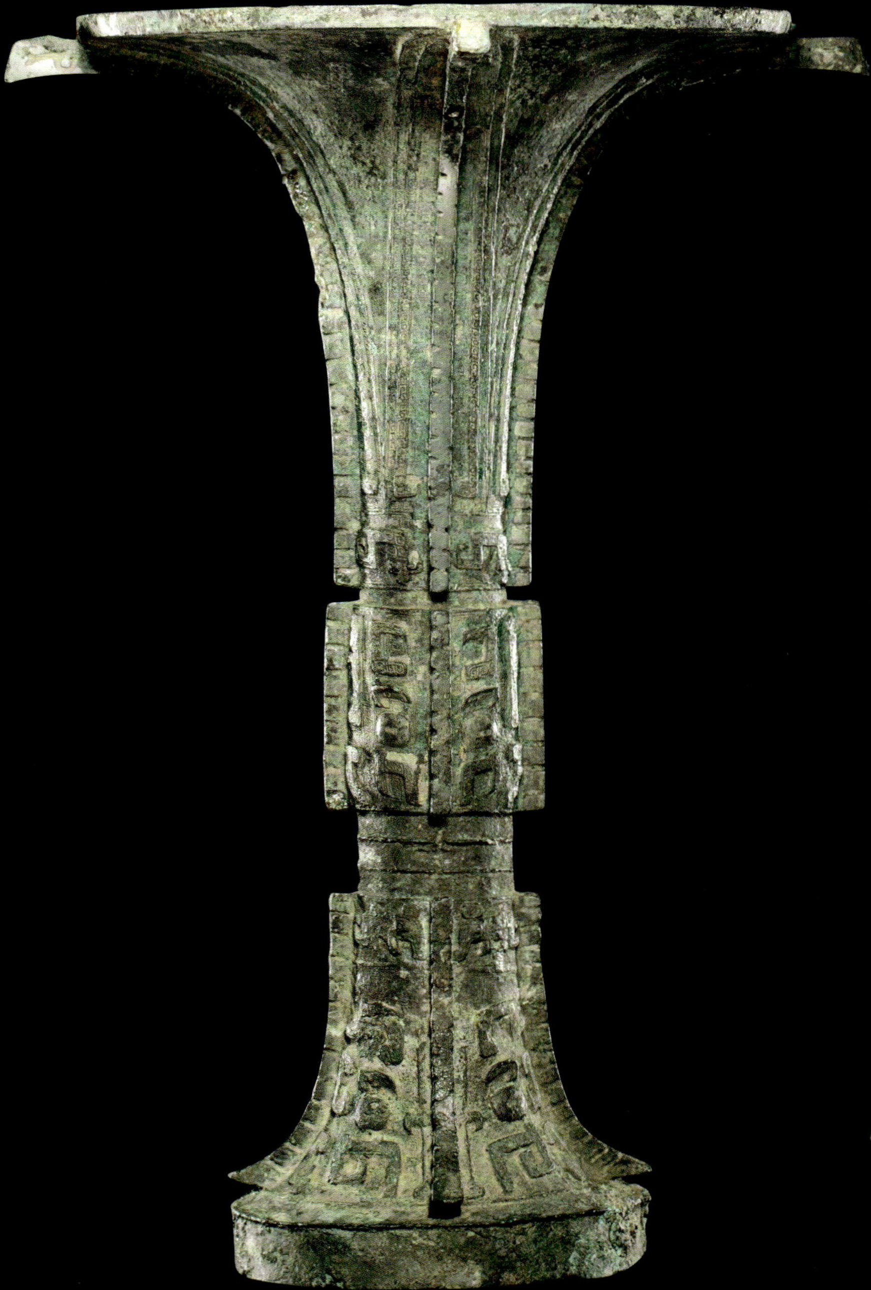

父乙车衢青铜觚

商代，酒器
高37厘米，口径20.5厘米，腹径5.25厘米
现藏于安阳博物馆

妇好方铜斝

商代，酒器
高68.6厘米，重18.3千克
现藏于中国国家博物馆

戍嗣子鼎

商代，食器

高 48 厘米、口径 37.8 厘米

现藏于中国社会科学院考古研究所

妇好圈足铜觥

商代晚期，酒器
通高22厘米、通长28.4厘米、重4千克
现藏于河南博物院

妇好偶方彝

商代，酒器
通高60厘米、长88.2厘米
现藏于中国社会科学院考古研究所

”青铜钺
器
，内部铸铭文“亚启”
国国家博物馆

青铜器装饰品

威猛。鸮尊的翅膀和尾巴都被设计成了器物的装饰部分，与猫头鹰的自然形态相得益彰。鸮尊的表面装饰有精细的纹饰，如云雷纹、夔龙纹等，这些纹饰不仅增加了器物的美感，也体现了商代青铜工艺的高超水平。尊的背部有一盖，盖上也装饰有兽面纹，盖与尊身以环钮相连，可以开启。这两件鸮尊不仅作为酒器使用，可能是妇好生前用于祭祀仪式的礼器，也可能是她的个人用品，反映了她在商代社会中的显赫地位。

背景知识　殷墟玉器

殷墟玉器在中国古代玉器发展史上占有举足轻重的地位。它们不仅是商代晚期玉器工艺的集中体现，而且承前启后，既继承了夏代和商代早期玉器的优秀传统，又为西周玉器的风格演变和发展打下了基础。

殷墟出土的玉器数量庞大、种类丰富，涵盖了礼器、乐器、兵器、工具及各式装饰用器等，其中装饰用器占了很大比例。这些玉器的造型多样，雕刻精细，突破了新石器时代以来玉器的传统造型模式，创造出了许多新颖的作品，如人像、兽畜、禽鸟等。殷墟玉器色泽瑰丽多彩，光泽晶莹温润，材料以和田玉为主，同时也使用了其他地方出产的玉石。殷墟玉器反映了商代晚期的社会风貌和文化特征，对后世的玉器制作产生了深远的影响，是玉器研究的重要内容。

背景知识　商代嵌绿松石象牙杯

中国象牙雕刻的历史可追溯到7 000年前的新石器时代，象牙雕刻又称牙雕，是指将象牙雕刻成各种实用器物或艺术品的技术，也泛指各种象牙制品。商代的象牙器物是模仿铜器的纹饰而雕刻的。妇好墓出土了三件象牙杯，其中两件镶有绿松石。整个象牙杯的通体装饰精细，遍布着饕餮纹和兽面纹，这些纹饰通过绿松石的镶嵌，特别是在饕餮和夔的眼睛、眉毛、鼻子等关键部位，使得整个图案更加生动和醒目。

玉人

商代，玉器

高 7 厘米、宽 3.5 厘米，此玉人表现的可能是妇好本人

现藏于中国国家博物馆

兽面玉

玉蛙

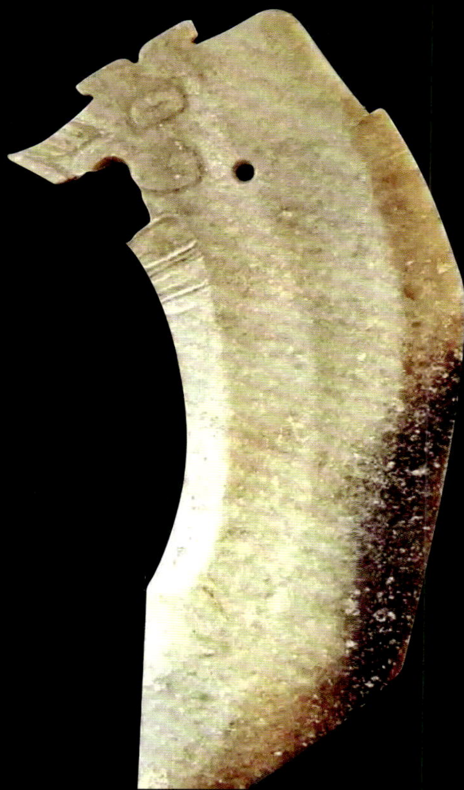

鸟形刻刀

玉凤配饰

凤冠玉人

嵌绿松石象牙杯

商代晚期，酒器
杯高 30.5 厘米、口径 11.2 厘米、口壁厚 0.1 厘米
现藏于中国社会科学院考古研究所

带流虎鋬象牙杯

商代晚期，酒器

高42厘米、流长13厘米、宽7.6～7.8厘米、切地底径10.6～11.2厘米，壁厚0.9厘米

现藏于中国社会科学院考古研究所

三星堆遗址

·沉睡3000年，一醒惊天下

地址：四川省广汉市三星堆镇西北的鸭子河南岸

年代：夏商时期

发掘时间：1986年

主要出土文物：青铜神树、青铜面具、青铜大立人、金面罩、铜扭头跪坐人像、青铜神坛、青铜太阳轮等

三星堆的挖掘

20 世纪 80 年代，因为生产建设的需要，砖瓦厂迅速发展，三星堆遗址所在地南兴乡先后开办了两个大型砖厂和十个小型瓦厂，自然而然地，三星堆成了当地砖瓦厂主要的取土用地。1986 年 7 月 18 日下午，南兴二砖厂挖土工地上突然传来消息，民工在挖土时，在距离地表约 2 米深的地方发现了几件玉器。四川省文物考古研究所的工作人员闻讯立即赶到现场，只见地层断面中暴露出玉戈、玉璋等玉器，周边还有经过火烧泛白的碎骨渣。毫无疑问，这是一处重要的遗迹，工作人员立即保护现场，并将情况通报给上级，请求进行考古发掘。

1986 年 7 月 21 日，发掘正式开始。之后，“三星堆”这一名字随着 1 号和 2 号“祭祀坑”文物的陆续出土逐渐为世人所熟知，并惊艳了世界。不过，自从 1986 年发现两个“祭祀坑”后，30 多年过去了，三星堆的发

三星堆博物馆新馆

1 号坑发掘现场

掘一直没有太多进展。很长一段时间内，人们对三星堆的认识几乎全部来源于 1 号和 2 号“祭祀坑”。直到 2019 年秋，随着四川省启动“古蜀文明保护传承工程”，考古人员又在三星堆遗址内陆续发现了六个“祭祀坑”。如今，六个“祭祀坑”的发掘工作已全部结束，转为室内整理。青铜神树、青铜戴冠纵目面具、青铜大立人、金面罩、铜扭头跪坐人像、青铜面具、青铜神坛、青铜太阳轮……随着越来越多的精美文物被披露出来，三星堆给我们的疑问也越来越多，大家纷纷感叹，别的墓葬都是越挖越明白，可到了三星堆，怎么还越挖越糊涂了呢？

广汉三星堆国家考古遗址公园航拍图

三星堆八个祭祀坑平面分布图

2 号坑青铜大立人和青铜面具出土场景

3 号坑青铜器的发掘现场

背景知识　“三星伴月”的秘密

三星堆，位于四川省广汉市西北面一块高起的台地上，一条名叫马牧河的小河将这里一分为二。河的北岸有一块弯弯的台地高高凸起，因为形状酷似月亮，所以当地人称之为“月亮湾”；河的南岸则是三个高出地面的黄土堆，这三个土堆在一马平川的土地上突兀而起，远远看上去就像天上三颗闪耀的星星。这三颗“星星”伴着一勾弯弯的“明月”，久而久之，就获得了一个“三星伴明月”的美名。在清代嘉庆年间编修的《汉州志》等典籍中，“三星伴月”还作为景观被记载，成为古代汉州“八大人文景观”之一。

黄金面具（5 号坑出土）

商代，金银器

宽约 23 厘米、高约 28 厘米，重约 280 克

现藏于三星堆博物馆

5 号坑黄金面具出土时情况

6 号坑的木箱

8 号坑的戴黄金面罩的青铜人头像发掘现场

黄金面罩（2021年3号坑出土）

商代，祭祀用品

残高25.47厘米、最宽27.8厘米，净重280克

现藏于三星堆博物馆

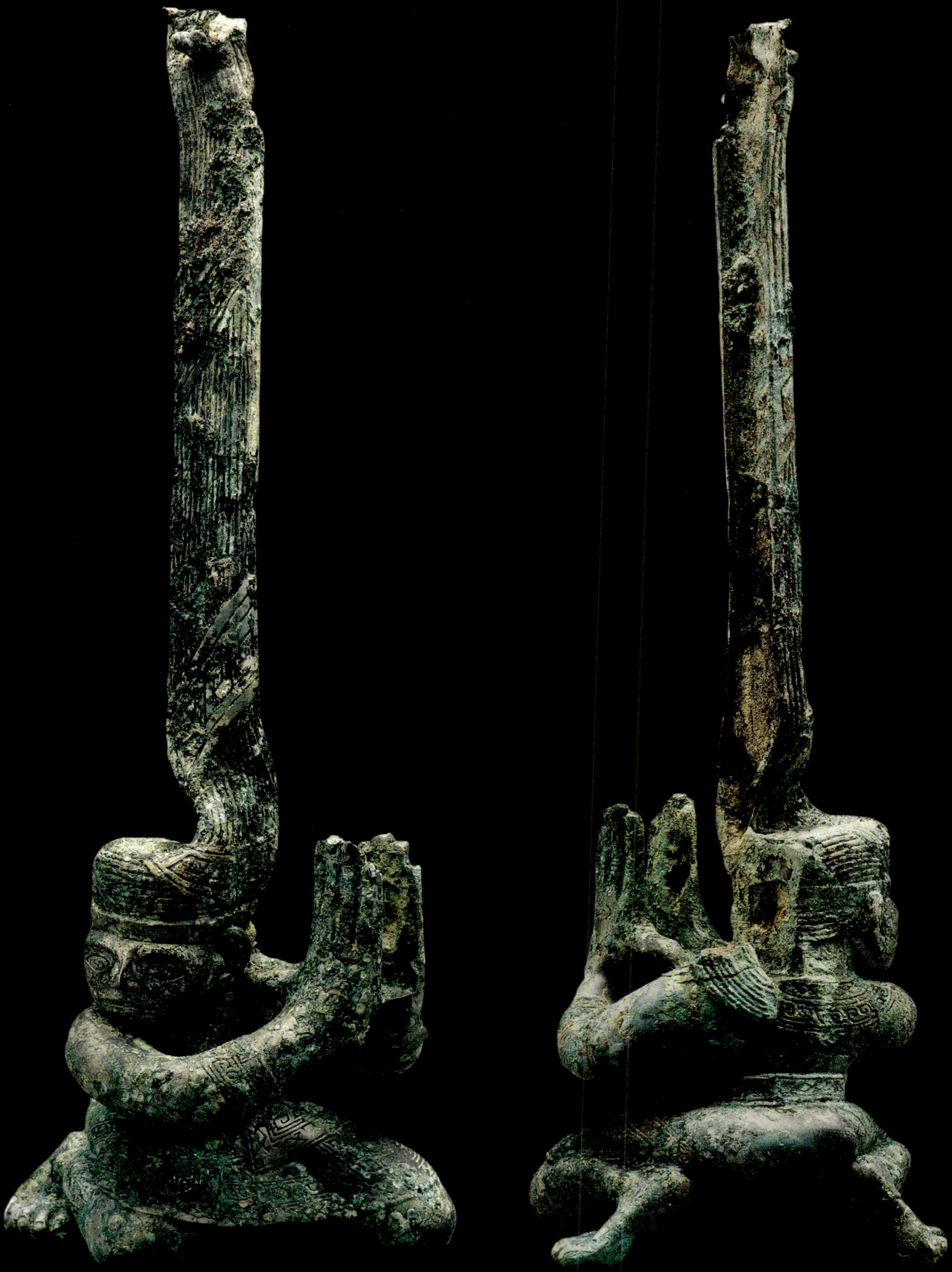

铜扭头跪坐人像（正反面）

代，祭祀用品
48 厘米、宽 15.5 厘米、深 13.6 厘米
藏于四川省文物考古研究院

2 号坑出土的 296 号
青铜神坛复制品

8 号坑青铜骑兽顶尊人像复制品

三星堆“祭祀坑”之辨

目前发掘的八个“祭祀坑”，大体可以分为两组。第一组：1、2、3、4、7、8号坑，它们形态类似，坑内器物丰富，有不同材质的（青）铜像、（青）铜容器，最上层都铺放象牙。第二组：5、6号坑。两个坑面积较小，深度较浅，埋藏器物不多，而且没有象牙层。最重要的是，第一组的不同坑内出土了同一件器物的残件，它们可以彼此拼对复原。这有力地说明了，第一组六个坑内的器物，是同时被埋入的，因为只有这样，同一器物的不同部分才会出现在不同坑内。这就基本否定了以前的主流观点，即这些坑属于祭祀行为遗存的认识。因为祭祀活动是社群、族群、国家的经常性行为，不可能毕其功于一役，在很长时间只举行一两次祭祀活动。

有学者认为，考虑到这些坑统一规划、同时掩埋的情况，埋藏行为应该是古蜀人自己实施的。也就是说，这是古蜀人在特殊情况下处理自己受损宗教祭祀用器的埋藏坑。那么，神庙以及祭祀器物被毁，是敌人所为还是内部人自毁？考虑到这几个坑的埋藏年代处于商末周初，有没有可能是因为当时的周灭商事件？

背景知识　对三星堆年代与三星堆文化的误解

误解一：把“祭祀坑”的年代等同于三星堆遗址的年代

三星堆遗址的年代跨度很大，从新石器时代晚期一直延续到了商代晚期，甚至到西周早期，具体又可以分为三个阶段。第一阶段（前2500—前1600年）：宝墩文化时期，相当于新石器时代晚期到夏朝。第二阶段（前1600—前1100年）：三星堆文化时期，对应商朝。第三阶段（前1100—前1000年）：十二桥文化前期，进入西周时期。我们最熟悉的几个“祭祀坑”均属于第二阶段晚期，大约是商代晚期。

误解二：三星堆只有“祭祀坑”

如今我们已经基本明确，三星堆是一座古城，四周铸有城墙，所谓的“三星伴月”其实都是以前三星堆古城城墙留下来的遗存，三个小土堆是古城西城墙的一部分，而月亮湾则是宫殿区城墙的一部分。在月亮湾附近是青关山遗址，它是一个高于地面的台地，由红烧土夯筑而成，这是在三星堆遗址中首次发现的大型建筑基址群，学者们推测这是当时的宫殿区。古城东北部还发现了仓包包小城遗址，那里有存储玉石制品的窖藏，这可能是手工业作坊区。八个“祭祀坑”在古城的南边，靠近南城墙，其东边为斜穿整个古城而过的马牧河。由此可见，三星堆古城内分区明显，有宫殿区、祭祀区、作坊区，还有普通居民区等，与我们以往所认知的古代城市没什么区别。

青铜神树之谜

三星堆遗址出土了很多令人费解的文物，其中，2号“祭祀坑”出土的青铜神树，无论在中国考古史上，还是在世界各地载入史册的重大考古发现中，都称得上是绝无仅有、极为奇特的器物。

2号坑出土的青铜神树共有六件，其中“大神树”两件、“小神树”四件。“大神树”又分1号神树和2号神树，以1号神树的体量为最大，它通高396厘米，树枝残高359厘米，相当于三个后母戊鼎摞在一起的高度。青铜神树可分为底座、树身、龙三个部分。底座是一个直径93.5厘米左右的圆形圈，上面有三个像树根形状的拱形

由出自1986年发掘的2号坑出土的铜鸟足人像、2021年3号坑出土的爬龙铜器盖、2022年8号坑出土的铜顶尊撑罍曲身人像、铜持龙立人像、铜杖形器等部分组合而成。

由1986年2号坑出土的铜尊口沿、2021年3号坑出土的铜顶尊跪坐人像、2022年8号坑出土的铜神兽组合而成。

足。三足之间互相通透，圈足和三足上面分别装饰着两组窃曲纹。再上面是树身部分，有三层树枝，每层有三枝，而且枝头上都站着一只造型精美的神鸟。树的顶端是残缺的，有学者推测，那里原来应该也有一只神鸟，因此总共是十只神鸟。除了树身，侧边还铸造了一条巨大的青铜龙。龙身用铜管扭成绳索状，从树冠沿着树干蜿蜒而下，总体长度达到了 5 米，气势非常恢宏雄壮。

在那个物资相对匮乏的时代，古蜀人为何要耗费大量人力物力，来建造青铜神树呢？关于青铜神树的内涵，学界目前看法不一，主要有“建木说”“扶桑说”“若木说”几种。《淮南子 · 地形训》中说：“建木在都广，众帝所自上下，日中无景（影），呼而无响，盖天地之中也。”

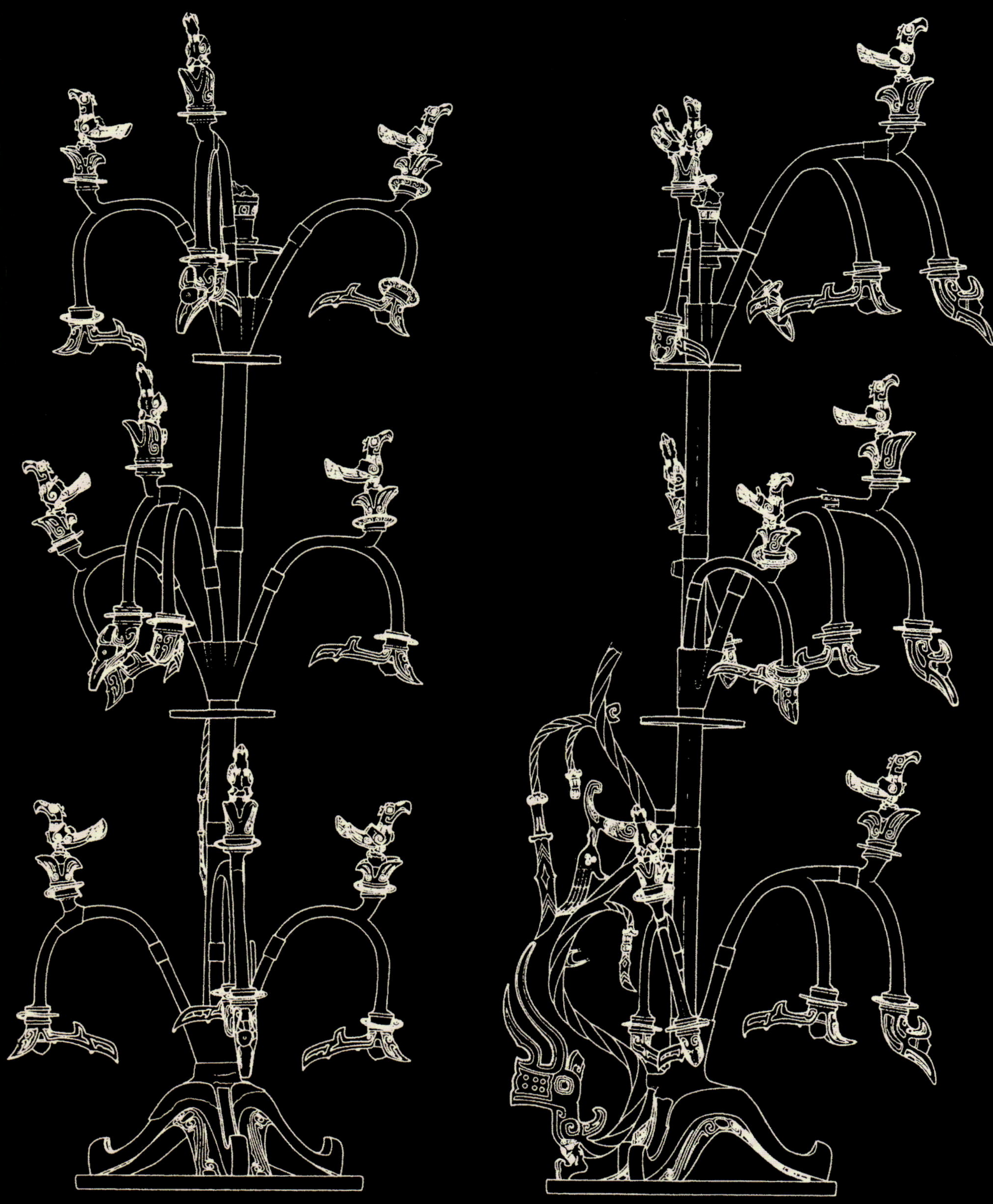

Ⅰ号青铜神树全线稿图

1 号青铜神树神鸟和人面鸟

1 号青铜神树

商代，祭祀用品

最大直径 140 厘米、高 396 厘米、树枝残高 359 厘米

底座直径 93.5 厘米

现藏于三星堆博物馆

建木在都广（今成都地区），众帝即天神们，通过建木上下往返于天地之间，因此建木是登天之梯，是天、人之间的通道。据此，很多人认为神树代表的就是建木。

但有人提出了反对意见，《山海经·海内南经》明确提到了建木的形象："其状如牛，引之有皮，若缨、黄蛇。其叶如罗，其实如栾，其木若蓲，其名曰建木。"从两个青铜神树的造型来看，似乎不太像建木，反而和《淮南子》《山海经》中有关扶桑、若木的记载较为吻合。《山海经·海外东经》："汤谷上有扶桑，十日所浴，在黑齿北。居水中，有大木，九日居下枝，一日居上枝。"《淮南子·地形训》："若木在建木西，末有十日，其华照下地。"高诱注："末，端也。若木端有十日，状犹莲华，华，犹光也，光照下地也。"从描述来看，扶桑和若木上都有"十日"形象，而自古以来，鸟和太阳的关系就十分密切，青铜神树上站立着九只神鸟，再加上顶端残缺的一只，这不恰好象征着"十日"吗？

扶桑居于东方，建木在天地之中，而若木位于西方，三者共同构成了古人的宇宙观。考虑到两棵青铜神树的形象，有学者将它们分别类比为扶桑和若木，而目前为止三星堆"祭祀坑"中仅出土了两棵大青铜神树，且新发现的六个坑中也没有再出土类似的文物，所以学者推测三星堆的宇宙世界可能是建木被砍伐之后的双树世界。

2 号青铜神树

2 号青铜神树底座及细节

3 号青铜神树

青铜面具纵目之谜

三星堆遗址出土的青铜面具也为公众所熟知，这些面具整体形象都差不多，有大有小，数量庞大，其中最具特色的是2号“祭祀坑”出土的青铜纵目人面像。这种青铜纵目面具只在2号“祭祀坑”出土了三件，一大两小，小的两件面具眉间还带有夔龙冠。而最新发掘的六个坑中均没有类似的文物出现。这三件青铜纵目面具，最突出的形象是眼球向外高度凸出，如同架了一个高倍望远镜一般。如此奇特的形象，究竟有何用意呢？

很多古蜀历史的相关文献，都将蚕丛奉为古蜀人的始祖。《华阳国志》记载：“有蜀侯蚕丛，其目纵，始称王，死作石棺石椁，国人从之，故俗以石棺椁为纵目人冢也。”这里提到的蚕丛的形象有个显著特点：纵目。很长一段时间，研究者们都百思不得其解，这“纵目”到底是什么意思呢？有人认为，“纵目”就是额正中又长了一只眼睛，类似于二郎神的样子。有人则猜测“纵目”就是在眼睛上刺青。甚至有人认为“纵目”就是眼睛向外伸出。

直到三星堆2号“祭祀坑”发掘出土了这种眼睛向外凸出的青铜人面像后，人们才恍然大悟，这不就是“纵目”的样子吗？如今，学术界普遍将这种青铜纵目人面像视为古蜀始祖蚕丛的化身，由于其出土数量稀少，很有可能是用于神庙祭祀的。

不过，也有小部分学者认为，“纵目”形象可能与《山海经》中的“烛龙”有关。《山海经》中记载了非常多的鬼怪、神仙，其中“烛龙”全身红色，人首龙身，可以不吃、不喝、不睡觉，也不休息。只要它的眼睛一闭，就是伸手不见五指的黑夜；眼睛一睁，黑夜又变成了白昼。它一吹气，整个大地就迎来白雪皑皑的冬天；它一呵气，大地又变成了春意盎然的春天，可见烛龙的神通广大。最关键的是，《山海经》中记载，烛龙的眼睛是“直目正乘”。“直目”，根据晋代学者郭璞的解释，是“纵目”

青铜纵目面具

商代，祭祀用品

长138厘米、宽85厘米、高66厘米

现藏于三星堆博物馆

夔龙冠纵目青铜面具

商代，祭祀用品
长 77.4 厘米、宽 55 厘米、高 82.5 厘米、面具高 31.5 厘米
现藏于三星堆博物馆

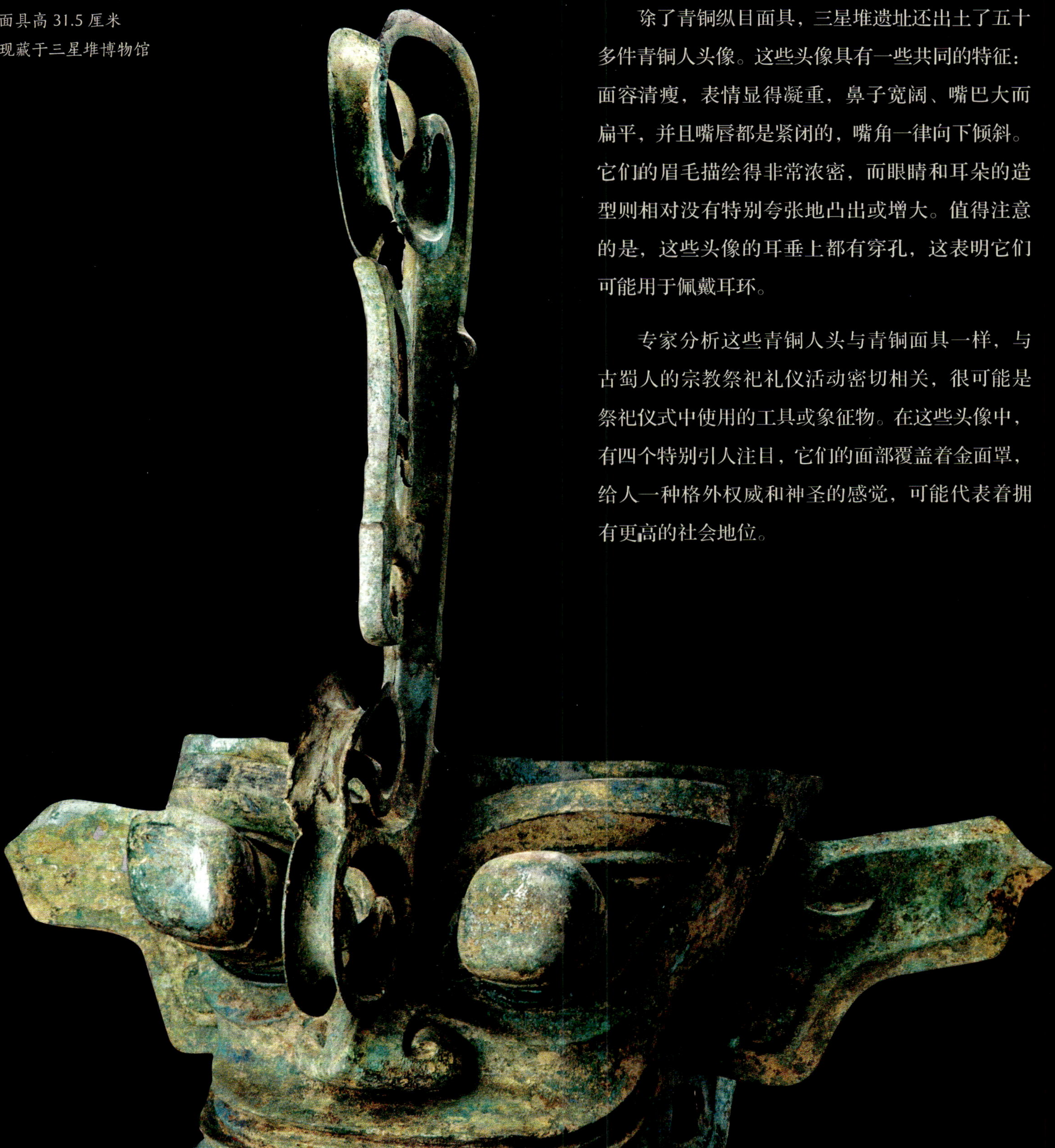

的意思。所以，有学者自然而然就把烛龙与青铜人面像联系到了一起。

除了青铜纵目面具，三星堆遗址还出土了五十多件青铜人头像。这些头像具有一些共同的特征：面容清瘦，表情显得凝重，鼻子宽阔、嘴巴大而扁平，并且嘴唇都是紧闭的，嘴角一律向下倾斜。它们的眉毛描绘得非常浓密，而眼睛和耳朵的造型则相对没有特别夸张地凸出或增大。值得注意的是，这些头像的耳垂上都有穿孔，这表明它们可能用于佩戴耳环。

专家分析这些青铜人头与青铜面具一样，与古蜀人的宗教祭祀礼仪活动密切相关，很可能是祭祀仪式中使用的工具或象征物。在这些头像中，有四个特别引人注目，它们的面部覆盖着金面罩，给人一种格外权威和神圣的感觉，可能代表着拥有更高的社会地位。

青铜人头像

戴金面罩的
青铜人头像

戴金面罩的青铜人头像

商代，祭祀用品
头纵径 14.5 厘米、横径 12.6 厘米、高 42.5 厘米、宽 20.5 厘米
现藏于三星堆博物馆

玉牙璋之谜

“锦绣登庙，圭璋在前”。在古代的礼制中，牙璋是祭祀山川非常重要的礼器。其形象通常呈扁薄长条形，柄部有孔，前端有凹弧刃、Y 形刃或斜平刃，在璋身与柄部相接处的两侧边缘还有凸起的扉牙。牙璋最早出现在山东的龙山文化时期，盛行于夏代（二里头文化时期），并成为夏代礼器的典型代表。但有意思的是，夏代之后，牙璋几乎在中原地区绝迹了，商代中晚期的核心遗址，比如殷墟等地几乎没有牙璋出土，反倒是在中原王朝的边缘地带盛行开来。据研究，三星堆遗址和金沙遗址出土的牙璋数量，比其他地方所有遗址加起来还要多，堪称“全国之最”。这似乎说明，牙璋这种在夏代广泛用于祭祀的礼器，在商代之后就被弃之不用了，然而一些边缘地区，比如古蜀国、华南地区等，因为文化变化的滞后性，仍然在广泛使用。

二里头遗址出土的牙璋

长久以来，我们并不知道牙璋在祭祀活动中的具体使用方式，一度推测为装柄作仪仗之用。然而，三星堆遗址出土的两件文物，明确地告诉了我们牙璋的具体用法。第一件是 2 号坑出土的铜人像残件，人像作跪拜状，同时手里握着一个上宽下窄、头部有缺口的器物，很明显就是牙璋的形象。通过这件文物，我们明白了当时用牙璋祭祀的时候，人是要跪着的，同时双手高举牙璋。高举牙璋之后，接着怎么操作呢？有一件玉璋，形象和前面说的牙璋不太一样，形象呈平行四边形，看上去像把玉刀，它有个专门的名词，叫边璋。边璋表面上刻划了一幅图像，学者称为“祭山图”。画面分为上下颠倒对称的两组图案，每组图案分为两层，中间绘有云雷纹。第一层人物呈站立状，第二层人物呈跪坐状，下面还绘有两个山峦。在山峦两侧，又各有一个牙璋形象。至此，我们终于知道，原来牙璋是经过一系列祭祀礼仪后，被安插在了山上。

三星堆 8 号坑出土的玉牙璋

持璋跪立人像

三星堆 2 号坑出土的玉牙璋

三星堆 2 号坑出土的金璋形饰

祭祀用品
4.2 厘米、宽 8.8 厘米、厚 0.8 厘米
三星堆博物馆

玉璋上的图案

三星堆凭空出现后为何又突然消失？它和金沙遗址有何种关系？

关于三星堆，网上有个流传很广的“未解之谜”：三星堆是自成一体的文化，与我们以往熟知的中原文化截然不同，而且没有任何文字记录，仿佛凭空出现一样，最后又如灿烂的流星般消失得无影无踪，愈发增添了神秘色彩。但事实上，只要稍微了解一些三星堆的历史，就知道三星堆并未“神秘消失”。考古学家推测，在 3 000 年前的某段时间内，三星堆的古蜀人因为某种特殊原因，逐渐将生活中心转移到了一个新的地方，重建了家园，而原来的旧家园则被逐渐废弃了。这个新家园极有可能就是考古学家于 2001 年在成都西郊金沙村发现的另一个大型古蜀文化遗址——金沙遗址。如果我们仔细比较两个遗址出土的文物，就会发现它们无论是造型还是纹饰风格，都有着极高的相似度，以至于当时甚至有“成都又出了个三星堆”的说法。

三星堆 1 号坑出土了一件堪称国宝的金杖。金杖长 142 厘米、宽 4 厘米、高 2 厘米，是中国同时期已出土金器中体量最大的一件。金器用纯金皮打造，出土时金皮

金沙人面鱼鸟箭纹金冠带及鸟、鱼、箭和人头图案

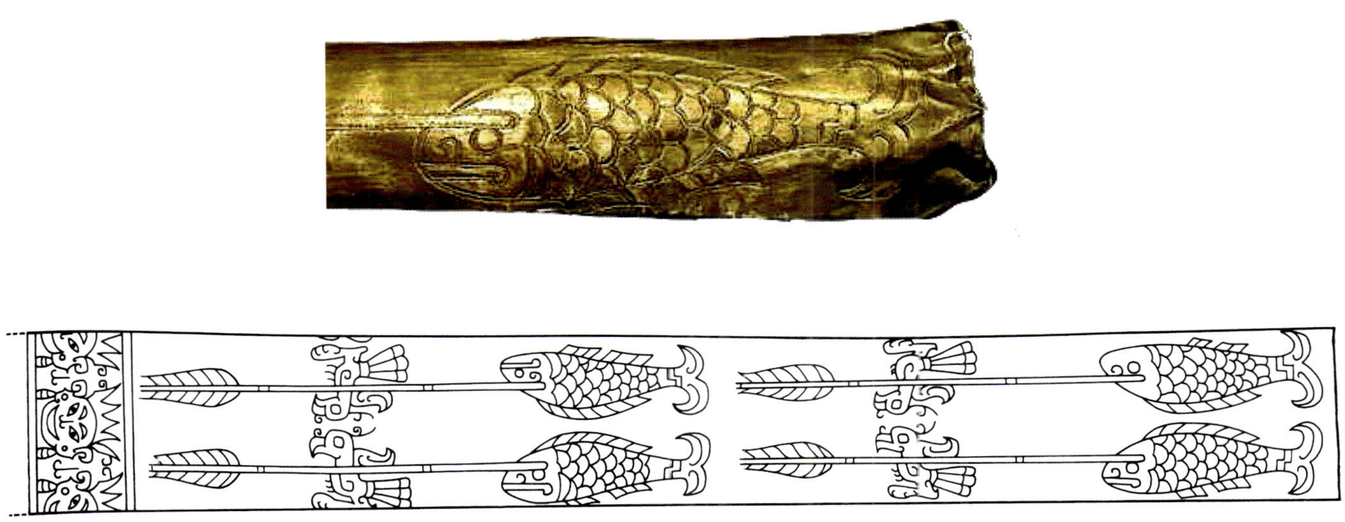

三星堆金杖及鸟与鱼图案

已被压扁变形，但从金皮内侧遗存的木质朽痕推测，金杖是以金皮在木杖上包卷而成。金杖一端，有长约 46 厘米的一段图案，图案共分三组：靠近端头的一组，合拢看为两个前后对称、头戴五齿巫冠、耳饰三角形耳坠的人头像，笑容可掬。另外两组图案相同，其上下方分别皆是两背相对的鸟与鱼，在鸟的颈部和鱼的头部叠压着一支箭状物。这段图案究竟代表什么？有人认为这表现的是分别以鱼和鸟为祖神标志的两个部族联盟而形成的鱼凫王朝，图案中的“鱼”“鸟”就是鱼凫王朝的徽号、标志。还有人认为鱼、鸟象征着蜀王能上天入地、沟通人神，是蜀王借以通神的法器。

无独有偶，金沙遗址也出土了非常多金器，其中有一件金冠带，上面錾刻四组图案，每组图案由一鸟、一鱼、一箭和人头图案组成，这和三星堆遗址 1 号坑出土的金杖上的图案几乎一模一样。

三星堆 2 号坑出土了一件青铜大立人像，通高 260.8 厘米，重逾 180 千克，是现存最高、最完整的青铜立人像，被誉为“世界铜像之王”。人像头戴高冠，身穿窄袖与半臂式共三层衣，衣上纹饰繁复精丽，以龙纹为主，辅配鸟纹、虫纹和目纹等。其双手手型环握中空，两臂略呈环抱状构势于胸前。脚戴足镯，赤足站立于方形怪兽座上。整体形象典雅庄严，颇具帝王气度。发掘者认为这尊雕像的身份既是王者，又是祭司。金沙遗址也出土了一件铜立人，身躯矮小精干，脸形瘦削，方下颌，大耳朵，耳垂下还有穿孔，头戴十三道弧形齿饰的太阳帽，双手作握状，置于胸前。这和三星堆的青铜大立人像相比，除尺寸差距悬殊，两者脸型、手握姿态、整体造像都非常相似。

种种迹象表明，金沙遗址与三星堆遗址是一脉相承的，“三星堆文化凭空消失”的说法，完全是子虚乌有。

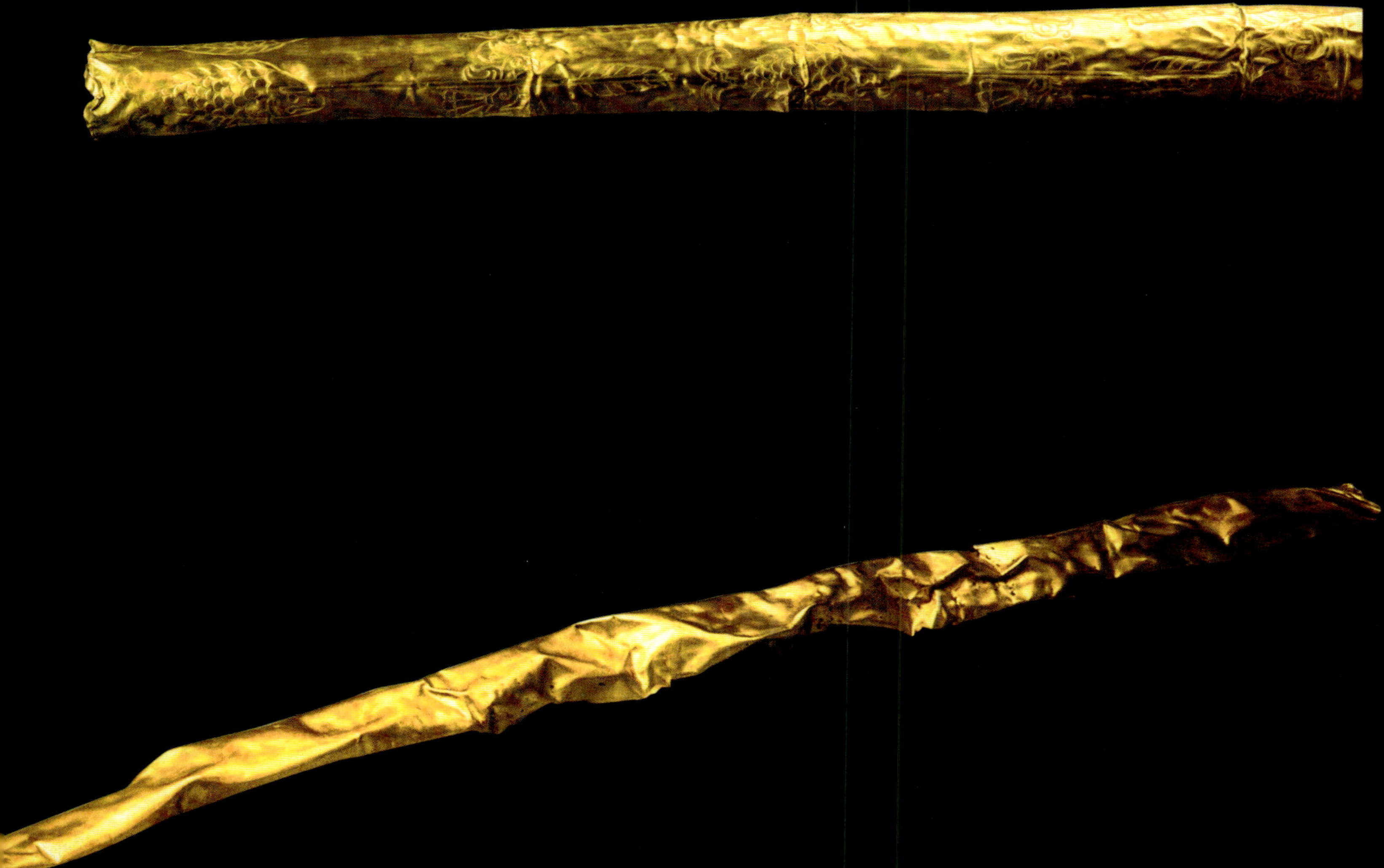

金杖（1号坑出土）

商代，祭祀的法器

长 142 厘米、宽 4 厘米，高 2 厘米

现藏于三星堆博物馆

青铜立人像（三星堆 2 号坑出土）

商代，祭祀人物身份象征
人像高 180 厘米、通高 260.8 厘米、重约 180 千克
现藏于三星堆博物馆

铜立人（金沙遗址出土）

商代后期至西周前期，祭祀人物身份象征
通高 19.2 厘米、长 6.2 厘米、宽 5.76 厘米
现藏于成都金沙遗址博物馆

小河墓地

• 新疆史前考古重大成果

地址：新疆维吾尔自治区巴音郭楞蒙古自治州若羌县孔雀河下游
年代：夏商时期
发掘时间：2002 年
主要出土文物：“小河公主”干尸、毡帽、船形棺、木雕人像等

探险时代的伟大发现

19 世纪末 20 世纪初是个十足的“探险时代”，很多西方的探险家开始向地图上那些空白点进发，沙漠、冰川、高山……彼时的中国正饱受内忧外患之苦，而中国的新疆地区，却因为地广人稀，缺少政府的管控，再加上独特的干燥气候保存了大量的文物，意外成为全世界探险者的天堂。其中，最知名的探险者，当属发现了楼兰古城的瑞典人斯文·赫定。

小河墓地遗址的小山丘上立着的木桩

斯文·赫定

贝格曼

1926年，花甲之年的斯文·赫定再度回到新疆，这一次，他得到了中国政府的同意，将带领一支由中、瑞、德等国科学家组成的“西北科学考察团”，对新疆进行又一次深入探索。此次考察从1927年开始，到1935年结束，总共历时8年。考察团在新疆兜兜转转，发现了许多考古遗址，其中极为重要的发现之一，就是小河墓地。

1934年，整个考察快接近尾声的时候，斯文·赫定在罗布泊附近考察时遇见了老朋友向导——罗布泊人奥尔德克。当年正是靠着奥尔德克，斯文·赫定才发现了楼兰古城。奥尔德克说大约在10年前，自己在沙漠中探险，意外发现了一座小沙丘，上面整齐排列着一千口像船一样的棺材，里面躺着裹着丝袍的干尸，甚至还陪葬着写着奇怪文字的卷宗。奥尔德克还回忆道：“墓穴的附近有一幢房子，里面透出耀眼的光，他觉得可能有神灵在里面，所以一直没敢靠近……”

小河墓地像船一样的棺木

这一番描述神乎其神，斯文·赫定听了之后陷入了沉思。他盘算了一下，把探险队一分为二，一部分人跟着助手沃尔克·贝格曼，在奥尔德克的指引下，去寻找“一千口棺材的墓地”，而另一部分人，则随着斯文·赫定去完成兰新铁路的测绘。

“那……就是它！”

寻宝之旅注定不会简单，探险队一扎进沙漠，就如无头苍蝇一般乱了阵脚。整整两个月时间，一无所获。1934年5月30日，在其他罗布泊人的帮助下，考察队离开驻扎在库姆河左岸的营地，开始了最后的挣扎。沿着库姆河向南

罗布泊向导奥尔德克，此图由贝格曼绘

小河墓地 M13 棺随葬的彩绘牛头

前行不久，他们遇到了一条新的支流，这是一条连当地罗布泊人都不知道的无名小河，宽度只有 20 米左右，为了方便称呼，考察队员们称之为“小河”。考察队放弃了库姆河，决定沿着这条无名小河前行，走了大概 65 千米，仍一无所获。这时太阳就要下山了，黄昏的余晖斜射着这片沙漠，考察团决定就地安营扎寨，先做休整。队员们谁也没发现，在营地以东几千米的地方，有一座浑圆的小山包突兀地立在平坦的沙漠上，上面立着密密麻麻的立柱，不仔细看的话，还以为是一大片枯胡杨。只有奥尔德克像是受到了某种召唤一般，缓缓地向前走去，突然，他指着那个小山包大声喊道：“那……就是它！”

阴差阳错之下，考察团终于找到了“一千口棺材的墓地”。根据考古学的惯例，考察团得给这些墓地命名。贝格曼把最先发现的这片墓地叫作“5 号墓地”。他们还在山丘的东半部发现了奥尔德克记忆中“可怕的房子”，房子的内墙被涂成了红色，正中挖出了一口棺材，里面有一具女尸，房子里还发现了九颗玛瑙珠子。之后，他们又勘查了小河西岸的“6 号墓地”和附近 1.7 千米处的“7 号墓地”。正是在“7 号墓地”，贝格曼

新疆博物馆展览的小河人所戴配饰
棺中随葬的木雕人像

M13 棺侧面，可以看到棺木无底

发现了那具惊艳世人、后来被称为“小河公主”的干尸。

“小河公主”之谜

小河墓地发掘了墓葬三十三座，其中成人墓二十五座、儿童墓八座；服饰保存完好的干尸有十五具、男性木尸一具、罕见的干尸与木尸相结合的尸体一具，这些尸体中最有名的就是 M11 号棺木出土的“小河公主”女尸。贝格曼在考古手记中如此描述初次见到“小河公主”的场景：“一具女性木乃伊面部那神圣端庄的表情永远无法令人忘怀！她有着高贵的衣着，中间分缝的黑色长发上面冠以一顶具有红色帽带的黄色尖顶毡帽，双目微合，好像刚刚入睡一般。漂亮的鹰钩鼻、微张的薄嘴唇与微露的牙齿，为后人留下了一个永恒的微笑。”

不过，考虑到运输与保存上的困难，贝格曼并没有带走这具神秘的干尸。贝格曼离开后，这片古墓群又消失在大漠中，直到 2000 年被中国的考古学家王炳华再次

船形棺木中“小河公主”出土时情景

“小河公主”包裹被展开后的全身图，现藏于新疆维吾尔自治区博物馆

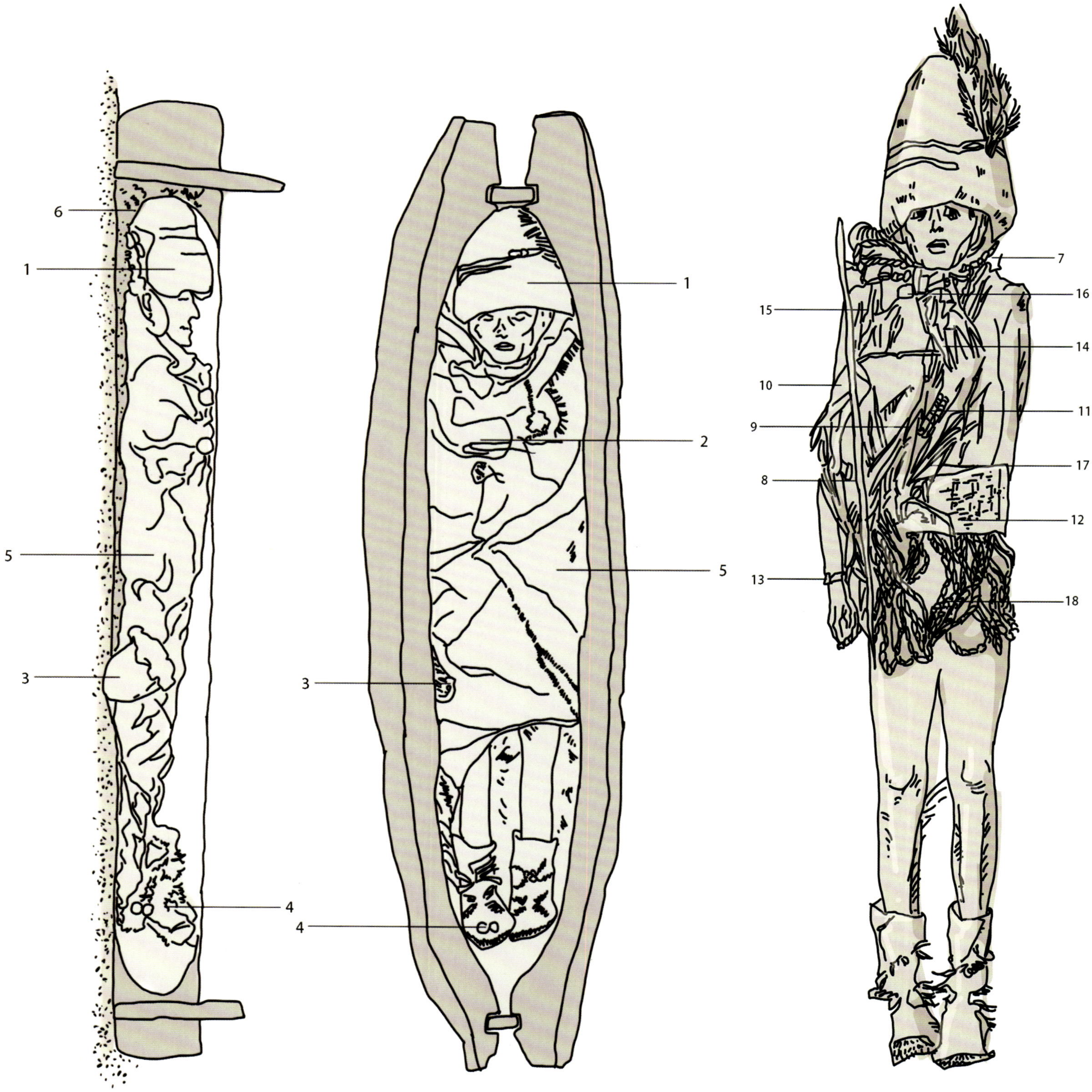

1. 毡帽 2. 别针
3. 草篓 4. 皮靴
5. 斗篷 6. 毛皮
7. 项链 8. 红柳棍
9. 羽饰 10. 皮囊
11. 木祖 12. 腰衣
13. 手链 14. 麻黄枝（胸腹部、颈部散置）
15. 动物耳尖 16. 乳白色块状物
17. 黍粒与植物籽
18. 筋绳段（颈肩及胸口部散置）

发现，“小河公主”重新惊艳世界。经国家文物局批准，新疆文物考古研究所于2002—2005年对小河墓地进行全面发掘。对于“小河公主”，大家最好奇的是其保存状况问题。即使因为缺水环

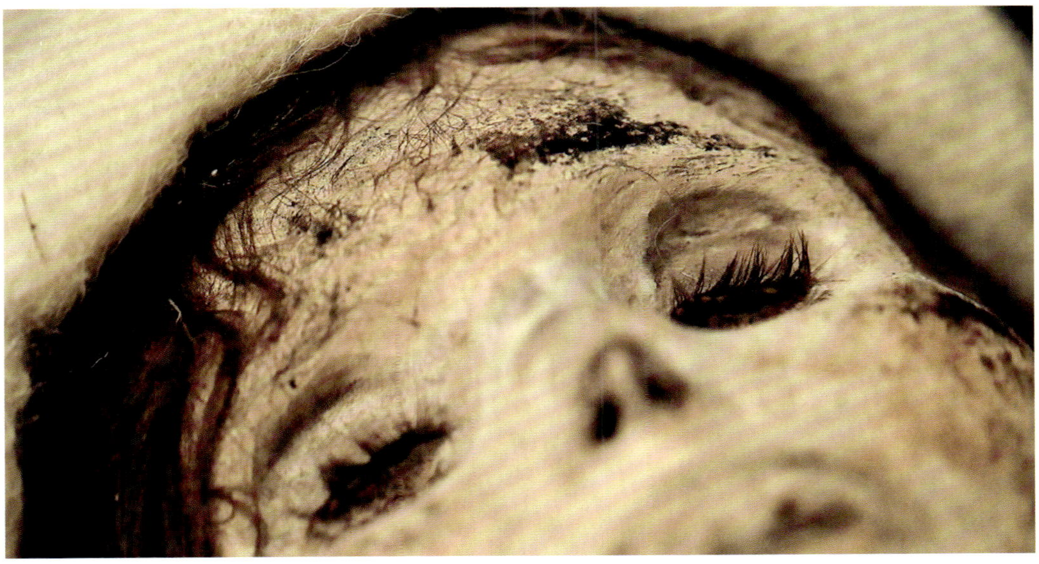

“小河公主”局部图，
其睫毛清晰可见

境导致“小河公主”已经变成了一具干尸，但我们依然可以想象出人物生前漂亮的模样。

那么，为什么“小河公主”可以保存得如此完好呢？

环境是非常重要的原因。小河墓地所处的新疆地区，是亚洲中部最干燥、盐分最高的地区，年降水量少于100毫米，而且有着世界上第二大流动沙漠——塔克拉玛干沙漠。如此特殊的气候条件，可以完好地保护墓葬中的尸体。在冬季，尸体会在寒冷的天气中冻住，到了夏季又会在腐烂前干透，多盐的环境吸干了尸体中的

浅棕色女性毡帽

深棕色男性毡帽

水分，加速了干燥的过程。经年累月，这些尸体就形成了独特的“干尸”。除此之外，考古学家研究后还发现，“小河公主”尸体不腐的一部分秘诀还和棺木有关。

小河墓地所有的棺木，都是类似船一样的形状。制作船形棺，木匠需要将两块加工成括号形的木板对接在一起，然后再通过榫卯结构用小木板固定，接着顶上盖上几块小挡板作为棺盖，最后再给棺木包裹上新鲜的牛羊皮。最后这一道工序至关重要。在干燥的环境下，新鲜的毛皮会失水，进而变得紧绷，这样就能够让棺木变得非常致密，能有效地阻止细沙的进入。

无底的棺木，加上牛羊皮干燥后的密封，为尸体营造了一个干燥不通风、阻挡细菌进入的保存环境。

延展阅读　世界现存古尸种类

一般情况下，古尸只有在极端环境中才能保存下来，除前面提到的极端干旱环境，饱水缺氧的湿地、冰天雪地的高山等环境也较容易保存古尸。目前世界现存的古尸，根据其形态不同，可以分为五类：

一、干尸——主要形成于干热沙土地区，墓室干燥，空气流通，尸体来不及腐烂，水分就已经全部蒸发。二、尸蜡——尸体置于水中或湿土中，皮下脂肪因腐败而产生脂肪酸，并与钙、氨离子发生化学反应，形成灰白色或黄白色的脂蜡状物质。手触之有油腻感，用指压陷，脆而易碎。主要代表有扬州出土的明代女尸。三、泥炭鞣尸——多发现于泥炭沼泽、酸性泥沼中。泥沼中含有的腐殖质、单宁，以及多种腐殖酸使尸体皮肤呈现暗沉色，肤质变得非常致密，状似鞣皮。主要代表是在爱尔兰沼泽中发现的古克洛根人和克罗尼卡文人。四、冻尸——在西伯利亚、阿拉斯加等高寒地带中形成，主要成因是极端低温冷冻，如 1991 年在奥地利和意大利边界发现的奥茨冰人。五、湿尸——一种尸蜡与鞣尸的混合型，是一种特殊类型的古尸，所以单独归为一类。马王堆汉墓的辛追女尸是世界上出土的第一具湿尸。

再加上小河墓地所在的塔克拉玛干沙漠地区，用来埋葬死者的都是连微生物都无法生存的高盐沙土，这使得“小河公主”能够迅速脱水蒸干，成为干尸，且能毛发肌肤俱在。

这，或许就是“小河公主”3 800 年不朽的秘密。

得益于新疆极端干旱的环境，小河墓地也出土了很多丝织品等有机物。小河人穿着讲究，喜欢头戴毡帽。男性戴高而尖的毡帽，女性毡帽则是圆而宽的形状。这些毡帽用毛毡缝制而成，帽檐下两侧缝缀毛绳系带，几乎每顶帽子上都装饰羽毛，有的还缀有一到两只伶鼬，有可能是为了表达对动物的崇拜。这些装饰非常别致，体现出当时人们的审美情趣。

开颅手术之谜

在对小河墓地出土的尸体进行研究后，研究者们发现了一个非常有趣的现象，有一具女性尸体，年龄在 40 岁到 45 岁之间，头部有一个直径约 6 厘米的圆形钻孔，钻孔断面光滑圆钝，有明显的愈合痕迹。也就是说，死者生前头部曾被钻孔，而且还存活了下来，并且活了至少在 1 个月以上。研究者推测，死者曾经接受过颅骨钻孔手术。

目前我国最早的开颅手术的例子，发生在距今 5 000 年前的山东省傅家大汶口文化遗址 392 号墓。墓中出土了一具 40 岁左右的男性尸体，男人颅骨右侧顶骨靠后部有一个圆洞。考古学界、医学界的专家经过缜密的研究得出结论：墓主曾经做过开颅手术，手术后至少又活了两年。

在手术过程中，古人是如何应付病人流血、如何减轻他们痛苦的呢？他们又是用什么方法切割开头颅的呢？答案很简单，他们靠的就是一个字：忍！这可能得益于古人强大的信仰与信念。他们认为痉挛、头痛等，都是因为颅内存在有害的东西而引起的，必须把它们清理出来才能痊愈。实施这种手术时，最常见的办法是用锋利的石器，沿着要切开的直线或者弧线，多次地、不断地用力刮削，一点一点地将头颅刮开。这个过程非常漫长且极其痛苦，同时薄薄的石刀片随时还会有崩裂的风险。在这种情况下，能够完成一台完整的“头颅手术”，并幸运地存活下来，不得不说是一个伟大的奇迹。

小河墓地这些胡杨木柱、船型棺木、牛头、木雕人像，以及保存完好的尸体的发掘，把我们带入了一个充满原始宗教氛围的神秘世界，也引发着人们对罗布泊古代生活和精神文化的探索。最后以贝格曼 1934 年对小河墓地的描述结束本篇内容：

“在他们的最后睡眠中，一切都忠实地汇入了死亡。亲属们为他们准备了阴间的给养和维持以往人间生活的一切象征性物品。数不尽的风暴在他们头上呼啸，在宁静的夜幕下，永恒的星河就高高悬挂于头顶。每一个夏季，火一样燃烧的太阳就会照射在他们的躯体上，他们如此幸运地得以长时间拥有着一个和平的安息地，直到某一天，有陌生人来到这里，才搅扰了他们不醒的长眠——就为了发现一些未知的东西。”

延展阅读　华佗与曹操的开颅术

我们现在对古代开颅术的了解，多半是源自《三国演义》中华佗与曹操的故事。华佗是三国时期的名医，擅长外科，精于手术，被后人称为“外科圣手”。当时曹操得了头风病，于是请来了华佗进行医治。华佗检查完病情后，提出了治疗方法：用斧头劈开曹操的脑袋，然后取出脑中风涎来根治头疼的疾病。生性多疑的曹操当然不答应，他以为华佗是为了报关羽死去的仇，于是一气之下把华佗杀了。不久，曹操便死于头疼病。这是小说里的情节，但也反映了两个问题。首先，三国时期已经有了开颅手术；其次，这种开颅手术还没有普及开来，只是少数高明医师的尝试，不太为外人所接受。

金沙遗址

• 中国进入21世纪第一项重大考古发现

地址：四川省成都市城西苏坡乡金沙村

年代：商周时期

发掘时间：2001年

主要出土文物：太阳神鸟金饰、人面鱼鸟箭纹金王冠带、金面具、铜人形器、蛙形金箔和各种玉器等

又一个三星堆？

2001年2月8日，成都市西郊苏坡乡金沙村村外一个工地上，几十名民工正围着一台挖掘机。这里正准备建一排豪华的别墅，就在挖掘机不断往外挖泥土的时候，负责运土的民工马步云突然喊了一声："大伙快来瞧瞧，这土里都是些啥啊？"

只见湿漉漉的泥土里，夹杂着一根根、一块块被挖掘机截断的白色骨头，这些骨头有的粗壮，有的细小，密密麻麻地堆在一起，四周还零散着一些石人、圆形石器和铜器等。大家纷纷猜测，这是不是挖到古墓了？一位叫胡思良的老汉发话了："我小时候听我外公说过，当年蒋介石从成都撤退时，在成都郊外埋了大量的黑匣子，里面藏了几万两黄金和宝物，说不定下面就是藏宝的地方，大家赶紧往里头挖挖，有没有金子啊？"

他的这番话，犹如一剂强心剂，刺激了在场的所有人，大家立即开挖了起来。不过好在还有个民工保持理性，他明白地下的宝物不能挖，那是犯法的，可是冲着

金沙遗址博物馆内部分遗迹展示

金沙遗址发现地初始现场

金沙遗址发现地挖掘现场

考古现场出土的象牙

人群劝了几回后，压根就没人回头看他一眼。权衡利弊之后，他跑到了附近的一个小卖部，打110报了警。

成都市考古所的工作人员得知消息，立即赶到现场。只见现场已经一片狼藉，石人、石璧以及大量青铜器散落一地，还发现了大量被挖碎的象牙。根据这些露出的文物，考古人员立刻联想到了大名鼎鼎的三星堆，几十年前在三星堆的两个器物坑中，也出土过类似的象牙、玉璧、玉璋等文物。这会不会又是另一个三星堆遗址？想到这里，大家都有些兴奋，迅速对现场进行了隔离，开始清理在机械施工中挖出的散土，同时对这片区域开始了大规模的勘探发掘。

经过三个多月的清理，共清理出金器、铜器、玉石器和象牙等珍贵文物一千四百余件。在清理的同时，考古人员对周边区域进行了大规模的文物勘探，勘探面积近3平方千米，基本确认这是一处大型的商周时期古蜀文化中心遗址，遗址分布于摸底河两岸。由于金沙村的发现最为引人瞩目，所以这整个考古遗址被命名为“金沙遗址”。

商周大金面具

黄金制品在古蜀文化中具有极高、极优越的地位，甚至超过青铜器。金面具目前在中国先秦时期仅见于古蜀文化中，是古蜀青铜文明特有的文化现象，它从一个侧面反映了古蜀文明浓郁的地域特色。2007 年 2 月 12 日，金沙遗址出土的商周大金面具，面部造型方正庄严，采用模具锤揲工艺精心打造，额部平齐，双眉如刀锋般锐利凸起，大眼立目，神采奕奕。其鼻梁挺拔，呈三角形，更显立体感；长方形双耳对称，耳垂处设有穿孔，整体造型威严肃穆。面具表面经过精心打磨，光泽熠熠，而内里则保留了未经打磨的原始状态，略显粗糙。这件黄金面具不仅是目前中国商周时期保存最为完整、体量最大的金面具，更是承载着深厚的历史、艺术和科学价值。它为研究成都地区古蜀文明以及商周时期的金器加工工艺提供了宝贵的实物资料，是考古学界不可多得的珍品。

除了大金面具，金沙遗址出土的代表性金器还有商周人面鱼鸟箭纹金王冠带、商周卷云纹金喇叭型器等。金带上錾刻的纹饰精致细腻，由四组对称图案组成，每组含一鱼、一箭、一鸟和一人面。鱼形象生动，箭纹展现精湛工艺，鸟纹优雅，人面纹具有象征意义，整体纹饰流畅自然。

人面鱼鸟箭纹金王冠带

商周，疑为头饰
外径 20.4 厘米、高 2.83 厘米、厚 0.03 厘米
现藏于成都金沙遗址博物馆

人面鱼鸟箭纹金王冠带图案

大金面具

商周，礼器、葬俗用具、饰品
长20.5厘米、高10.7厘米、厚0.08厘米
现藏于成都金沙遗址博物馆

小金面具

商周，礼器、葬俗用具、饰品
长 4.89 厘米、高 3.6 厘米、厚 0.03 厘米
现藏于成都金沙遗址博物馆

商周铜人形器

该铜人形器属青铜质，只有巴掌大，整体形状如一个直立人。两侧肩部和小腿近足部各有一个小圆孔，胸部一个大圆孔，双手下垂至腰间以下；瘦削的上身，双腿粗短外撇，双足外展；正面凸起，具有立体感，反面内凹。此类器物在古蜀文化遗址中也是首次发现。

通过实验分析，该文物应该是祭祀时用于悬挂在某些器物上的装饰物；同时，用圆孔取代人头，应该在圆孔的位置会有某些拼接的器物。“你看，整个造型，四肢躯干都齐全，就是没有人头，反而在人头的位置用一个夸张的圆孔进行替代。这个圆孔我们今天来看，就很像是太空服。”金沙遗址博物馆金牌讲解员姚凯说。

金沙玉器

金沙遗址出土的玉器种类繁多，有玉琮、玉璧、玉璋、玉戈、玉矛、玉斧、玉凿、玉镯、玉环、玉牌形饰、玉挂饰、玉珠及玉料等，造型十分精美，色泽如初。更令人惊叹的是，玉器上的刻纹细致，几何图形规整。其中出土的最大一件高 22.2 厘米的十节玉琮颜色为青色，其造型风格与良渚文化的完全一致，该玉琮雕刻极其精细，琮表面有细若发丝的微刻花纹和一人形图案，堪称一绝。

玉器在中原文明与周边文明的相互交流中发挥了重要作用，这为我们了解中华文明的形成以及古蜀文明在中华文明中的地位和作用提供了特殊的视角。

铜人形器

商周，礼器

长 4.54 厘米、高 10.35 厘米、厚 1.37 厘米

现藏于成都金沙遗址博物馆

十节青玉琮

商周，礼器、饰品、葬俗用品

上端长 6.94 厘米、下端长 6.3 厘米，上孔径 5.55 厘米、下孔径 5.14 厘米，高 22.2 厘米

现藏于成都金沙遗址博物馆

太阳神鸟

目前，考古研究已经表明，金沙遗址与三星堆遗址之间有着密切的衔接关系。在三星堆文明湮没之后，金沙遗址很可能取代了三星堆的地位，成为商周时期长江上游的文明中心，在古蜀王国宗教、政治、经济、文化各方面都发挥着重要作用。金沙遗址中出土的很多文物，都能和三星堆遗址中出土的文物相勾连，两地出土的青铜雕像、黄金制品都充分反映了文化内涵上的一致性。

在金沙遗址中出土的黄金制品中，除了黄金面具，令人惊叹的还有一件太阳神鸟金饰。太阳神鸟金饰外径12.53厘米，内径5.29厘米，厚度只有0.02厘米，仅相当于两张A4纸的厚度。在制作工艺上，这件金饰采用了锤揲与切割技术，整件金饰厚薄均匀，纹饰边缘整齐平滑，工艺精湛，构思奇妙，充分显示了制作者的娴熟与高明。

最为奇妙的是，太阳神鸟整个图案就像一幅现代剪纸作品，它采用镂空的方式巧妙地将图案分为两层。内层为一圆圈，周围等距分布有十二条旋转的齿状光芒，代表的是太阳。外层图案围绕在内层图案周围，由四只相同的逆时针飞行的鸟组成。四只鸟首足前后相接，朝同一方向飞行，与内层旋涡旋转方向相反。十二条齿状光芒和四只神鸟，体现的是古蜀人对时间的理解。外层四只逆向飞行的鸟，每只鸟对应三道太阳光芒，不多不

太阳图案：

太阳顺时针向四周放射出十二束璀璨光芒，流转间充满活力，寓意着光明、生机与不朽。

十二道太阳光芒与四鸟：

在中国传统文化中，“十二”与“四”是两个富含象征意义的数字，它们广泛应用于诸如十二个月份、十二生肖、四个季节、四个方位等概念中，这在一定程度上映射了自然界的周期与秩序。

神鸟图案：

围绕太阳翱翔的四只神鸟，象征着对自由与团结的追求，映射出古代人民对理想生活的渴望。

图形图案：

完美的圆形图案，映射了民族和谐融合的性格特征，展现了和谐共处的精神内涵；同时，圆形所蕴含的环绕之意，也寓含了守护与保护的深层含义。

太阳神鸟金饰

商周，礼器、装饰品、仪式用品

外径12.53厘米、内径5.29厘米、厚0.02厘米

现藏于成都金沙遗址博物馆

少，不偏不倚，恰好说明每只鸟代表一季三个月，四只飞鸟代表春夏秋冬四季轮回，说明古蜀人已经有了四时的概念。它内层的十二道旋涡状光芒，既像一根根象牙，也像一轮轮弯月，表示一年十二个月周而复始。四只飞鸟与太阳及十二道太阳光芒运行的方向相反，形象地显示出岁月的流逝，四季轮回，年年月月周而复始。

再者，太阳神鸟与三星堆中的青铜神树一脉相承，表现的都是当时古蜀人民的太阳崇拜。这一点，我们在三星堆遗址中讲得很清楚，这里就不再赘述。

最后，抛开太阳神鸟所蕴含的丰富内涵不说，其图案本身就具备了极强的形式美。太阳神鸟中的太阳光芒分布精确，都呈均匀、一致的渐开线形式展开；同时四只鸟的形态一致，排列整齐一律，神鸟的形状和飞行方向完全一致，这就显示出一种强烈的秩序统一之感。与此同时，太阳的光芒是顺时针呈现的，与四只神鸟逆时针方向飞行又构成了反差，使整体形象既统一，又富有对比之美。

太阳神鸟金饰可以说是既有内涵，体现了古蜀人对光明的热爱，又有着令人印象深刻的极简对称美学。多种因素综合之下，它于2005年8月16日从一千六余件侯选图案中脱颖而出，成为中国文化遗产的标志。

蛙形金箔

商周，礼器、仪式用品、装饰品
长6.96厘米、宽6厘米、厚0.05厘米
现藏于成都金沙遗址博物馆

仰韶文化蛙纹彩陶罐

蛙形金箔

金沙遗址还出土了两件蛙形金箔，这两件蛙形饰的形制特点、尺寸大小和制作工艺基本相同，一件较为完整，一件头部略残。第一件长 6.96 厘米，宽 6 厘米，厚 0.05 厘米；一件长 6.94 厘米，宽 6.17 厘米，厚 0.012 ~ 0.1 厘米。从工艺上来看，蛙形金箔和太阳神鸟金饰类似，都是采用了锤揲、切割等技法。稍有不同的是，蛙形饰在切割的时候比较粗糙，造成了边缘的凹凸不平，一些部位还可以看到切割时留下的小破口。

不过，虽然蛙形金箔的外缘切割比较毛糙，但在形态表现与纹饰加工方面还是相当考究的。如蜷曲的四肢，葫芦形的头部，尖桃形的蛙嘴，呈并列凸起的一对圆眼，腹部两侧的凸起，尖状的尾端以及沿着背脊两侧向四肢延伸的弦纹和连珠状乳丁纹，都富有特色。特别是连贯排列的圆而高凸的乳丁纹，形象地表现了青蛙或蟾蜍身上的斑点与疙瘩，增添了形态上的生动之感。在肢体的处理上也别出心裁，如修长的四肢作对称性弯曲，呈卷云状，整体形状好似一只剖开的动物。

关于蛙形金箔的寓意，研究者们主要有三种观点。

一些学者认为它代表的是月亮崇拜。在古代神话中，蛙类或者说蟾蜍，是经常与月亮联系在一起的。《淮南子 · 精神训》记载：“日中有踆乌，而月中有蟾蜍。日月失其行，薄蚀无光。”意思是日中有只三足乌，月中有只蟾蜍，日月如果不按常规运行，就会被咬蚀而失去光辉。东汉王充《论衡 · 说日篇》也说：“儒者曰：日中有三足乌，月中有兔、蟾蜍。”无独有偶，在金沙遗址中，既有象征三足乌的太阳神鸟金饰，又有象征蟾蜍的蛙形金箔，两者相对应，共同体现了古蜀人对日月的崇拜。

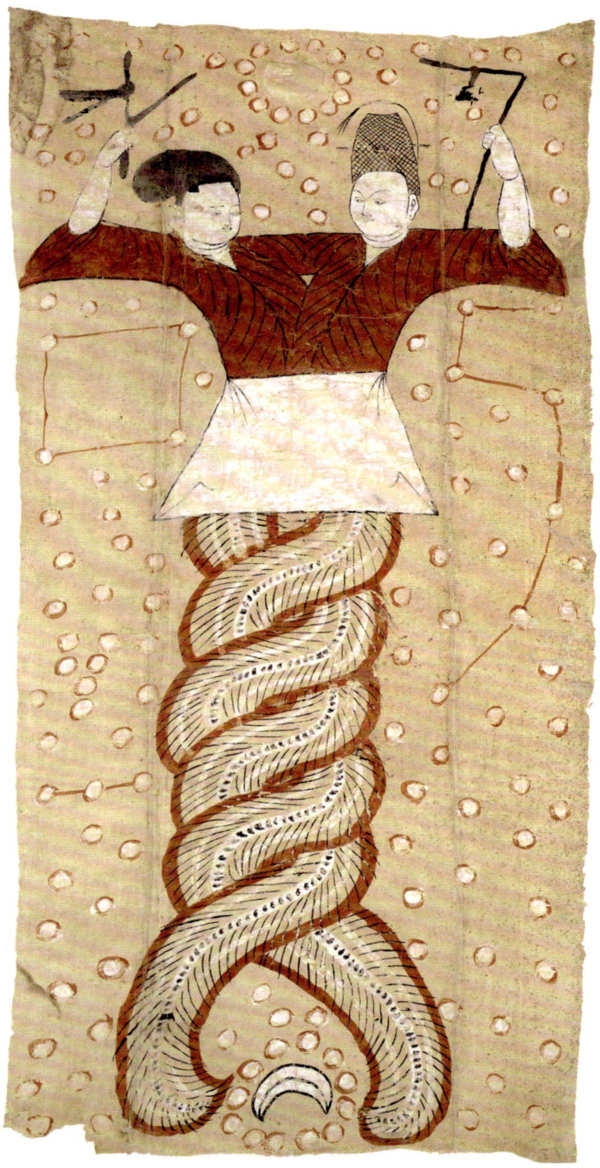

《伏羲女娲图》

唐代，佚名

绢本，立轴，设色，231 厘米 x115 厘米

现藏于故宫博物院

那么，为什么古人要将月亮与蟾蜍联系在一起呢？可能有两个原因。一种是观察与联想所致。因为月亮晚上才能见到，蟾蜍也是夜间活动的动物，而且月中有黑影形似蟾蜍，所以很容易联系在一起而形成了神话传说。另一种是崇尚的反映，上古时代蟾蜍很可能曾是某些氏族或部落崇拜的图腾象征，考古发现在这方面就有相当多的揭示，比如仰韶文化彩陶盆上的鱼蛙纹。何星亮在《中国自然神与自然崇拜》中认为：“种种迹象表明，古代以蛙或蟾蜍为图腾的氏族或部落是比较多的。当他们发现月与蟾或蛙活动规律相似，而月上的阴影又像蟾、蛙，便认为自己的图腾祖先——蟾或蛙不是一般的动物，而是来自月亮的神蟾或神蛙，于是便把月与蟾、蛙相提并论了。”

还有学者认为，蛙形饰可能与远古时期的求雨行为有关。我国远古时期一直有一个所谓的“大洪水时代”，先民们在长期的实践与观察中，很可能发现了蛙与天气变化有着某种关联性，如通过蛙鸣声的变化可以预知雷雨是否即将来临，天气是否大旱等，由此引发了先民的想象，认为蛙身上具有某种神秘属性，并产生了取蛙求雨的习俗。这一习俗在如今的一些少数民族的传统仪式上仍有体现。如壮族有祭祀青蛙的习俗，他们认为“青蛙是雷王的儿子，是雷王派到人间的使者。人间需要雨水，向青蛙说一声，青蛙便鼓噪，雷王便下雨。后来人们不小心用开水烫死了青蛙，从此天不下雨。人们去问始祖神布洛陀，布洛陀说：你们得罪了雷王，要对死去的青蛙祭奠。”由此便形成了蛙婆节。

最后一种观点认为，蛙与生殖崇拜有关。这点非常容易理解，因为蛙类一直是生殖力旺盛的代表，而原始社会生存环境恶劣，先民们生活中尤为重要的目标就是繁衍子嗣，以保证生命的延续。女娲一直被古人视为生命的起源，是人类的始祖母，据说“娲”与“蛙”同音，女娲在当时应该就是蛙图腾氏族的女氏族长。“娲，古之神圣女，化万物者也，从女娲声，古蛙切”，可见“女娲”与古时的蛙崇拜有着千丝万缕的联系。

这三种观点哪一种才正确呢？笔者认为，在古金沙人的思维体系里，这三种思想可能兼而有之，他们不惜用珍贵的黄金来制作这些金蛙，既寄托了对月亮神的崇拜，又蕴含着农业丰收、子嗣繁衍的美好希冀。

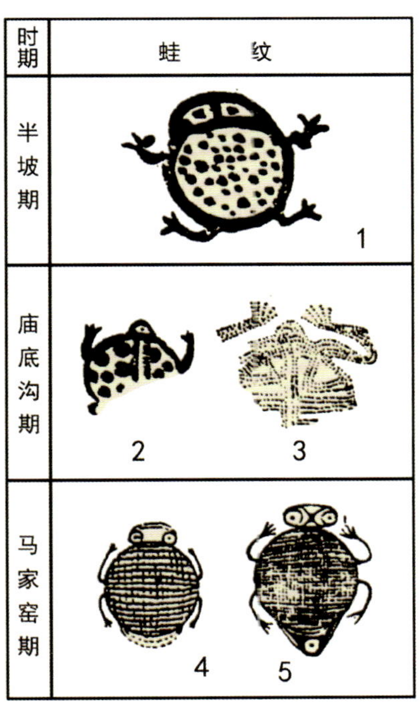

半坡、庙底沟和马家窑时期陶器上的蛙纹变化

马家窑早期蛙纹从小蝌蚪到去尾生脚的幼虫，再至青蛙形态的变化过程

象牙王国

在金沙遗址核心的“梅苑”地点，考古人员发掘出了数吨象牙。据推测，这些象牙是古蜀人奉献给天地神灵的重要祭品，它们有的呈完整状态有规律地朝一个方向摆放，有的被切成饼状或圆柱状，还有的则只取象牙的牙尖来祭祀。在象牙的周围，还放置着大量的玉器和铜器。

数量如此巨大的象牙究竟来源于何处？其实早在几十年前三星堆遗址发掘的时候，考古人员就已经发掘出了相当数量的象牙制品，其中 1 号坑出土象牙十三根，2 号坑出土象牙六十七根。当时专家就对象牙的来源做了种种猜测，并提出了大象外来说，认为这些象牙也许来自云南或者印度。如今，当人们面对金沙遗址数量呈几百倍增长的象牙时，来源问题再次成了争论的焦点。

经过初步鉴定，金沙遗址出土的象牙和三星堆出土的象牙一样，都属于亚洲象种。亚洲象仅雄象有两根门齿（象牙），而专家们推测金沙遗址至少有一千多根象牙，这也就意味着这些象牙至少取自五百多头雄象，这是个体量非常庞大的象群。如果这些亚洲象均来自云南或者印度，运输是一个棘手的问题。

如果这些大象来自本地呢？众所周知，如今的成都平原乃至四川盆地境内没有野生大象，此观点若成立，就意味着 3 000 多年前的成都平原的气候和如今完全不一样。

研究表明，距今 3 000 年前后是全球的温暖期，平均气温比现在高出 2～3 摄氏度。同时，金沙遗址中发现的藻类、藤类、裸子、被子等植物孢粉种类，也表明当时成都平原植被以草本植物占优势，局部地区为低洼的湿地，生长着大量喜湿的藤类植物，在丘陵上生长着乔木。总体而言，当时的成都平原乃至于四川盆地在气候上属于热带和亚热带的温暖气候。这种得天独厚的生态条件，为各种鸟禽百兽提供了栖息的乐园。

我们还可以找到其他的佐证。比如在金沙遗址中，不仅出土了大量的象牙，还发现了一些象的臼齿、麋骨，犀牛、猪獾、黑熊、虎、牛、马等动物的牙齿。这些都暗示了当时的生态环境是十分多样的。2000 年，成都市文物考古所还发现了一个战国早期墓葬，这座墓葬共保存了十七具棺木。匪夷所思的是，每一具棺木都是用整根楠木制成，最粗的直径达 1.7 米，最长 20 米。考虑到运输的困难，数量如此庞大的参天大树应该都是生长于本地的，这也从侧面证明了当时成都平原良好的生态环境。

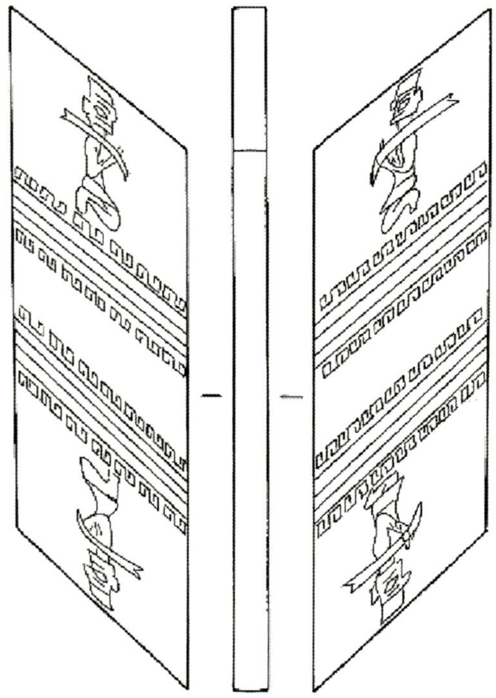

金沙遗址出土的玉璋上肩扛象牙的图案

如果我们将视角扩大到全国，还会发现在距今 3 000 年左右的长江流域乃至黄河中下游地区是“大象遍布”。早在 20 世纪初，国学大家王国维先生就曾颇有见地地指出：“古者中国产象，殷墟所出象骨颇多，昔颇疑其来自南方。然卜辞中有获象之文，田狩所获，决非豢养物矣。《孟子》谓‘周公驱虎豹犀象而远之’。《吕氏春秋》云‘殷人服象，为虐于东夷’。则象中国固有之，春秋以后乃不复见。”后来，徐中舒先生在主编的《甲骨文字典》中也指出：“据考古发掘知殷商时代河南地区气候尚暖，颇适于兕象之生存，其后气候转寒，兕象遂渐南迁矣。”

象尊

商代，酒器
通高 26.5 厘米，1975 年湖南醴陵出土
现藏于湖南博物院

另外，商周青铜器中有一种独特的类型——象尊，湖南博物院就有一件造型精美的商代象尊，四肢粗壮，长鼻高卷，纹饰华丽、工艺精美，形态极为逼真。如果不是经常接触大象，极其熟悉大象的形态，是断然塑造不出如此逼真的形态的。

将这些文献记载和考古发现联系起来看，可知金沙遗址出土的大量象牙并非来自遥远的异域，很可能就是古蜀本地所产。

三星堆象牙祭坑

曾侯乙墓

• 曾楚文化的艺术宝库

地址：湖北省随州市城西擂鼓墩
年代：两周时期
发掘时间：1978 年
主要出土文物：曾侯乙编钟、曾侯乙尊盘、青铜冰鉴和彩绘漆瑟等各种乐器

泥土中的端倪

1977年秋，武汉军区空军司令部雷达兵部欲建军械雷达修理所，苦寻理想选址未果。时任湖北省省长张体学提议随县擂鼓墩，认为它“风水好”。擂鼓墩是一个平地凸起的小山坡，整个擂鼓墩依山傍水，居高临下，视野开阔。按照古代风水专业术语，实为“前有照，后有靠”“穴者，山水相交，阴阳融凝，情之所钟处也”的风水宝地，最终被选为修理所所在地。

为了加快建造进度，雷修所找来数十名村民协助挖掘。地层表面是一层厚度20～40厘米的含沙黄褐色泥土，随后出现了一层十分坚硬的红色砂岩。挖掘工作非常辛苦，雷修所调来了重型推土机帮忙，但随着挖掘岩石越来越坚硬，无奈之下，施工队转而选择先用TNT炸药爆破，再配合推土机进行挖掘。混乱中，有人发现中间一块地方的土质异常，是褐色的泥土，还掺杂着一些黑色胶状的泥土，土质很硬，不像自然的淤泥，更像是经过夯实的泥土。当时，马王堆墓的发掘过程被拍摄成

纪录片并在国内外播放，引发了全国范围内的“马王堆热”，受到马王堆墓发掘纪录片的影响，雷修所的一些人怀疑擂鼓墩下可能隐藏着一座古墓。

随着施工进度的推进，施工队又发现了另外一个奇怪的现象：泥土中居然出现了一块长宽各一米多的麻灰色花岗岩大石板！清理后发现，土层中铺有多块石板，它们组成一个平面，带有很明显的人工痕迹。人工铺设的石板再加上之前发现的不同寻常的土层，更加坚定了施工队对于地下有一座古墓的构想。他们请到了考古队来考察，考古队发现了一些特别明显的线索，比如：有的地方土质湿润，有白膏泥的迹象（后来得知是盗洞口）；有的地方有直径5厘米左右的夯窝，排列整齐，明显是夯土后留下的痕迹。而且从土层的断面来看，红砂岩和填入的五花土泾渭分明。专家们当即断定，这里有一座大型古墓。

探铲带出的是坚硬的白膏泥，探到1.2米深时接触到十几厘米的木炭，再往下是木椁，从探铲反馈出来的信息看，地下墓室可能保存良好。为了探明墓葬的具体情况，专家们又接连打了好几个探孔，最终得出了一个结论：这是一座竖穴岩坑木椁墓，年代应该在春秋到秦汉之间。竖穴岩坑木椁墓，是先在红砂岩的山包上凿出一个竖穴作为墓圹，在墓圹内放置好棺椁后再用泥土回填。更令人震惊的是，如果仅是根据探测结果来看，这座古墓大概东西长20米，南北宽16米，这规格别说在湖北境内，就是放到整个中国，也是无可匹敌的。

被围得水泄不通的墓地远景

曾侯乙墓发掘现场全景

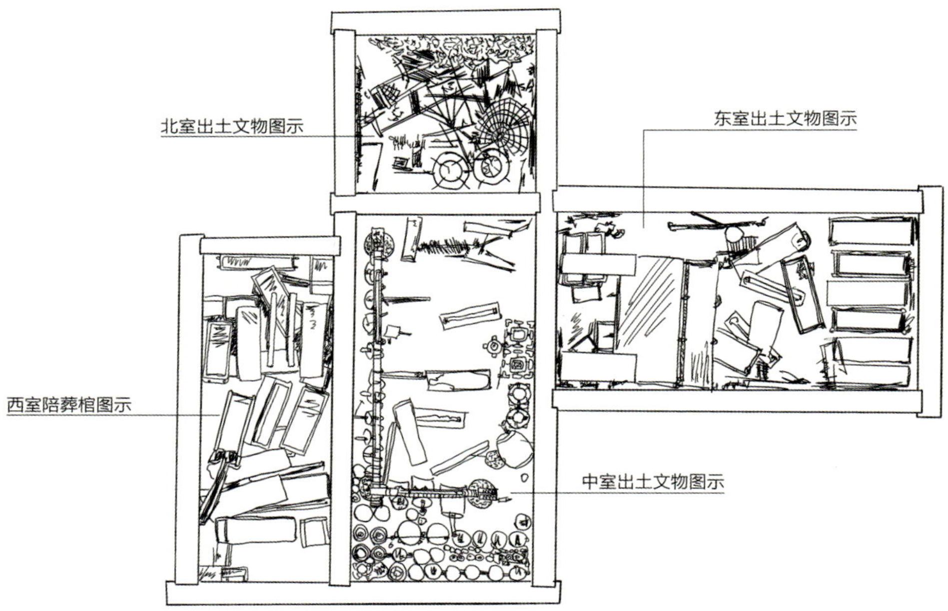

曾侯乙墓各墓室出土文物图示

工作人员起吊重达 7 000 千克的主棺

考古现场及远处围观的群众

曾侯乙墓内棺

背景知识　为什么文物泡在水里 2 400 多年仍保存完好？

曾侯乙下葬的位置离河边不远，不久后地下水就开始浸入墓室，导致墓室内的陪葬品都浸泡在水中。虽然文物被水浸泡，但这样的环境反而使得墓室免遭盗墓者的破坏。并且水屏障的形成进一步隔绝了外界的氧气和微生物，为墓室内的文物提供了一种独特的保护。

延展阅读 **如何判断墓的时代？**

在考古实践中，判断墓的时代通常依据三个维度：形制、墓底颜色和填土。墓葬的形制是主要的判断依据，从新石器时代开始，墓葬形制就在不断变化，大致可以分为竖穴土坑墓和室墓两种。新石器时代至战国的中小墓多为长方形竖穴土坑墓；商周大墓有中字形、甲字形和亞字形墓。战国时期开始出现洞室墓，一直延续到明清。不同时代的洞室墓有其特点：如六朝至隋唐的洞室墓模仿当时人居住的屋子；宋金时代除了土洞墓，砖室墓为仿木构建筑，很有时代风格。墓底颜色也可作为判断依据，如朱砂底多为两周时期，白灰底为汉代，青灰底为唐宋。填土的新老程度可用来辨别时代，早期墓葬填土在长时间压力和雨水作用下，结构密实，颜色变暗。新土特征相反。在实际考古中，通常采用以形制为主，墓底颜色和填土为辅的综合判断。

国宝编钟出土

1978 年 5 月 11 日，墓葬开始发掘。一开始，因为还不清楚墓主人的具体身份，所以称之为“擂鼓墩 1 号墓”。随着发掘的推进，出土的文物越来越多，关注擂鼓墩 1 号墓的人也越来越多。直到编钟的出现，整个过程进入高潮。

“编钟”一词，最早见于《周礼》一书：“磬师，掌教击磬，击编钟。”在此之前，中国其他考古遗址中已经出土过一些青铜编钟，如长治 14 号墓出土了一组八件编钟，河南信阳楚墓出土了十三件编钟。但它们的编钟数量和质量，根本无法和这次的考古发掘相媲美。

擂鼓墩 1 号墓出土的这一整套编钟，总共六十五件，以大小和音高为

工作人员在编钟前工作

序，编成八组悬挂在三层钟架上。在木架中有七根彩绘大梁，两端以蟠龙纹铜套加固；六个铜铸佩剑武士和八根圆柱承托住整个编钟，形成上、中、下三层。曾侯乙编钟是我国迄今为止发现的数量最多、保存最完好的一套编钟，是当之无愧的国宝。

按形体特征，整套编钟又可分为钮钟、甬钟、镈钟三类。上端有钮者称为钮钟，有长柄（甬）者称为甬钟，上部有钮、下端口沿呈水平者为镈钟。钮钟共十九件，分三组悬挂于上层三根横梁上。甬钟共四十五件，分五组分别悬挂于中、下层横梁上。另有镈钟一件，悬挂在下层长架横梁最显著位置。

甬钟和钮钟组合

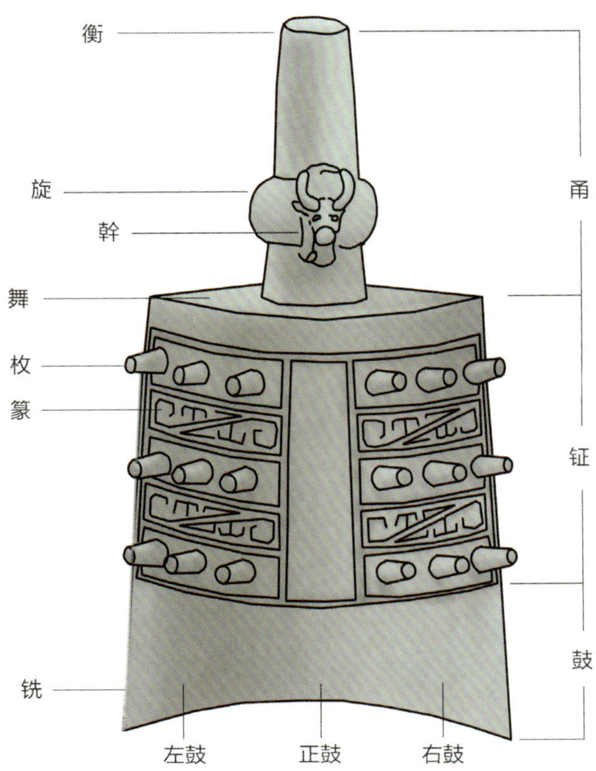

另外，这些编钟也被称为“双音钟”，即每个钟都能敲击出两个不同频率的乐音。在钟体下部（古称“鼓”）、口沿正中部位敲出的音称正鼓音，在钟体左右两侧敲出的音称侧鼓音。正鼓与侧鼓可以单独击发，也可以同时击发，且互不干扰。

那么，这种现象是如何产生的呢？通过检测，科学家们找到了答案。原来，由于钟体呈合瓦形，击其两个不同部位会产生不同的振动频率：敲击钟的正鼓部位，钟腔形成的振膜有四条纵向节线正好位于侧鼓部位，这时听到的主要是正鼓音，侧鼓音受到了抑制；反之，如果节线在正鼓部位，就只能听到侧鼓音了。

甬钟的各部位名称

全套曾侯乙编钟

战国早期，乐器
钟架长 748 厘米、高 265 厘米
现藏于湖北省博物馆

编钟细节

编钟细节

探寻墓主人身份

面对这套令人震撼的编钟，考古学家发现其中混杂了一个“异类”。这件位于下层中间部位的镈钟形状极为特殊，整体健硕突出，似乎与周围的甬钟格格不入。清理干净之后，钟体的中间部位出现了一篇铭文：

> 隹王五十又六祀，返自西阳，楚王熊章，作曾侯乙宗彝，奠之于西阳，其永持用享。

这句话提到了两个关键的人名：“楚王熊章”和“曾侯乙”。从文字里我们可以看出，这个镈钟是楚王赠予曾侯乙的，那么是否代表这个墓就是这位名叫“乙”的曾侯的葬身之所呢？令人欣喜的是，墓中出土的编钟上面，频繁地出现“曾侯乙乍时”的铭文。同一个人名作为物主，如此频繁地出现在一座墓上面，更能说明接受楚王馈赠的曾侯乙，正是这些编钟的拥有者，同时也是此墓的主人。

镈钟上的铭文

青铜镈钟

“隹王五十又六祀”，意思是王在位的第56年。“楚王熊章”，根据史籍记载，楚国前后一共有四十多位王，但是在位超过56年的只有楚惠王一人，而楚惠王的名字正是熊章。“作曾侯乙宗彝”的意思，就是作祭祀曾侯乙的祭器，既然是祭器，这个人肯定是去世了，这是青铜器铭文的惯例。“返自西阳”应该理解为“报自西阳”，古时候“反”与“报”常常互相代用。在古代，“报丧”常常被称为“报”。所以整句话的意思就是：楚惠王在位第56年的时候，从西阳那边得到了曾侯乙去世的讣告，于是制作了祭奠的彝器，并在西阳进行了祭奠，希望他永远享用。

青铜甬钟

战国曾侯乙彩绘漆瑟

战国早期，乐器

通长 167.3 厘米、宽 38.5 ~ 42.2 厘米

现藏于湖北省博物馆

战国曾侯乙彩绘漆瑟细节图

豪华的音乐王国

曾侯乙墓出土的整套编钟，实在太过耀眼，以至于遮盖了其他文物的光辉，但其实，曾侯乙墓中出土了种类非常丰富的乐器。根据统计，有编钟、编磬、鼓、瑟、琴、笙、排箫、横吹竹笛等八种共一百二十四件乐器。如果将这些乐器复原并排列好，完全就是一支豪华的乐队。

瑟是我国古老的乐器，早在黄帝时期就有瑟的传说。在周朝列国时期成为流行乐器。《诗经·小雅》中写道："琴瑟击鼓，以御田祖。"

背景知识　曾侯乙为何会受如此礼遇？

经专家考证，"曾随合一"，即曾国就是历史上的随国。当年发生了一件特别著名的事——伍子胥、孙武统帅吴师伐楚事件。伍子胥本是楚国人，后来受楚王迫害而投奔到了吴国，帮助吴王阖闾争得王位后，力主伐楚，当时的吴国国力强盛，自然打得楚国溃不成军。当时的楚昭王避难到了随国，并成功躲开了迫害。或许，曾侯乙就是保护了楚国的随君后裔，楚惠王以如此高的礼遇来祭奠他，正是为先王报答恩德。

彩绘凤鸟纹五弦琴

战国早期，乐器
长 115 厘米、首宽 7 厘米、尾宽 5.5 厘米
现藏于湖北省博物馆

素漆十弦琴

彩绘三角雷纹竹排箫

这可能是现存文献中关于瑟最早的记载。曾侯乙墓发掘之前，湖北、湖南等地楚墓中，共出土过十四件瑟，但保存状况均不佳。马王堆汉墓也出土过两件汉代瑟，其中一件保存完好。而曾侯乙墓一次性出土了十二件瑟，其中一件彩漆瑟绘满图案，尤为精致。此瑟主体用梓木整木雕成，首尾均有二十五个弦眼，瑟身存二十五个弦柱痕，说明当时的瑟就是二十五弦，故李商隐有诗：“锦瑟无端五十弦，一弦一柱思华年”。

另外，此瑟的侧面、尾端均以黑、黄漆彩绘凤鸟纹、云雷纹，属于典型的楚地纹饰风格，展现了楚人瑰丽的想象与精湛的制作技艺。

曾侯乙墓还出土了一把五弦琴，全长 115 厘米，首尾两端各有一山岳，上有五道弦槽，外侧琴面上有五个弦孔，尾端弦孔外侧有一方

曾侯乙建鼓底座

头圆柱，其形制与文献中描绘的“筑”的形象类似。据考证，这就是历史上失传已久的“筑”。“筑”在我国古代，尤其是唐宋之前，是非常重要的一种乐器，流传下来的典故也很多。曾侯乙墓的这把五弦琴弦路髹黑漆，周围髹凤鸟花纹红漆，琴弦已腐烂无存。

曾侯乙墓还出土了一件战国早期的乐器附件——建鼓座，这个鼓座形制精美绝伦，制造技法巧夺天工。铸造工艺上采用了分铸、铸接和焊接等多种方法相结合。它的造型独特，由八对大龙和无数条相互缠绕的小龙构成，这些龙的形象生动，龙身还镶嵌有绿松石，使得整个鼓座格外华丽，是一件饱含楚国气韵的艺术品，也是迄今为止所发现的最精美的一件先秦时期的建鼓座。

延展阅读 筑

高渐离，战国时期燕国琴师，荆轲好友。荆轲刺秦王前，高渐离以筑伴奏，荆轲正是和着筑的乐声，唱出了那句“风萧萧兮易水寒，壮士一去兮不复还”。汉高祖刘邦也是击筑高手。史书记载，汉高祖十二年十月，刘邦击败谋反的淮南王英布后，得胜归来途经故乡沛县。庆祝宴会上，刘邦击筑唱歌，即兴创作了“大风起兮云飞扬，威加海内兮归故乡，安得猛士兮守四方”的千古名篇。筑的音色似乎是有些悲怆的，总是与苍凉的气氛相搭配。筑的实物早已失传，通过《说文解字》和《旧唐书·音乐志二》记载，我们大致可以知道筑是因为以竹击奏之而得名的，演奏时需要手持，而外形“似筝”“细颈”。

曾国的传国之宝：曾侯乙尊盘

曾侯乙尊盘，也称为曾侯乙方尊，是一种用于盛酒的祭祀容器。它工艺精湛，装饰华丽，被誉为商周青铜器的巅峰之作。整套器物纹饰繁缛，穷极富丽，其精巧程度达到先秦青铜器的极点。尤其是器上镂空装饰，透

曾侯乙尊盘

战国，酒器

尊高 30.1 厘米、口径 25 厘米，盘高 23.5 厘米、口径 58 厘米

现藏于湖北省博物馆

曾侯乙尊盘上部尊的构造

曾侯乙尊盘下部的盘和盘口的“曾侯乙作持用终”铭文

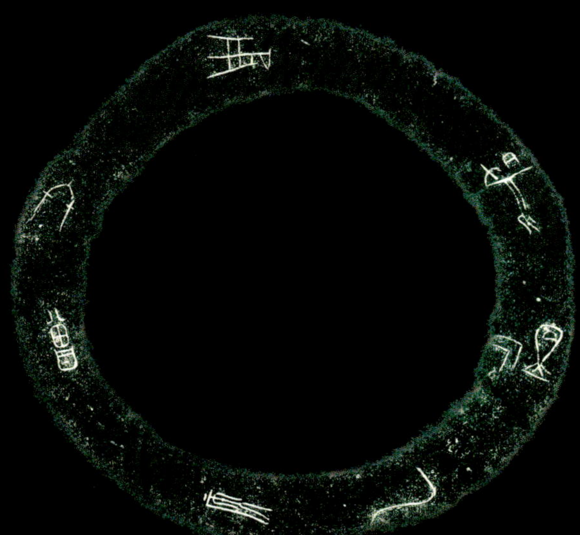

视有若干层次，系用失蜡法铸造，即先用蜡做模，模外做范，加热烘烤使蜡模融化流失，使整个铸件模型变成一个空壳，再将青铜溶液浇灌至空壳内，就可铸成所需的器物。这一发现，证实了在2 400年前的战国早期，中国的失蜡法铸造技术已经达到极高的水准。

曾侯乙尊盘由上下两部分组成：上面是尊，下面是盘。尊的口沿处装饰有无数条由龙蛇组成的镂空花纹，远看像云朵，盘旋环绕，宛如在空中游动。尊的颈部、腹部和足部都饰有细密的蟠螭纹，颈腹之间有四条圆雕豹形伏兽，整件器物布满透雕蟠螭纹。几十条龙沿着尊的颈部向上攀爬，回首吐舌，长舌垂卷如钩，栩栩如生。下面的盘制作更为复杂，有四个龙形蹄足，口沿上附有四只方耳，也装饰有蟠螭纹。尊和盘均铸有“曾侯乙作持用终”铭文。尊盘上的龙和蟠螭象征着大大小小的诸侯，这套青铜尊盘从先君传到曾侯乙手中，成为曾国的传国之宝。

尊盘合为一器，尊用来盛酒，盘一般作水器用。尊内会装入混合了香草汁的酒液，在祭祀仪式中，用以献祭给逝者；在宾客之间的礼节性饮酒场合，也会用它来向客人敬酒。

曾侯乙铜鉴缶（青铜冰鉴）

战国，酒器

长宽均为 76 厘米、高 63.2 厘米

两件文物现分别藏于湖北省博物馆和中国国家博物馆

背景知识　中国“最早的冰箱”

1978 年，曾侯乙墓同时出土了两件造型、纹饰、大小均相同的“曾侯乙铜鉴缶”。这是古代用以冰（温）酒的大型器具，由内外两件器物构成，外部容器称为鉴，内部放置酒的是缶。两者之间的空间可以放冰块或温水，这样就可以喝到“冬暖夏凉”的酒，被誉为我国‘最早的冰箱”，也是“最早的烤箱”。在 2 000 多年前的战国时期，只有贵族才享用得起。此器鉴和缶均饰以变形蟠螭纹、勾连纹和蕉叶纹等，并均有“曾侯乙作持用终”的铭文。2008 年北京奥运会开幕式上设计的缶阵造型，其原型就来自曾侯乙铜鉴缶。

秦始皇陵

• 世界上“最大的地下皇陵”

地址：陕西省西安市临潼区骊山北麓
年代：秦汉时期
发掘时间：兵马俑祭祀坑于 1974 年发掘；秦始皇陵暂未发掘
主要出土文物：兵马俑、铜车马等

"秦王扫六合，虎视何雄哉！"

作为我国历史上第一个中央集权制封建帝国的创立者，秦始皇嬴政结束了春秋战国以来长达数百年之久的分裂割据、混战不已的局面，于公元前 221 年成功统一了中国。然而，建立帝国仅 10 多年后，秦始皇就在第五次东巡的路上病逝，时年 50 岁。秦始皇死后，被安葬在早已安排好的陵墓中，也就是今天在陕西临潼骊山脚下的秦始皇陵。在司马迁的笔下，秦始皇的这座陵墓极尽奢华与铺张。据说，嬴政在 13 岁当上秦王后，就开始修建陵墓了，直到他去世也没有修建完。为了赶工期，秦二世胡亥把修建阿房宫的七十万民夫全部调到了秦始皇陵的工地。要知道，当时全国的总人口不过就几千万，修一个陵墓居然动用了这么多人，可见工程量多么巨大。

据说秦始皇陵的构造跟咸阳都城的宫殿一样，有文

秦始皇陵鸟瞰图

武百官的位次、数不尽的珍禽异兽和金银财宝，墓室顶上绘有天文星宿图像，地上有用水银灌注而成的江河大海。墓室内还有用人鱼膏做出的长明灯，永不熄灭地燃烧放光，让整个地宫常年如白昼一般。为了防止盗墓贼进入，工匠们还在地宫门口制作了暗箭机关。假如盗墓贼接近墓门，便万箭齐发，盗墓贼立即横尸墓中……这样的设定估计只有小说里才有。

如今，2 000 多年过去了，曾经显赫一时的秦始皇陵只剩下一座孤零零的山包，相信很多人会好奇，秦始皇陵究竟有没有被盗？地宫还完好吗？如果保存完好，地宫内究竟藏了什么宝贝？司马迁对于地宫的描述又是否真实？

藏于西安碑林博物馆的秦始皇像

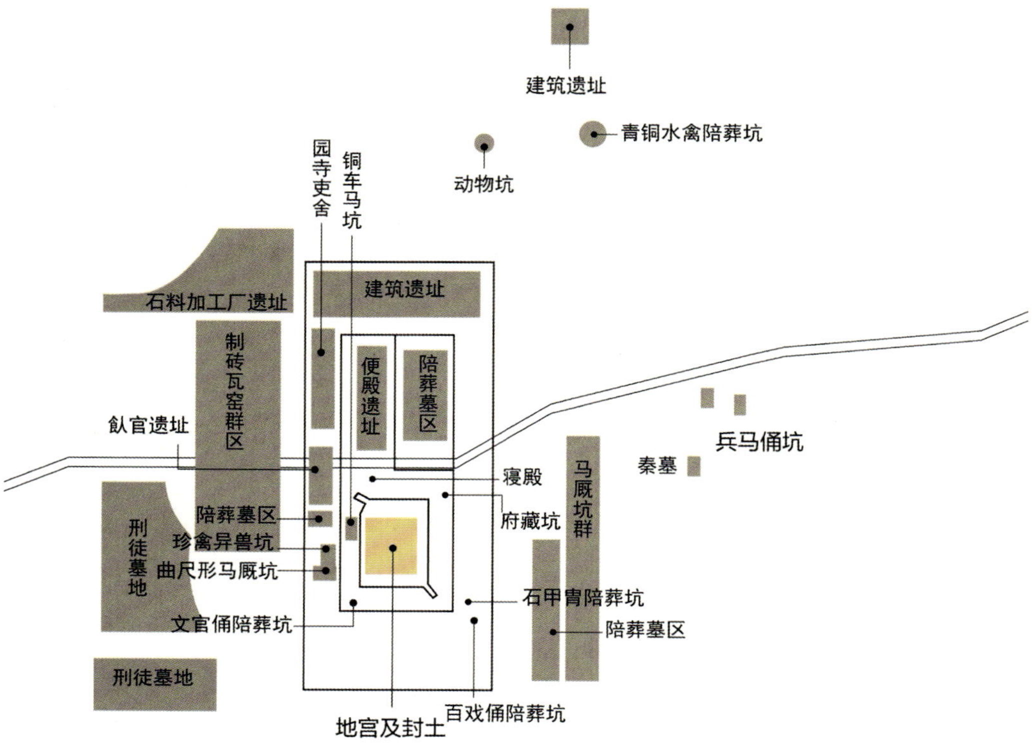

秦始皇陵平面图

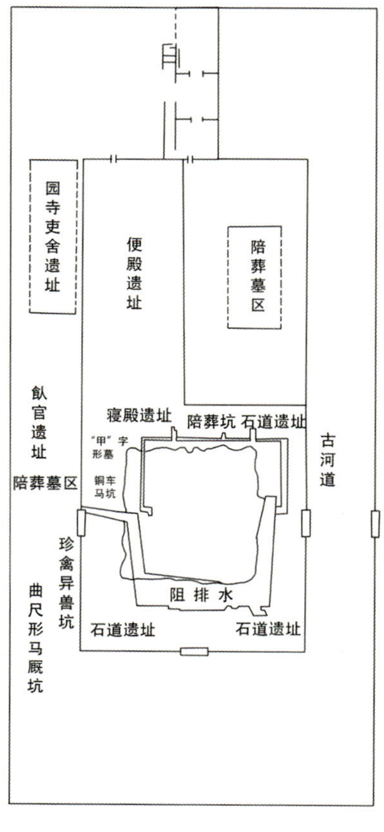

陵区内的重要遗址分布

背景知识 秦始皇——有争议的一位杰出帝王

秦始皇，名嬴政，是中国历史上著名的君主，也是秦朝的开国皇帝。秦始皇完成了对战国时期齐、楚、燕、韩、赵、魏六个主要诸侯国的统一，结束了长期的分裂和战争状态，建立了中国历史上第一个统一的、多民族的中央集权国家。他确立了中央集权的政治体制，强化了皇帝的权力；设立三公九卿制度，推行郡县制，加强了中央对地方的控制。为了加强国家统一和促进经济发展，秦始皇统一了文字、货币、度量衡，这些措施对后世的统一和发展产生了深远的影响。为了防御北方游牧民族的侵扰，他还下令连接和修缮了早期各国修建的长城，形成了万里长城的雏形。秦始皇在思想文化领域推行专制政策，其中包括“焚书坑儒”事件，这一行为遭到了后世许多文人的批评。秦始皇的统治具有开创性和深远影响，但同时，他的暴政和严酷统治方式也为后世留下了深刻的教训。秦始皇死后，秦朝很快由于暴政引发民变而灭亡，但其所开创的统一国家制度对后世中国政治体制产生了长远的影响。

地底下的"九层妖塔"

通过详尽勘探，专家们基本上确认了秦始皇陵地宫的存在，其位于封土堆中部下方，距离地面35米深，东西长170米、南北宽145米。同时探测表明，封土堆下方墓室周围存在着一圈很厚的细夯土墙，即所谓的宫墙。土墙内侧是一道石质宫墙，石质建筑的墓室主体尚未完全坍塌。陵墓外围存在着规模巨大的地下阻排水系统，它们将地宫以东、以南和以西区域与地宫全部隔断，使得不同深度的外围潜水不能进入地宫。如今，阻排水系统依旧发挥着效用，核磁共振探测表明墓室尚未进水。这些结果都指向同一个结论，秦始皇陵地宫保存完整，墓室没有坍塌、没有进水，也没有被盗。这无疑是一个振奋人心的消息。

除此之外，专家们还发现，在结构粗糙的夯土里边，还有一组更为紧致的细夯土建筑。细夯土台高约30米，上窄下宽，一共分为九级，台阶上还有木结构的、屋面上覆着瓦的建筑。台阶顶部，与封土表面仅相差1米左右。封土堆下墓室周围建造一周体量巨大且伸出地面如此之高的台阶式墙状夯土台，是前所未有的考古发现和崭新的墓葬形制。那么，秦始皇为什么要在封土里给自己修建一座九层高台呢？

已故著名考古学家、当时秦始皇帝陵考古队队长段清波认为，这一现象或许和《汉书·贾谊传》记载的文献有关："（始皇）死葬乎骊山，吏徒数十万人，旷日十年。

秦陵封土建筑复原图

下彻三泉，合采金石，冶铜锢其内，漆涂其外，被以珠玉，饰以翡翠，中成观游，上成山林。"前面几句和《史记》记载的差不多，但最后一句"中成观游，上成山林"是《史记》中所没有的，这又是什么意思？"上成山林"较容易理解，就是高大的封土像山一样，上面种植有郁郁葱葱的林木。而"中成观游"中的"观"，是一种可以远观的"高台建筑"。回过头来看"九层之台"的样式，是不是很符合"观"的定义？

我们前面说秦汉人有"事死如事生"的灵魂观：人死了并不是真正的死去，他的灵魂仍然在世间存在，接受着子孙后代的祭祀和供奉。这封土里九层之台的作用也许同水银灌溉而成的江河湖泊、陶俑所代表的文武百官一样，满足了秦始皇的灵魂在另一个世界工作闲暇之时，走出地宫登观巡游、俯瞰帝国的需求。

地宫水银之谜

考古项目组关注的一个焦点，是考证《史记》中关于秦陵地宫有"水银为百川江河大海"的记载是否准确。水银（即汞）的熔点是-38.87摄氏度，所以即使在常温下也极易挥发。如果地宫中存在大量的汞，那么周围的封土堆必然会吸附这些挥发出来的汞，从而导致汞含量远远高于周围土壤。中国地质调查局发展研究中心、研究员刘士毅带领的团队取土化验后发现，封土堆中土壤的汞含量大概是周围的十倍左右，最高的地方甚至可以高二十到三十倍！这么看来，秦陵地宫中确实存在大量的水银。

秦始皇为什么往地宫里灌那么多水银呢？是像司马迁说的用来当作江河大海，还是用来防止尸体腐坏，或者说是一种纯粹的防盗墓机关？根据学者的研究，水银能够用来防腐这一认识，可能直到宋代才慢慢形成。当时的贵族，喜欢将辰砂、汞混合在一起，然后注入体内，用来祛除体内的残留气体，以达到杀菌防腐的目的。秦朝跟宋朝相差 1 000 多年，自然还无法认知到水银有防腐的作用，地宫中灌水银防腐也就无从谈起了。再来看“水银防盗”这种说法。很多学者研究说，水银本身是剧毒类物质，人吸入一定浓度的汞气，就可导致精神失常、肌肉震颤而瘫痪，最后死亡。所以地宫中灌水银是为了毒死进入地宫的盗墓贼。然而，对水银有毒的认识，大概要到汉代炼丹术大规模盛行后才慢慢普及开来。

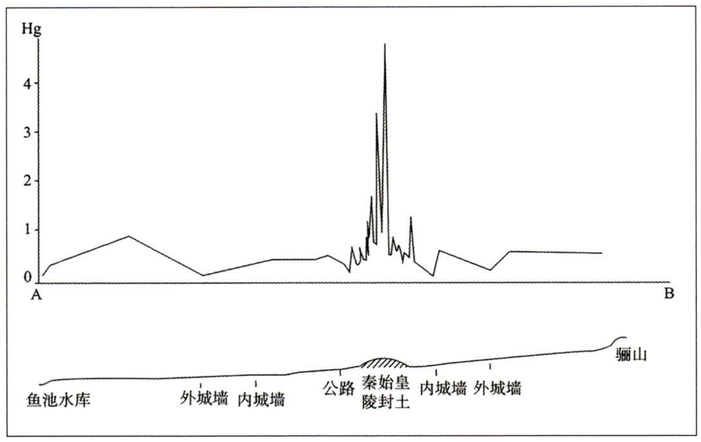

秦陵周围土壤汞量测量图

那究竟为什么在地宫里灌那么多水银呢？司马迁已经提供了标准答案：“以水银为百川江河大海，机相灌输，上具天文、下具地理。”我们研究古代的墓葬，尤其是秦汉时期的墓葬，有一个非常重要的原则：事死如事生，要像对待生人一样对待死去的人。古人认为，现实世界的人虽然已经死亡了，但是在地下世界还要继续生活，所以对于死后世界也要有所安排，千万马虎不得。像秦始皇这样的千古一帝，自然也希望在死后能依然统治着这个世界，于是才费尽心思搭建这样一个住所，把自己亲手创立的江山以及文武百官都一同带入地下。有意思的是，在探测中，研究人员还发现了地宫上方的土壤中汞异常的分布很有规律：东北最强，西南次之，西北最弱，这和古代中国人地理观念中的“江河湖海”位置以及秦始皇本人到过渤海的经历正好一一对上！

背景知识　科技解开千年之谜

想要了解秦始皇陵的内部情况，除了考古发掘这一条路，还可以通过一些现代物理化学手段达到相同目的。2002 年，科学技术部启动“秦陵遥感与地球物理综合探查技术”，希望通过物探、遥感等手段，探查秦陵的位置、大小、结构等问题。整个项目又分为三个子课题，从地质调查局退休多年的刘士毅负责物探，煤炭地质局的谭克龙负责遥感，段清波负责考古勘探验证。通过物探技术和遥感技术，项目组用详细数据给出了地宫的位置、范围、大小和深度。之后，这些结论得到了考古勘探的实际验证。这是我国迄今为止在重大考古中运用物探技术取得突破的最成功实例。物探调查是利用声、光、电、磁、热、力、核磁等物理现象来观测地下物体的方法。其中重点运用的有弹性波法、重力法、放射性法、测汞法、核磁共振法等。

雄伟的地下军团

虽然秦始皇陵暂时无法被发掘，但仍可以通过其陪葬坑的情况，一窥秦陵的气势。1974 年年初，陕西省临潼县骊山镇西杨村，当地农民为了灌溉干旱的农田，决定挖一眼水井。村民们选定了村南乱石滩上的一处地方，当往下挖 1 米左右深的时候，有一些木炭被挖了出来；

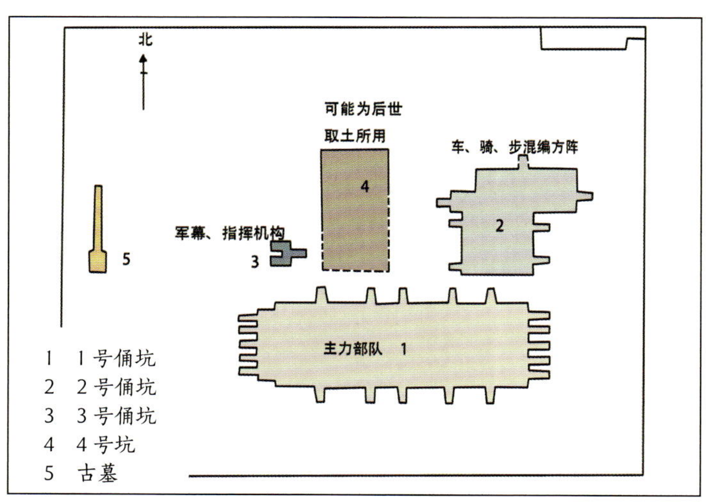

兵马俑坑位置分布

1 号兵马俑坑现状全景

挖到 2 米深的时候，地下又出现了坚硬的红烧土块。4 天之后，村民们已经往下挖了三四米深，这时候，地底下出现了几个残破的陶制人头及一些断腿残臂的陶片。

西杨村从地里挖出陶人陶片的消息，很快就传到了临潼县文化馆，工作人员将出土的陶俑残体收集起来，并复原了两件与真人大小相似的武士俑。恰好这时，有位新华社的记者回到临潼探亲，而他的夫人正好在县文化馆工作，于是，他写了一篇《秦始皇陵出土一批秦代武士俑》的短文，刊发于 1974 年 6 月 27 日人民日报社编印的《情况汇编》上。这篇只有短短几百字的文章，引起了国家领导人的高度重视。很快，考古发掘

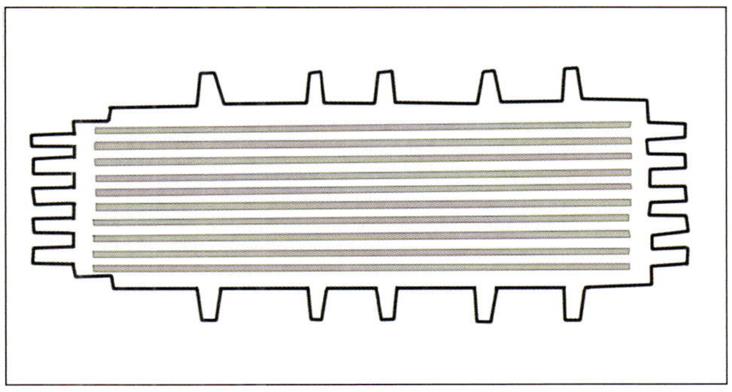

1 号兵马俑坑平面图

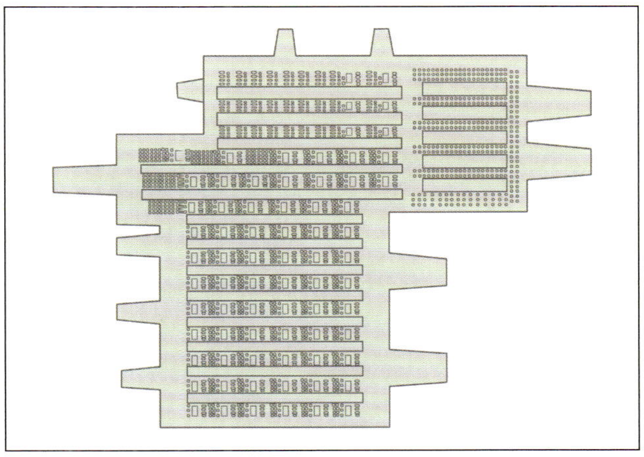

2 号兵马俑坑平面图

队成立，从此，深埋于地下2 200多年的兵马俑重见天日，震撼世界。

目前为止，在秦始皇陵园内外发现了两百多座陪葬坑，我们熟知的1号、2号、3号兵马俑坑是其中的三座。如果大家参观过兵马俑博物馆，就会发现这三个陪葬坑大小、规模、形态各不相同，实际上有着不同的功能划分。1号坑规模最大，面积约1.4万平方米，是秦始皇陵面积最大的陪葬坑。坑内大约有六千件步兵俑，最东端有三横排武士，穿战袍，轻装上场，是前锋；南、北、西三侧各有一排披甲武士面外而立，是侧翼和后卫；中间则是战车与步兵相间排列，应该是指挥中心。

2号坑的情况则比较复杂，有各类武士俑九百余件、陶马四百七十余匹、战车八十余辆，涵盖步、骑、车三兵种。东北部是弓弩步兵，廊道和通道内是“步兵机枪手”；弩兵后接骑兵一百零八骑，一马配一骑士，四骑并列为一组，骑士手挽马缰绳，站在马的左前方。中部是由十九乘车兵、两百六十四件步兵、八骑骑兵组成的混编。南半部有六十四乘木质战车及跟随的陶俑三件首尾相接，排布于八条过洞内。用秦都咸阳城考古领队许卫红的话来说，这叫作“海陆空多军种作战阵形”。

2号兵马俑坑（局部）

3号兵马俑坑（局部）

3号坑发现六十八件披甲武士和一辆木车，在北侧还发现了鹿角和动物骨骼。古代打仗前习惯举行祭祀，祈求神灵保佑，并进行动员大会，这就是所谓的“祷战”。“祷战”之时，需要用动物祭祀，据此有学者认为3号坑是举行占卜、祷战仪式的场所。由此推论，3号坑应该是军事指挥部，木车即为指挥中心，而两侧的披甲武士就是护卫队了。

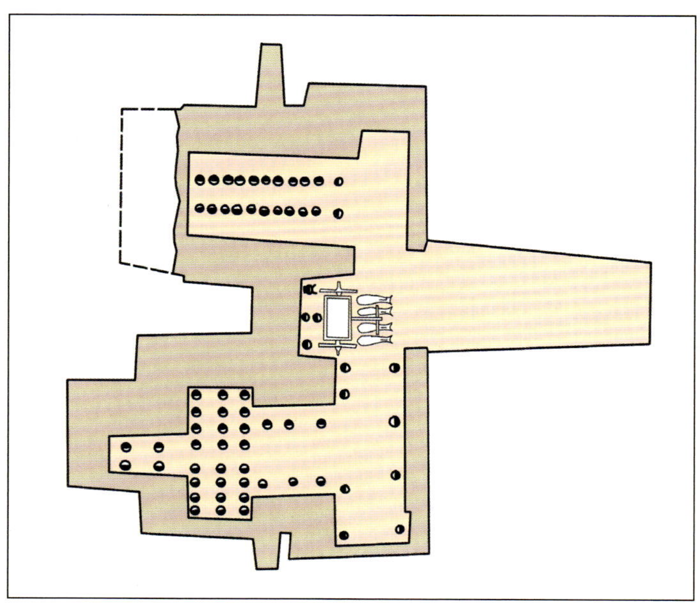

3号兵马俑坑平面图

刚出土时的彩色兵马俑

事死如事生，秦始皇生前拥有着大批军队守卫，死后则让八千余件兵马俑来陪葬，以护卫其亡灵与地下王国的安全。学者们认为，数量庞大的兵马俑模拟的应该是当时守卫京城的“宿卫军”。秦始皇陵坐西面东，正门在东边，而三座俑坑正好位于秦始皇陵外城垣的东侧，即正门外司马道的北侧，相当于屯驻在京城之外，其方位显示其职责是担任京城的警卫。三座俑坑，1 号坑对应的是“右军”，2 号坑为“左军”，而 3 号坑则是“指挥部”。

令人疑惑的是，上述三座兵马俑坑里并没有发现头盔，但考古人员发现了一座有上万件铠甲和头盔的铠甲坑（K9801 陪葬坑）。这些铠甲头盔全是用石片制作，而且铠甲的种类比兵马俑坑的更为丰富。令人惊讶的是这些石片并非天然石层稍作加工而成，而是全部用原始石块打磨获得，所有工序全部手工完成。考古人员做了实验，在使用电动工具的情况下，每人每天可做六片甲片，一件铠甲要六百一十二片，需要做 100 天以上才能完成，这需要大量人力。因此文献记载的有七十余万人参与秦始皇陵的修建，可能是真实的。

兵马俑群

2 号坑跪射俑

秦代，陶俑（陪葬品）
通高 128 厘米
现藏于秦始皇帝陵博物院

1号坑秦高级军吏俑

秦代，陶俑（陪葬品）
尺寸不详，是迄今出土的秦俑中级别最高的军吏俑
现藏于秦始皇帝陵博物院

K9801 坑秦石胄

秦代，石器（陪葬品）
通高 31.5 厘米，共有七十四片胄片
现藏于秦始皇帝陵博物院

3 号坑秦青铜矛

秦代，青铜兵器（陪葬品）
通长 17.5 厘米、骹长 5.5 厘米、叶最宽 3.7 厘米
现藏于秦始皇帝陵博物院

1 号坑秦青铜戈

秦代，青铜兵器（陪葬品）
通长 26.7 厘米、援长 16.4 厘米，胡长 12.8 厘米、内长 10 厘米
现藏于秦始皇帝陵博物院

K9801 坑秦石甲

秦代，石器（陪葬品）
通长 75 厘米，共有六百一十二片甲片
现藏于秦始皇帝陵博物院

其他陪葬坑

位于兵马俑坑西北方向的铜车马坑出土了两组大型彩绘铜马车。出土时，1 号铜马车破碎为一千三百六十多块，2 号铜马车破碎为一千六百五十多块，其中大部分残件都有不同程度的变形，所有连接的部位和销锁的部分都已经锈死不能活动，一些细小部件锈蚀严重。这些车马按真人真马的一半大小制作，工艺精湛，装饰华丽，反映了秦代车马的制式和高超的铸造技术。

秦始皇陵文官俑坑（K0006）里出土了大量的文官形象的陶俑，它们服饰端庄，表情严肃，体现了秦朝的官制，是"最早的公务员形象"。生动活泼的百戏俑坑的人俑造型，不同于大家对秦始皇陵"军事""威严"的印象，展现了秦朝文化多彩的另一面。青铜水禽坑出土的十五件"音乐家"陶俑，或坐着或跪着演奏着乐器，动物随音乐起舞，体现了秦始皇的音乐追求。

这些陪葬坑的发现，为研究秦朝的政治、军事、经济、文化等提供了极为重要的实物资料。它们不仅细腻地描绘了秦代高超的工艺技术和生动的社会生活场景，更是秦始皇统一六国壮举的雄浑写照。秦始皇陵及其陪葬坑已荣获联合国教科文组织的世界文化遗产称号，它们不仅是中国古代文明的宝贵象征，也是世界文化遗产中的璀璨明珠。

百戏俑坑发掘

铜车马坑发掘现场

1号铜马车（立车）

秦代，青铜交通工具（陪葬品）
通长225厘米、高152厘米，重1 061千克
单匹马重约230千克，配件三千零六十四个
现藏于秦始皇帝陵博物院

铜马车配件错金银伞杠

铜马车马头细节

战士牵马俑

秦代，陶俑

高 180 厘米

现藏于秦始皇帝陵博物院

铜马车配件秦金当卢

1号铜马车秦铜盾

秦代，青铜兵器（陪葬品）
通高36.2厘米、底宽23.5厘米、厚0.4厘米
现藏于秦始皇帝陵博物院

百戏俑坑 1999 年出土的百戏俑

青铜水禽坑的秦青铜天鹅

青铜水禽坑的秦青铜鹤

青铜水禽坑的秦青铜鸿雁

汉长安城遗址

• 中国“最早的国际化大都市”

地址：陕西省西安市未央区
年代：秦汉时期
发掘时间：1956 年
主要出土文物：汉代瓦当、骨签等

汉长安城的兴衰

公元前202年，阴历二月初三，刘邦在定陶的汜水北岸登基，建立汉朝。最初刘邦计划定都洛阳，但一位叫娄敬的谋士力劝刘邦将都城迁往关中，以占据险固之地。娄敬的主张得到了张良的支持，他们认为关中不仅"被山带河，四塞以为固，卒然有急，百万之众可具"，又是"甚美膏腴之地"，进可攻、退可守，是最理想的选择。最终，刘邦采纳了建议，定都咸阳以东的长安，取长治久安之意。中国历史从此进入一个新的时代，而在中华大地上，历史上第一座"超级大都市"也即将诞生。

因为战乱，秦咸阳城一片狼藉，项羽一把火把秦宫烧得灰飞烟灭，只有渭河南岸的兴乐宫尚存。考虑到天下初定，不宜大兴土木，刘邦将兴乐宫改名为长乐宫，略微修整后便入住，同时命萧何在龙首山营建未央宫。公元前198年，未央宫建成，刘邦迁入。不过，此时的长安城还没有城墙，不是一个严格意义上的"都城"。公元前194年，汉惠帝开始在长安周围加筑城墙，耗时五年之久，先后征发十四万人，初步形成了"方九里，旁三门。国中九经九纬……面朝后市"的城市格局。汉武帝即位后，长安城得到了进一步发展，在城内建了桂宫与明光宫，并将都城发展突破了城墙的限制，在城外分别修建了建章宫和明堂，同时开凿了昆明池，拓展了上林苑。

经过西汉200多年的发展，长安城成为全国的政

汉长安城城墙东南角遗址

汉长安城未央宫遗址航拍

未央宫遗址 F4 基地遗址

长乐宫 4 号建筑基址中的础石

治、经济和文化中心。汉平帝元始二年（2 年）时，城中有八万八千户，二十四万零六千人，长安城成为中国历史上第一个大规模的城市。西汉末年，天下纷乱又起，长安城毁于战火。东汉定都洛阳，以长安为西京。东汉末，洛阳城被董卓烧毁后，汉献帝曾短暂以长安为首都，后来的西晋愍帝时期、前赵、前秦、后秦、西魏、北周等政权，相继以汉长安城为都。581 年，隋文帝定都长安，不过此时的汉长安城已经残破不堪，显然不能作为一个大一统帝国的首都了。于是，第二年隋文帝就命宇文恺负责设计建造大兴城，9 个月后都城建成，隋文帝迁入新都，这就是后来的唐长安城。至此，兴盛了近八百年的汉长安城就被废弃了。

延展阅读　唐长安城的兴衰

隋文帝杨坚在 582 年营建大兴城，后经隋炀帝扩建，长安城继续作为都城，并得到进一步的完善；在唐太宗李世民和武则天时期，长安城达到了鼎盛时期，成为当时世界上极大的城市之一，人口超过一百万，是政治、经济、文化、宗教和国际交流的中心。长安城内宫殿林立，市井繁华，吸引了大量国外商贾、使节和学者，唐代诗歌、书法、绘画等艺术形式在此时达到高峰。755 年，安禄山和史思明发动叛乱，长安城遭到严重破坏。虽然唐朝最终平定了叛乱，但长安城的繁华不再。唐朝后期，由于军阀割据和农民起义，长安城多次遭受战火的破坏，城市逐渐衰落。904 年，唐昭宗被迫迁都洛阳，长安失去了首都的地位，进一步衰落。唐朝灭亡后，长安城在五代十国时期继续遭受战乱，最终在北宋时期，长安城被彻底废弃，曾经的辉煌成为历史。

汉长安城基本面貌

从1956年开始，中国社会科学院考古研究所对汉长安城遗址进行了大规模的考古发掘。在60余年的工作中，考古工作者相继发掘了武库遗址、未央宫内几处重要宫殿及官署遗址、桂宫遗址、长乐宫建筑遗址、建章宫1号遗址以及几座宫门遗址，初步厘清了汉长安城的布局与建筑样貌。

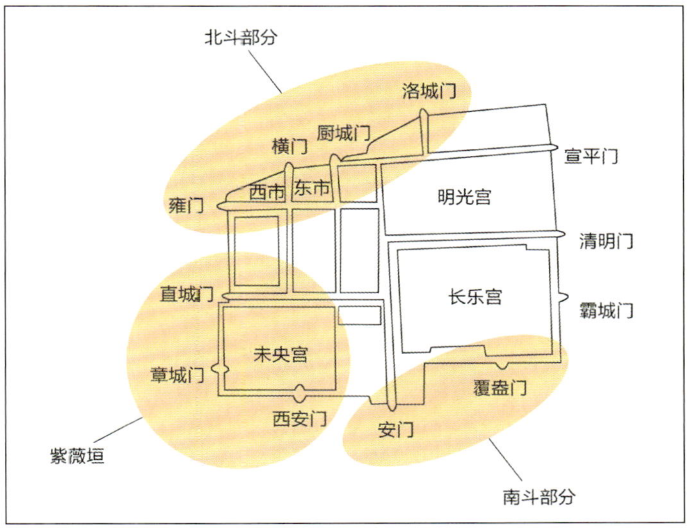

模拟天象的汉长安城布局

汉长安城位于今西安市西北方向，城垣内面积36平方千米，平面形状呈不规则方形，四面城墙除了东城墙比较平直外，南、西、北三面城墙均有不同程度的曲折，其中北城墙的曲折达七处之多，南城墙则有四处曲折。古人认为，这是建造者有意为之，模拟的正是夜空中天象的形状，北墙曲折犹如北斗七星，因此汉长安城也被称为“斗城”。

汉长安城内地势南高北低，宫殿集中在南部的龙首原上，而市场、手工业作坊和百姓生活区则在汉长安城的北部。采用这样的营建方式有着多重考虑。首先是出于经济实用的目的，汉初人力、财力相对匮乏，萧何“起未央宫，斩龙首山而营之”，直接借用了龙首原部分山体，这样既节省了建筑庞大台基的部分夯土工程，同时也使“宫基不假累筑，直出长安城上”。宫城位于都城最高处，以比较经济的施工方法，收到了“重天子之威”的效果。其次，为了满足城内居民的日常用水，都城选址往往会靠近水源地。汉长安城周边围绕渭、泾、沣、涝、潏、

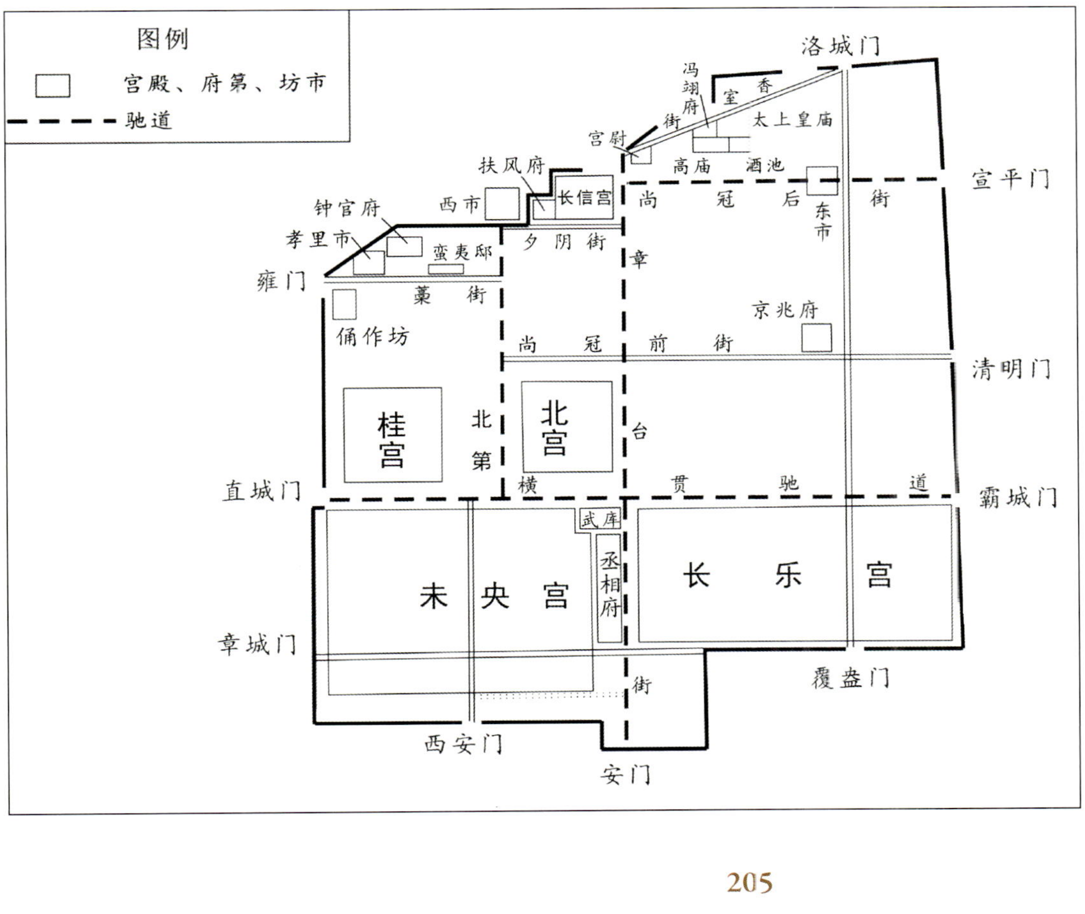

汉长安城平面总图

滈、浐、灞八条河流，形成“八水绕长安”的地理形势，确保了城内的水源供应，同时宫殿建在高地，避免了水患。最后，在冷兵器时代，地形在军事活动中尤为重要，选择制高点是基本的要求。汉长安城的宫城择高处而建，一定程度上也是出于防御需求的考虑。

另外，汉长安城的城门建设也颇具特色。考古调查、勘探表明，汉长安城遗址共有十二座城门，每面城墙各有三座，东城墙自北往南为宣平门、清明门、霸城门，南城墙自东往西为覆盎门、安门、西安门，西城墙自南往北为章城门、直城门、雍门，北城墙自西向东为横门、厨城门和洛城门。城门又与城内的道路联通，形成了四通八达的道路网络。汉长安城内主要有八条大街，每条大街之上各有两条排水沟将其分为并行的三股道，这就是东汉班固《西都赋》所谓的“披三条之广路，立十二之通门”。中股道即所谓的“驰道”，即专门供皇帝车驾通行的干线，其他人甚至不能穿越。

延展阅读　天子驰道

史书记载，汉元帝在未央宫曾有事急召太子刘骜。此时刘骜所住的桂宫位于未央宫北面，其南宫门龙楼门正好与未央宫的作室门相对。理论上来说，刘骜可以直接从龙楼门进入作室门，然而，横亘在两者之间的是直城门大街，而街中有驰道，刘骜虽贵为太子，也不敢僭越，只能沿直城门大街北边道路西行至城门，然后越过大街，再沿南边道路东行至作室门，进入未央宫。如此一番折腾，自然耽误了时间，汉元帝嫌太子来得太慢，询问原因，刘骜就如实回答。汉元帝听了之后很高兴，并下令特准太子可以横越天子驰道。

宫城遗迹——长乐未央

未央宫是西汉王朝的皇宫，是帝国统治者下达政令的决策地和指挥中心，始建于汉高祖八年（公元前 199 年）。未央宫是一座南北稍长、东西略短的长方形建筑群，总面积约 5 平方千米，占汉长安城总面积的 1/7。未央宫的正中间是主体建筑前殿，一般只有隆重的国家大典（如皇帝登基、丧事等）、重要的朝会，才会在此举行。前殿的北边，有皇后居住的寝宫椒房殿。椒房之名的由来，据说是因为宫殿内墙壁用花椒粉和泥涂抹，这样不仅能使墙壁呈现暖色，还能散发香味，起到防虫防蛀的作用。未央宫椒房殿遗址是目前唯一进行考古发掘的中国古代皇后宫殿遗址。发掘结果表明，椒房殿遗址与皇帝大朝的前殿一样，均由正寝和燕寝两部分组成。椒房殿遗址的正殿属于正寝，配殿和附属建筑则为燕寝，和前殿一南一北，位于同一条中轴线上。

除此之外，未央宫还有一些我们耳熟能详的建筑，

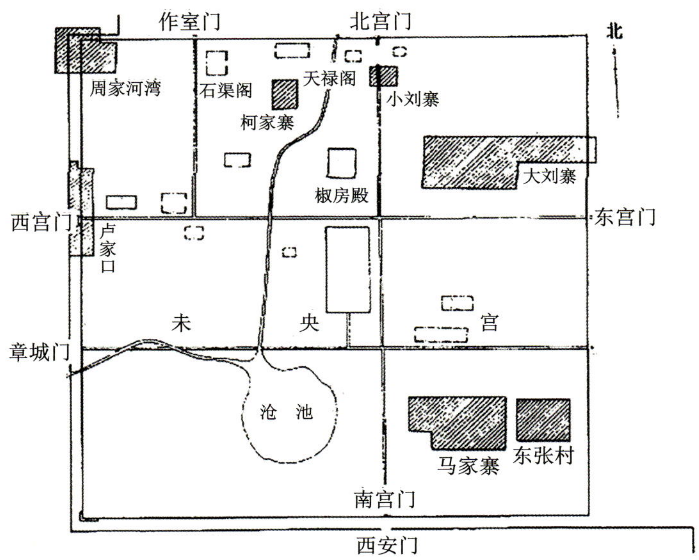

汉长安城未央宫布局

比如，后宫妃嫔居住的掖庭，因“在天子左右，如肘膝”而得名。《汉宫仪》记载：“婕妤以下，皆居掖庭”，可见掖庭的规模应该较大。未央宫还建有麒麟阁、石渠阁等文化类建筑。麒麟阁位于未央宫北部，据说汉武帝时期，曾有人捕获了一只麒麟，这在当时是天大的祥瑞，为纪念此事，汉武帝下令建造麒麟阁，并将麒麟的图像绘于阁内墙壁。石渠阁是西汉政府的图书馆和档案馆，因石砌水渠

而得名。阁内藏有丰富的图书档案，西汉中晚期成为学术中心，很多学者在此谈古论今，著名经学家刘向就曾“讲论五经于石渠”。乾隆、嘉庆时期著名的《石渠宝笈》的书名就源于此，该书是将清代内府书画按照卷、册、轴分列条目，是研究古代书画的重要参考书目之一。

长乐宫位于未央宫宫殿群的东侧，是在秦朝兴乐宫的基础上改建而成的。汉代的长乐宫在政治生活中扮演了重要角色，其影响力有时甚至超过未央宫。汉惠帝时期，吕后居住于长乐宫；汉武帝即位初期也常来此请安。由此形成了“人主居未央，长乐奉母后”的格局，又因长乐宫地处未央宫之东，所以也被称为“东宫”。到了西汉末期，长乐宫因外戚专权而更显重要，其政治地位堪比未央宫。长乐宫前殿是其最主要的建筑，汉高祖刘邦曾在此举行盛大的朝仪活动。长信宫位于长乐宫前殿之西，是太后居住的地方，汉文帝的皇后和汉武帝的祖母窦太后曾长期居住于此。著名的长信宫灯可能就是长信宫中的物品，后来窦太后将其送给了中山靖王刘胜之妻窦绾，窦绾死后随葬于墓中。

延展阅读　唐长安城大明宫

大明宫，唐代长安城的皇家宫殿，始建于唐太宗时期，经多次扩建，成为唐代最宏伟的宫殿群。其占地约3.2平方千米，宫殿坐北朝南，分为前朝和后宫，主要建筑有含元殿、宣政殿、紫宸殿等。大明宫不仅是政治中心，也是文化交流的舞台，见证了唐朝的繁荣。宫殿内的壁画、雕刻等艺术作品具有极高的艺术和历史价值。历史上，许多重大事件发生于此，如安史之乱期间，唐玄宗在此决策。唐朝衰落后，大明宫逐渐废弃。如今，大明宫遗址成为重要的文化遗产地，经过系统的考古发掘，为研究唐代历史、文化、建筑提供了珍贵资料。

大明宫遗址公园丹凤门

瓦当和骨签

除了宫殿官署遗址，汉长安城还出土了建筑材料、铁器、铜器、石器、瓦当、骨签和货币等有价值的文物。汉长安城出土的瓦当制作工艺非常精细，线条流畅，造型生动，这些瓦当不仅用泥土制作，有的还使用了釉料，使得瓦当更加美观耐用。遗址中出土的瓦当图案多样，主要包括文字、动物、植物和几何图形等，前两个居多。文字瓦当上刻有文字，如“汉并天下”“长乐未央”等，表达了对汉朝统一和社会稳定的祝愿。动物图案瓦当包括四神瓦当（青龙、白虎、朱雀、玄武），代表了方位和宇宙观念，以及其他动物如凤凰、鹿等。植物图案瓦当中常见的有莲花、菊花等，反映了汉代人对自然的崇尚。几何图案瓦当以几何图形为主要设计元素，如云纹、波浪纹等。有些特殊用途瓦当是专为特定建筑或场合设计的，如宫殿、寺庙等。这些瓦当不仅是汉代建筑的重要组成部分，也是研究汉代社会文化、宗教信仰和艺术风格的重要实物资料。

汉长安城出土的骨签的内容涵盖了从西汉初年到西汉末年的广泛时期，但以西汉中后期为最多。它们主要记录了设在地方的中央工官向皇室和中央上缴的各种产品的信

汉“长乐未央”瓦当

汉“汉并天下”瓦当

汉四神瓦当（青龙、白虎、朱雀、玄武）

息，包括物品代号、编号、数量、名称、规格等。这些骨签对于研究汉代乃至中国古代的手工业、工官制度以及兵器、兵备工业等领域具有重要的文献价值和学术意义。

汉长安城遗址是迄今为止中国古代使用时间最长、定都朝代最多的都城，它规模宏大、布局规整、功能完善，达到了古代城市规划、建设的新高度。1961 年，汉长安城遗址成为第一批全国重点文物保护单位，2014 年，汉长安城未央宫遗址又作为“丝绸之路：长安 — 天山廊道的路网”的起点被列入《世界遗产名录》，进一步证明了其在世界文化遗产中的重要地位。

“甲八百”骨签

“射三百七十六步”骨签

“力六石三斤”骨签

“四年河南工官令谢丞定钟作府距工乐造”骨签

延展阅读 何家村唐代窖藏

1970年10月5日，在陕西西安南郊何家村（原唐长安城兴华坊）的一个基建工地上，施工的工人挖出了一个陶瓮，里面装有大量金银器。随后，在附近又发现了另一个类似的陶瓮和一件银罐，内装有金银器和玉器。这批文物几乎全部是珍品，从其装入陶瓮、埋入地下的形式看，这批文物应该属于突发事件下的埋藏。关于这批文物的埋藏者有多种推测，包括郭沫若在内的部分学者认为是天宝十五年（756年）安禄山之乱时邠王李守礼后人所埋藏，而陕西历史博物馆和北京大学的学者则认为可能是唐代尚书租庸使刘震，在唐德宗建中四年（783年）的泾原兵变时埋藏。

何家村窖藏的制作工艺代表了唐代的最高水平，金银器的数量和价值都非常高，被认为是20世纪隋唐考古重要的发现之一。这批文物包括金银器、玉器、宝石、金石饰物、金银货币、银铤、银饼和药材等，总数超过一千件。其中金银器物达到二百六十五件，是唐代金银器的一次空前大发现。其中一些重点藏品包括鎏金鹦鹉纹提梁银罐、鎏金舞马衔杯纹银壶、鸳鸯莲瓣纹金碗、镶金兽首玛瑙杯等。这些金银器使我们对唐代的金属冶炼、机械设计及加工、焊接、贵金属制作等都有了直观、深入的认识。

鎏金鹦鹉纹提梁银罐

唐代，储存药物

高24.2厘米、口径12.4厘米、底径14.3厘米，重1 879克

现藏于陕西历史博物馆

鎏金舞马衔杯纹银壶

唐代，酒器
通高 14.8 厘米、口径 2.3 厘米，
重 549 克
现藏于陕西历史博物馆

鸳鸯莲瓣纹金碗

唐代，酒器
共出土两件：一件高 5.5 厘米、口径 13.7 厘米、足径 6.8 厘米，重 392 克；
另一件高 5.6 厘米、口径 13.5 厘米、足径 6.8 厘米，重 391 克
现藏于陕西历史博物馆

镶金兽首玛瑙杯

唐代，酒器
高 6.5 厘米、长 15.6 厘米、口径 5.6 厘米
现藏于陕西历史博物馆

马王堆汉墓

• 世界十大古墓稀世珍宝之一

地址：湖南省长沙市东郊马王堆

年代：秦汉时期

发掘时间：1972 年

主要出土文物：T 形帛画、素纱禅衣、朱地彩绘棺、黑地彩绘棺、马王堆（辛追夫人）女尸，以及饮食用具等

“火洞子”的秘密

湖南省长沙市东郊，距离市区 4 000 米的地方，有两座小土丘，远远望去就像马的鞍具，当地人称为“马鞍堆”。后来，当地又流传着另一种说法，说这里是五代十国时期南楚的开国君王马殷和他儿子马希范的墓地，所以“马鞍堆”又被传为“马王堆”。

据说，以前有个叫谢晓初的“土夫子”尝试盗过马王堆，但在盗墓当天，突然天降惊雷，瞬间就把边上的几棵大树劈断了。谢晓初觉得这是老天爷给的警告，于是匆匆将盗洞回填，灰溜溜地跑回家，并在圈内散布消息说，这墓千万挖不得，不然会遭报应。

1971 年，长沙市政府决定在马王堆挖一个大型防空洞，当时选择了两个位置，分别从不同的方向开挖。洞挖到地下 10 余米的时候，施工人员发现此时挖出来的土，赭红中夹带着一些白点，而且越往里挖土质越硬。

湖南博物院等比例复原的马王堆汉墓

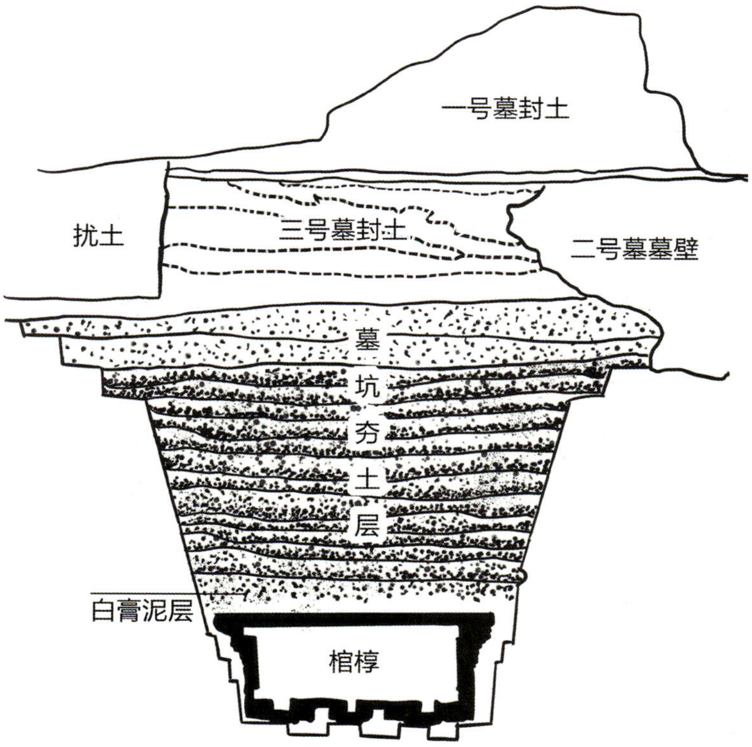

墓葬剖面图

好不容易挖穿了这一层土，等待他们的又是一层像糯米糍粑一样软的白膏泥。他们用钢钎去探查，立刻从钢钎穿透的小洞里喷出一股气流。大家以为地里面是空的，就用水去浇灌，谁知气体冲劲很足，水立刻被冲走；抽烟的人好奇地用火去点，竟然燃起蓝色的火苗。

这一系列匪夷所思的现象让施工人员们大为惊奇、不明所以，于是立刻将情况通报给了军区后勤部，接着又报告给湖南省委。电话在长沙城里辗转了3天，最后终于传到了湖南省博物馆。专家们根据报告中对当时情况的描述，初步判定，这应该是一个“火洞子”。据说，1949年前在长沙地区曾发现过七八个“火洞子”。而且，一般发现“火洞子”就暗示着这个墓葬大概率保存完整。因为只有未被盗掘的墓葬，墓中的沼气才不会泄漏。不过1949年后，虽然在长沙发掘的墓葬数量众多，但就是没有一座“火洞子”。所以这次马王堆的发现，无论从哪个角度来说，都是一件令人兴奋和期待的事情。

延展阅读　什么是“火洞子”？

“火洞子”是盗墓贼对其中一类墓的称呼。长沙一带的古墓，喜欢用防渗性好、密封性强的封土。随着时间的流逝，如果古墓没有被破坏，整个墓穴就处在相对缺氧的环境中，里面的随葬品，比如衣服、食品等有机物，会慢慢分解，从而产生一种可燃性的气体——沼气。当墓被打开后，沼气一遇到火种，立刻就会燃烧。所以，这种墓被形象地称为“火洞子”。

发掘现场吊起巨椁的场景

墓坑挖掘现场

挖掘 1 号墓

考古人员到现场勘探之后，根据土质和地表凸起的情况断定，这很有可能是两座规模很大的汉墓，于是当机立断，开展了抢救性发掘。专家们把已经暴露的这一座墓葬命名为 1 号墓，另一座墓葬称为 2 号墓。

1972 年年初，1 号墓正式发掘。由于 1 号墓仅封土就有 1 000 多土方，光靠现场的人力来搬掉，得花上两三个月时间，为了加快进度，考古队决定请人用推土机把土推掉。很快，墓

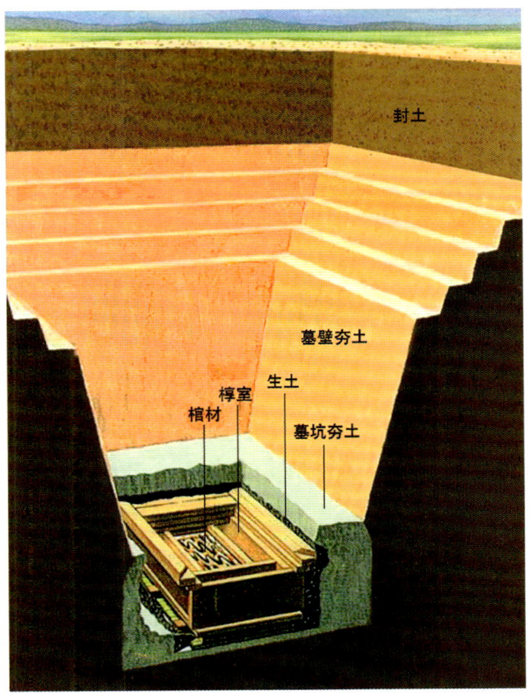

1 号墓内部形状与棺椁情形

开棺时，考古人员围得水泄不通

口就露了出来，南北长 19.5 米、东西宽 17.8 米，可见这座墓规模宏大。发掘工作开始没多久，考古队员们就发现了很多个盗洞。不过庆幸的是，这些盗墓贼在挖到一半的时候都没有继续往下挖了（这大概就是前文提到的盗洞）。

白膏泥

再往下，是一层层结实的五花土。五花土层每隔 40 厘米左右就夯打一次，非常紧密结实，直径 6 厘米的圆形夯窝重重叠叠，密密麻麻，清晰可见，加起来的夯土层竟有三十多层。夯土层挖走之后，露出了白膏泥。白膏泥学名叫微晶高岭土，颜色白中带青，像糯米糍粑一样，又软又黏。有经验的老考古人都说，凡是用白膏泥填塞而没有被盗的古墓，墓里的东西就保存得特别好。清理完白膏泥后，接下来是一片巨大的木炭层。这些木炭足有 1 万多斤，将最核心的棺椁区域团团包围。古人为什么要在墓葬中放置木炭呢？因为木炭具有良好的吸水和防潮性能，放置在墓室周围，可以保护棺椁不受地下水的侵蚀。

发现四层椁室和古尸

发掘工作继续进行，考古人员终于见到了墓坑底部的椁室。椁室里外一共四层。最外面是庄重的没有装饰的黑漆素棺。第二层是黑地彩绘棺，该棺内髹朱漆，外黑漆为地，用朱、白、黑、黄、绿等颜色绘出流动奔放的云气，云气间有一百多个形态各异的动物和神怪穿插其间，组成了五十七幅内容不同的画面，构成了一个奇幻的世界。套棺的第三层是朱地彩绘棺，该棺通体内外朱漆，外表的朱漆上，又用青绿、粉褐、

1号墓出土的巨椁

用丝带衣物捆束包裹的尸体

藕褐、赤褐、黄白等明亮的色调，彩绘龙、虎、朱雀、鹿和仙人等“祥瑞”图像；第四层内棺棺身涂满黑漆，外面用帛和绣锦装饰。

这个体量的椁室，在中国考古史上已经十分罕见。在场的所有人都明白，墓主人就在这椁室之中，但谁都无法确定墓主人的保存状况如何。为了稳妥起见，大家先将棺材内的随葬品都一一取出，然后小心翼翼地揭开每一层棺材盖板。当第四层棺材盖板被打开之后，眼前

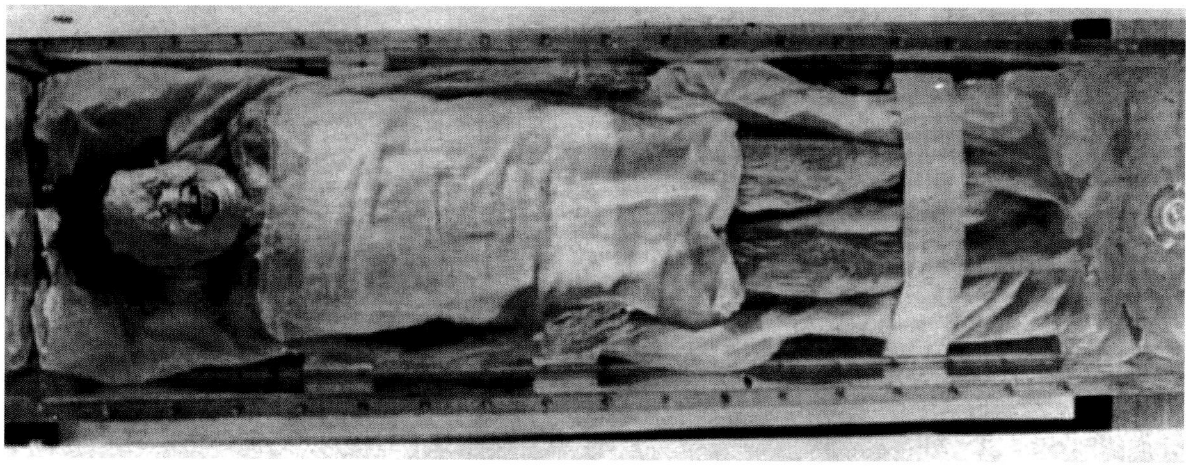

马王堆女尸

西汉干尸
身高 154.5 厘米，体重 34 千克，推测其去世时 50 岁
现藏于湖南博物院

四层棺椁的俯拍图

的景象惊呆了众人。

只见墓主人安静地浸泡在无色透明的棺液之中，身上盖着两件丝锦袍，穿着麻布单衣和丝锦袍，脸上还盖着酱色的锦帕；双手双脚被丝带系了起来，同时，全身被十八层丝、麻衣衾严严实实地包裹着。当墓主人的面容缓缓露出时，在场的所有人都惊得目瞪口呆：她是一位女性，看上去已经不年轻，但皮肤仍旧是淡黄色的，按下去甚至还有弹性；部分关节还能够活动，简直不像一具古尸。很难想象，一具在地下埋藏千年的古尸，竟然可以保存得如此完好，仿佛时间在这个空间内静止了，所有的等待只为了这一场古今的对话。

黑地彩绘棺

西汉，棺椁
长 256 厘米、宽 118 厘米、通高 114 厘米
现藏于湖南博物院

四层套棺，从左至右依次为：第一层黑漆素棺；第二层黑地彩绘棺；第三层朱地彩绘棺；第四层内棺

朱地彩绘棺

西汉，榨梓
长 230 厘米、宽 92 厘米，
通高 89 厘米
现藏于湖南博物院

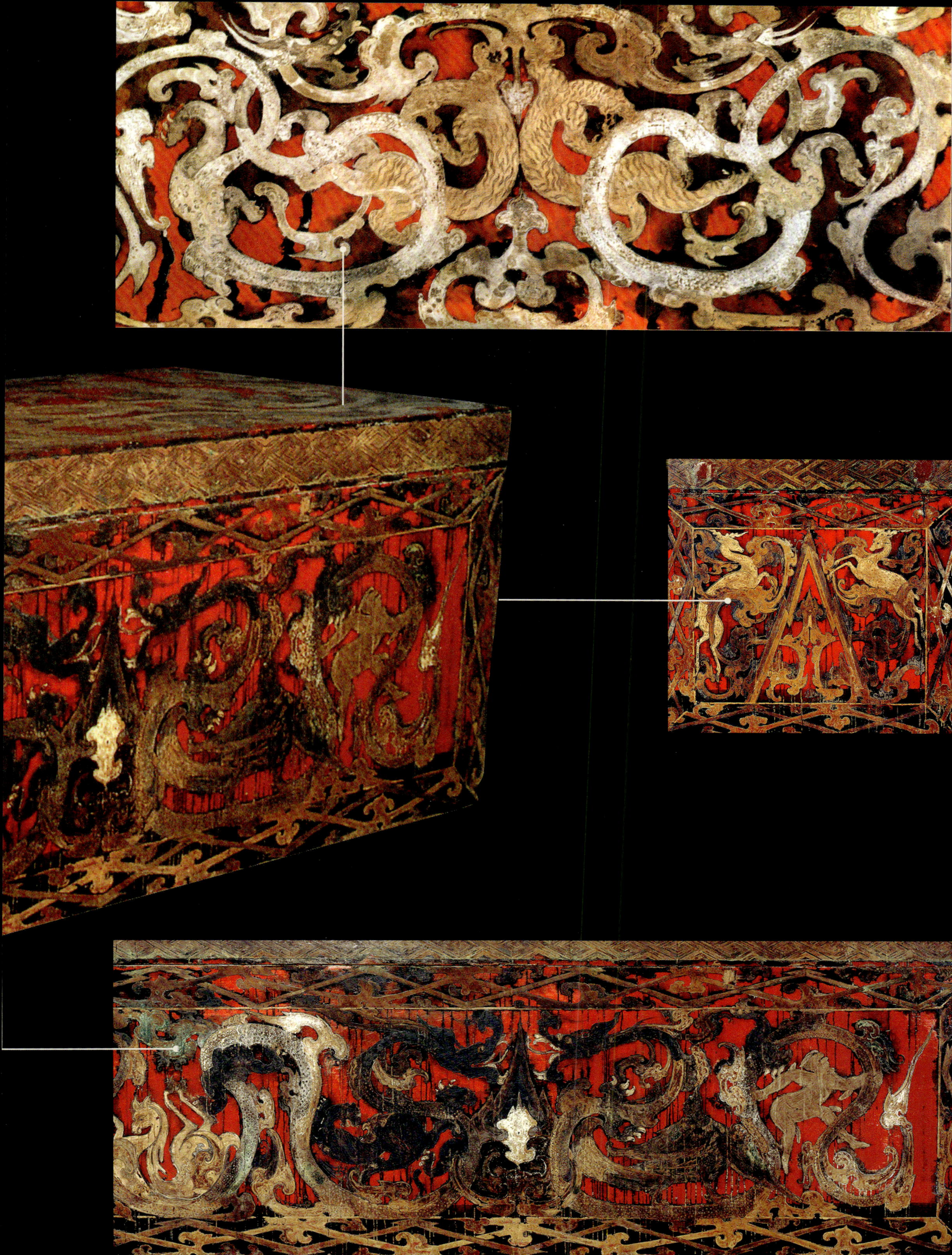

黑地彩绘棺上图案及细节

陶“半两”

女尸是何身份?

考古学家初步判断，这是一座西汉早期的墓。从墓葬形制和做法来看，这座墓为长方形竖穴墓室，带斜坡墓道，而且木椁周围先填木炭，再填白膏泥，最后用五花土夯筑，这种做法具有典型的西汉墓的特点。墓中出土的陶器、漆器造型，也都和已发现的西汉墓中同类器物相同。更为重要的是，墓中发现了陶“半两”和陶“郢称”，却偏偏不见“五铢钱”。在中国货币史上，五铢钱始于汉武帝元狩五年（公元前 118 年），而在汉武帝之前的汉初时期，墓葬里多有陶“郢称”和陶“半两”。所以基本上可以确定，1 号墓的年代在汉武帝之前。

与此同时，考古学家们在墓葬中发现了一个奁盒，里面藏了一枚角质印章，上面写了“妾辛追”

陶“郢称”

三个字。这就直接证明了墓中的女尸就是这个叫“辛追”的贵妇人。但是专家们翻遍史书，也没有发现“辛追”的任何记载。她是谁？她的墓葬规格为何有如此高的等级？

“妾辛追”印

“利仓”玉印

“长沙丞相”铜印

谜底的解开，还要等到2号墓的发掘。遗憾的是，2号墓不像1号墓那样保存完整，它的整个墓室是塌的，里面充满了淤泥和积水。考古工作人员小心翼翼地对墓室内的淤泥进行了筛选和清理，希望能找到一些有价值的信息。最终，在淤泥中意外地发现了三枚印章，上面分别刻着“长沙丞相”“轪侯之印”“利仓”字样。翻阅《史记》和《汉书》等史料我们发现，利仓是西汉长沙王丞相，早年随汉高祖刘邦征战天下，后来被封为轪侯。《史记·惠景间侯者年表》中记载：“轪国，汉惠帝二年四月庚子封长沙相利仓为侯，七百户。”而辛追，就是轪侯利仓的妻子。马王堆女尸的身份之谜，终于得以揭开。

T形帛画

在马王堆汉墓中，还发现了两幅异常精美的T形帛画，分别出土于1号墓和3号墓，其中1号墓的T形帛画，平铺在内棺的盖板上，刚一出土，就扬名世界，被列为全世界极为珍贵的艺术品之一。

这幅帛画可以说是汉代绘画艺术的代表，主要内容可以分为三部分。

一、画面最上端为天界部分。正中间为一个人首蛇身的天帝，多数学者认为这位天帝便是女娲。女娲的右边是一轮红日，日中有一金乌，盘曲的扶桑树托举着红日，树的四周还有八个小太阳。女娲的左边，是一弯新月，月上有蟾蜍和玉兔，月下画着奔月的嫦娥（也有学者认为是一赤脚大仙形象的男性仙人托举

马王堆1号墓T形帛画出土情况

1号墓T形帛画

西汉，招魂幡
长205厘米、上宽92厘米、
下宽47.7厘米
现藏于湖南博物院

1号墓T形帛画线稿图

3号墓T形帛画线稿图

着月亮）。除此之外，天界中还充斥着各种各样的祥瑞神兽，如女娲两边站着五只仰首而鸣的仙鹤，日、月下方各有一只飞龙在遨游，还有两只怪兽骑马拉绳振钟等。

天上与人间的分界线是一对双阙，即所谓的天门。阙上伏着虎豹，双阙之间还有两人倚阙对坐。曹植《仙人篇》中说："阊阖正嵯峨，双阙万丈余，玉树扶道生，白虎夹门枢"，阊阖就是天门，诗中描绘的天门形象与帛画中的类似。

二、天门之下就是人间的场景了。人间场景又可以分为祭祀和出行升天两个部分。祭祀是在一个挂有悬磬等乐器的祠堂中举行，案上摆着祭祀用的礼器，有鼎、壶、

3号墓T形帛画

西汉，招魂幡

长234.6厘米、上宽141.6厘米、

下宽50厘米

现藏于湖南博物院

延展阅读 招魂复魄

在汉代丧葬礼仪中，有所谓的"招魂复魄"做法。招魂，即制作招魂幡（古人称作铭旌），让游魂识别幡上的墓主人形象，自己归来。复魄，是在出殡前将灵柩在家停放数日，让魄附体。出殡的时候，将招魂幡举在柩前，一路引导到葬地，经过祭祀告别仪式，放在棺上。如果有多层棺椁，招魂幡会放在最里面一层棺上，并随葬。这样，魂归幡，魄归棺，同入墓内。T形帛画就是招魂幡的一种。类似的招魂幡，长沙子弹库楚墓也曾出土过"人物御龙"帛画，但那个画幅较小，画面只有墓主人御龙向西方升天。到了马王堆汉墓，招魂幡则表现出了三界，更为系统和复杂，表明了古人宗教信仰的不断演进。

"人物御龙"帛画

战国中晚期，招魂幡
长37.5厘米、宽28厘米
1973年于湖南省长沙市子弹库1号墓出土
现藏于湖南博物院

勺等。案前六人分左右两排拱立。后方还有一个非常显眼的穿着白袍的人，大概是主持祭祀的祝官。祠堂的屋顶上，左右各有一个人头鸟身的羽人，这大概是引导墓主人灵魂飞升的仙人。在一个双龙穿璧的场景之后，往上就来到了墓主人灵魂飞升的部分。玉璧之上，左右各有一神豹拱卫着升天之路。之后这条道路连接升天踏板，踏板上则是盛装打扮的墓主人。她后面跟着一群侍女，前面是两位举案跪迎的方士。墓主人的形象，被刻画得非常生动形象。画面中的她向前微伸，背微驼着，还拄着拐杖，明显就是一个中年老妇的形象，而这与一号墓主人辛追的形象也是相符的。

三、这幅帛画最底部的地下场景描绘的应该是一片水域，象征着黄泉地府。中间有一赤身裸体的巨人，脚踏两只交叉直立的巨鲸或鳖鱼，双手举起一白色平台，象征着大地。整个地下场景给人一种阴沉昏暗的感觉。

背景知识 素纱襌衣被盗

1983年，湖南省博物馆（2022年更名为湖南博物院）曾发生一件震惊全国的盗窃案。犯罪分子盗窃了马王堆汉墓展厅内的三十一件文物，其中就包括了一件直裾素纱襌衣。幸运的是，文物后来被成功追回，直裾素纱襌衣没有被毁坏，保存情况比较好，修复后重新展出。另一件曲裾素纱襌衣，因为当年出土时略有残破，因此一直被收于库房精心保管。

素纱禅衣

1 号墓椁室西边箱出土了一件竹箱，里面随葬了轪侯夫人辛追生前喜欢的一些衣服。其中两件薄如蝉翼的素纱禅衣尤为引人注目。所谓素纱，是因为布料没有上色，而禅衣则指这件衣服只有一层，没有衬里。

这两件素纱禅衣，一件为曲裾素纱禅衣，另一件为直裾素纱禅衣。曲裾是指将衣襟接长（向一边），形成三角，穿时将衣襟的三角形部分从腋下绕在身后，再用带系结。这是一种礼服，主要在朝见和礼仪场合穿。直裾则是衣襟相交至右胸后，垂直而下，直至下摆。这种直裾衣穿起来方便，是当时流行的一种便服，但不能

曲裾素纱禅衣

西汉早期，礼服
衣长 160 厘米、通袖长 195 厘米、袖口宽 27 厘米、腰宽 48 厘米，衣重 48 克
现藏于湖南博物院

在正式场合穿着。史料记载，汉武帝元朔三年（公元前126年），有一个叫田恬的侯爵，竟然穿着这种便服去见武帝，武帝见他不穿朝服、随随便便的样子，大怒，削去了他的侯爵爵位。

如此轻薄的衣服，是当之无愧的艺术品，代表了西汉当时最高水平的织造工艺。据说，有专家曾前后花了13年的时间，复原出新型的“素纱襌衣”，但重量为49.5克，分别比原版多出了1.5克和0.5克。

直裾素纱襌衣

西汉早期，便服
衣长128厘米、通袖长190厘米，
重49克
现藏于湖南博物院

马王堆出土的漆案及餐具

汉代饮食文化

“民以食为天”，无论在哪个朝代，吃饭都是一件很普通却很重要的事情。透过饮食，我们甚至可以一窥当时的社会面貌和精神内核。著名的考古学家张光直就曾经说过：“达到一个文化核心的最佳途径之一就是通过它的肚子。”马王堆汉墓出土的文物中，不仅有大量精美的食器具，从云纹漆案到彩绘漆奁，还有大量的食材实物，从各种主食到调味酱汁，甚至还有菜单这类文字资料作为佐证，可以说是对汉代饮食文化多方位的呈现。

汉代人流行的是“分餐制”。分餐制的形成与当时人们的起居方式有很大关系。那时候还没有出现桌椅等高足家具，人们是直接坐在铺在地上的席子上的。这样的起居方式，也就决定了汉代人吃饭，首先是席地而坐，面前摆一张低低的小食案，案上再放一套食具，如果是比较重的食具，就直接放在席子外面的地上。

我们在墓中发现了两条竹席、四条草席、六件匕，还发现了长条形的漆案，上面有五个小漆盘、一个漆耳

漆锺

内残存酒类沉渣，外底朱书“石”字，即为汉制 120 斤，相当于今日 13.5 千克，实测其容量为 19.5 升

“君幸酒”彩绘云纹漆耳杯

“轪侯家”彩绘云纹漆具杯盒（收纳耳杯的盒子，内装九件小耳杯）

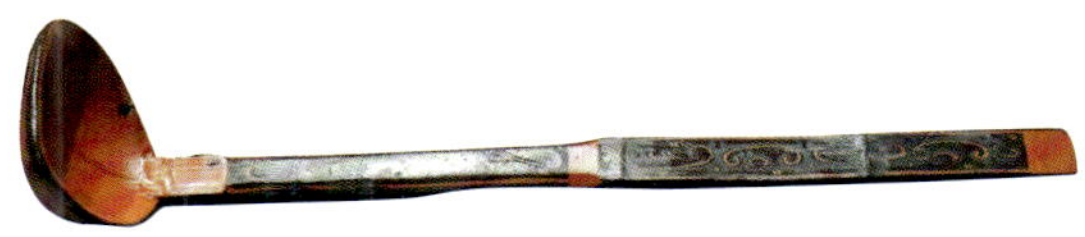

彩绘云纹漆匕

杯，两个漆卮，漆盘上还放着一双箸，箸（筷子）和匕（餐匙）一般是作为进食餐具配合使用的。这很可能就是当时贵族用餐的标准配备。

如果我们来细细分析这些餐具，就会发现汉代人饮食的更多细节。比如说，卮是用来盛酒的杯子，为圆筒形，边上有一个把手，跟现在的马克杯有点类似。耳杯则是用来饮酒的器皿，一般上面会写“君幸酒”三个字，代表着“请君饮酒”的意思。这两个器物配合，大致可以反映当时饮酒之风的盛行。《汉书·食货志》中提到：“百礼之会，非酒不行。”“酒食之会，所以行乐也。”无论是日常宴饮还是婚丧嫁娶，都离不开酒，酒的需求量可以说是非常大了。除了漆卮、漆耳杯这些饮酒器具，马王堆汉墓中还出土了许多盛酒的大型器具，比如漆锺两件、漆钫四件，它们的底部分别书写了“石”“四斗”等计量单位，而且器身内尚存酒类沉渣。根据研究，仅仅这六件酒具的容量就达到了 70 多升，可见当时酒的需求量是多么旺盛。

延展阅读　汉代的羹

在汉代，油炒的方式并没有推行开来，人们烹饪常用的是将肉物菜料一锅煮的方法，这也就出现了“羹”这样的食物。从马王堆墓出土的遣策（记录随葬物品的清单）中，我们发现羹的用途和种类非常之广。所以但凡记录在册的，我们都有理由相信这些食物是当时常见的，并且是墓主人喜爱的，不然不可能成为随葬品。在遣策中，常见的羹就有夸羹、白羹、巾羹、逢羹和苦羹五大类，而这五大类，又可以细分成很多种，比如巾羹是指加了芹菜的肉汤，遣策中列有雁巾羹、鲫肉藕巾羹等，这也从侧面反映了汉人对羹的喜爱程度。

南越王墓

· 震撼岭南的考古大发现

地址：广东省广州市越秀区象岗山

年代：秦汉时期

发掘时间：1983 年

主要出土文物：“文帝行玺”龙钮金印、“右夫人玺”和“泰子”金印、透雕龙凤纹重环玉佩、丝缕玉衣、犀角形玉杯、鎏金铜框玉卮和玉盖杯、承盘高足玉杯、玉盒、玉舞人等玉器，以及错金铭文铜虎节等

广州市区北部有座名叫象岗的小山，相传因形似大象而得名。象岗山原是越秀山最西边的小山岗，明初时因修建广州城北大门，于是开凿象岗山，山梁被削平了，成为广州北城门的出入大道。从此，象岗与越秀山断开，成了一座孤山。清顺治年间，又在象岗山顶修筑了拱极炮台，此后这里一直被划为军事禁区，直到 20 世纪 70 年代解禁。

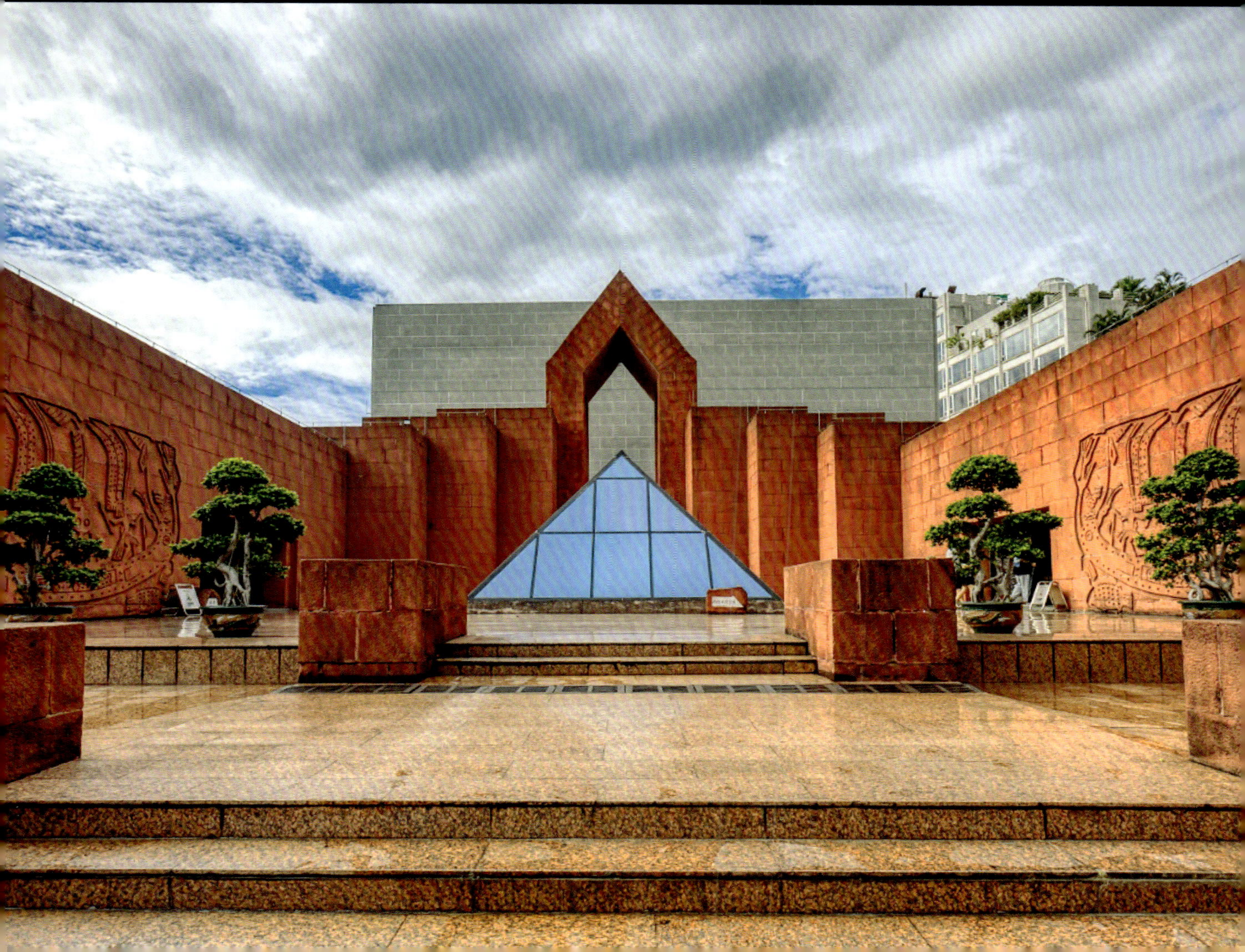

20 世纪 80 年代初，广东省政府基建部门选中象岗山顶修建宿舍楼，花了将近 3 年的时间，将岗顶削低 17 米，平整出一块大约 5 000 平方米的地皮。1983 年 6 月 9 日，工人开挖墙基，发现地面露出大块大块整齐排列的砂岩石板。工人们感到好奇，瞧见石板间有缝隙，于是往地下瞄了瞄，下面似乎是一座墓葬！

一通电话立刻打到了广州市文管会。两位考古队员迅即赶到工地，他们勘查了地面情况，又派了一位叫黄淼章的同志从石板的缝隙钻入地下一探究竟。黄淼章又高又瘦，他腰间系了一根绳子，顺着长竹竿就进了墓室。只见整个墓室由石块堆砌而成，分成了好几个狭小的房间，每个房间依次叠放着各种铜器、陶器、玉器。而在他所站的那间石室，墙上和顶板上还绘满了卷云纹图案。更为重要的是，从墓葬的保存情况来看，这座墓还从未被盗过！

石板与周边土层裂缝

消息一出，大家欢呼雀跃。从墓中陶器和铜器的风格来看，应该是属于西汉早期的东西。由此可知，墓的年代差不多也在西汉早期，而这个时期的广州地区属于南越国的管辖范围。专家们判断，这很有可能是一座南越国国王级别的超级大墓。

南越王墓墓室布局复原场景

前室四壁和顶上均绘有朱、墨两色云缎图案

考古人员在墓道尽头外椁室工作中

发掘现场

1983年8月25日，发掘工作正式开始。发掘队决定先从墓道开始挖起。起重机将填在墓道的大石头吊走后，发掘人员沿着墓道中轴线，将整个墓道分为东西两半，先挖去墓道西边1/2的泥土，把结构弄清楚后，再挖东边的另一半。

结果表明，这是一条斜坡形的墓道，在靠近墓室门口的地方，斜坡转为平地。在这里，考古人员发现了两个殉人和一些大陶瓮，这是在广州汉墓中第一次发现殉人，进一步表明墓主人的身份等级不低。

接下来是一道石门，两扇石门板的上轴被回填入墓道的乱石挤压而断裂了，向里倾斜，发掘人员只需稍微侧身就能从半开的门缝中进入墓室内。这个位置叫作前室，是墓主人生前的“朝堂”。发掘人员进入前室后，立刻被眼前满屋子的彩绘惊呆了，墙上、天花板上绘满了红黑两色的卷云纹，颜色十分鲜艳，仿佛绘制没多久。

这座大墓一开始就给了大家巨大的惊喜，但大家都明白，这只是“开胃小菜”，更精彩的还在后面。

墓葬形制

整个墓葬分前室、东耳室、西耳室、主棺室、东侧室、西侧室、后藏室七个空间。

前室——上文中提到的墓主人的“朝堂”，这里发现了一名殉人。

东耳室——室内排列三套青铜编钟，两套石编磬及琴、瑟和六博棋等，还有大型的壶、钫、提筒等青铜酒器，这里应该是墓主人存放礼乐宴饮用器的场所，深刻反映了墓主人生前过的是钟鸣鼎食的奢侈生活。在东耳室中部靠南边还发现了一个20～35岁的男性殉人，专家们推测这可能是一位乐师。

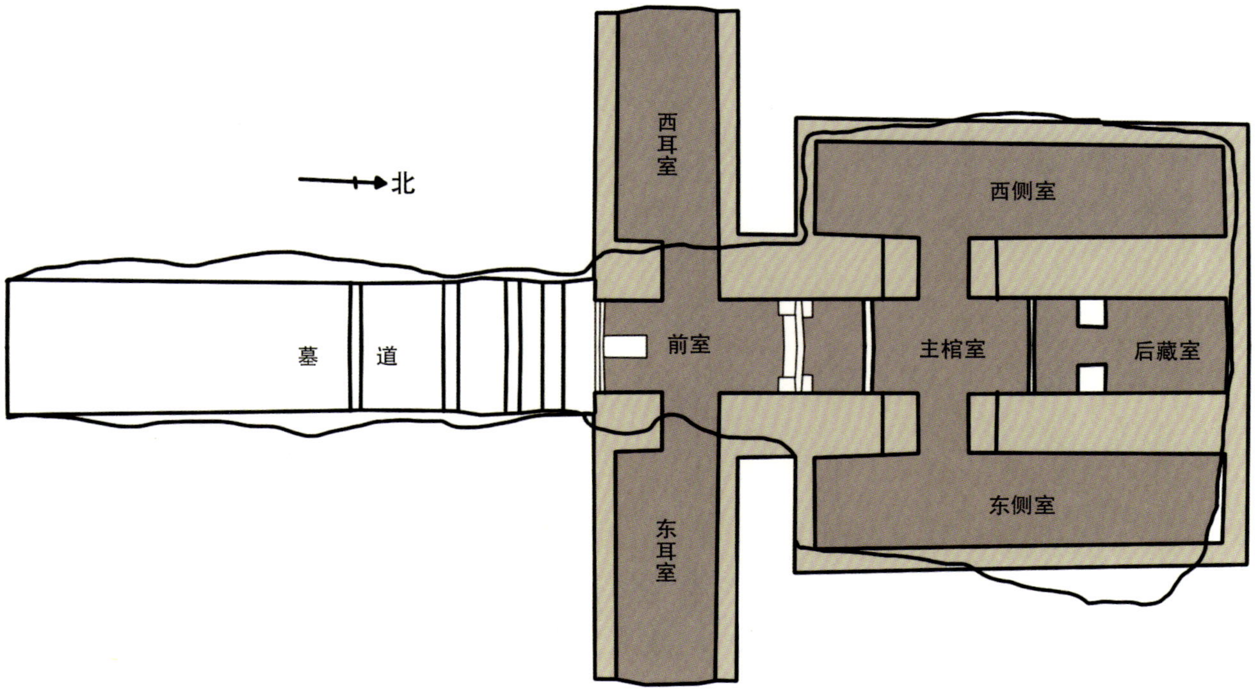

南越王墓布局

西耳室——这是墓主人存放御用器物的场所。从随葬品种类上看，西耳室应是墓主人的“珍玩库”，礼器、兵器、车马器、金银饰品乃至药物、玉石、丝麻织物，应有尽有。

主棺室——前室往北，过了第二道石门就是墓葬最核心的位置，这里面积不到9平方米，中间放置着墓主人的一棺一椁，已经全部腐朽，只留下一些板灰和棺椁的残漆皮。墓主人的遗骸早已腐朽殆尽，只剩下一小片颅顶骨和下颚骨的一

墓室结构剖面图

部分。墓主人所穿的玉衣虽然也已经散乱，但整体轮廓仍然清晰可辨，后来专家们成功将它复原，这是迄今发现的第一套形制完备的丝缕玉衣，为研究汉代的玉衣制度提供了新的资料。

东耳室摆放的编钟与石磬

除此之外，发掘人员还在墓主人身旁发现了九枚印玺，分别为“文帝行玺”龙钮金印、“泰子”金印和玉印、“帝印”玉印、“赵眛”玉印等。这些印玺，为之后确认墓主人身份提供了至关重要的线索。靠东侧石墙处有一座折叠式漆木大屏风，靠西侧室处则堆放着成捆成束的铜铁兵器，似乎是在尽心尽责守卫着墓主人。

西耳室

东侧室——这里埋葬的是墓主人的四位夫人的棺椁，棺椁早已腐朽。考古人员从棺木位置清理出了“右夫人玺”龟钮金印和“左夫人印”“泰夫人印”“夫人印”三枚鎏金龟钮铜印。

西侧室——室内埋有的七名殉人，均无棺椁，身边只有少量器物陪葬，等级明显较低。西侧室北段还有成堆牛、羊、猪骨，陶罐中发现了“厨丞之印”封泥，推断这些殉人为墓主人的庖厨奴役。

后藏室

后藏室——主棺室的北部有一个只有3.6平方米的墓主人厨房，里面堆放了一百多件大型的铜铁炊器和容器，容器内残存有果品、鱼、禾花雀的残骨和海产贝壳等物品。这里还发现了十三枚“泰官”封泥，说明随葬的炊煮器具、容器以及食物都是由泰官署缄封的。

整个墓葬的形制，是按照现实生活中房子的功能区来划分，朝堂、寝宫、储藏室、宴会厅、厨房，一应俱全，这体现的正是汉代“事死如事生”的丧葬观念。

另外，整个墓葬极具特色的是其殉人习俗。根据统计，墓葬中共殉葬了四位妻妾和十一位仆从（前室一位，东耳室一位，西侧室七位，墓道两位）。以活人殉葬是中国古代一种很残酷野蛮的陋习，汉代时这一习俗已被法律所禁止，然而南越国因为偏安一隅，仍然沿袭了人殉之风。

墓主人身份之谜

这位身着丝缕玉衣入葬、同时有着众多人殉的墓主人，究竟是什么身份？前面我们说过，在发掘之初，专家们就推测此墓为某一任南越王的陵墓。接下来我们花一些笔墨，来聊一聊“南越国”。

赵佗是南越国的第一位君王，原为秦朝将领，趁秦末大乱时，赵佗割据岭南地区，于公元前 204 年建立了南越国，自称为“南越武王”，定都番禺，为存在 90 余年的南越国奠下基石。公元前 137 年，赵佗去世，享年 100 余岁。由于他在位时间太长，他的儿子和长孙早已先于他去世，所以就由他的次孙赵胡继承了王位，此为第二代南越王。到第五代南越王时，南越国丞相吕嘉发兵叛汉。汉武帝派路博德和杨仆二位将军统领十万水陆大军征讨南越国，历经五代 90 余年的南越国最终灭亡。

专家们判断，象岗山这座大墓的墓主人，极有可

“文帝行玺”龙钮金印

西汉，印信、符牌

印面长 3.1 厘米、宽 3 厘米，含金量 98%

现藏于广州南越王博物院

能为五代南越王中的一位。那么，究竟是谁呢？墓主人身边随葬的九枚印玺为墓主人身份的确定提供了证据。其中，最关键的是这枚“文帝行玺”金印。此金印边长3.1厘米，宽3厘米，蟠龙钮，重148.5克，含金量达98%。印面阴刻“文帝行玺”四字，书体工整，刚健有力。班固《汉书》记载，南越国国王曾效仿秦汉天子至尊制度，僭号称帝，还自铸帝玺。如第一代南越王赵佗自称“武帝”。第三代南越王赵婴齐即位后，他慑于汉朝国威，率先废除了帝号，并把先祖自铸自用的帝玺全都藏了起来。由此可知，能够自称“帝”的南越王，只有第一代赵佗和第二代赵胡。既然史书明确记载赵佗自称“武帝”，那么“文帝”就只能是赵胡了。

说到这里，墓主人的身份似乎呼之欲出。但仍有一个问题未解决，在墓主人身上，还发现一枚“赵眜”玉印。除此之外，在西耳室还发现了两块“眜”字封泥，其中一块钤两个“眜”字，另一块钤四个“眜”字，印文清晰。由此可知“赵眜”应该是墓主人的名字。然而前面我们已经说过，能够称“文帝”的南越王只能是赵胡，而且翻遍史书，在南越国历史上，压根不存在“赵眜”这个人。为何会产生这一矛盾？一种比较说得通的解释是，这是一人二名，胡是汉语名，眜是越语名，与战国时的吴公子光又叫阖闾，是同样的道理。

“赵眜”覆斗钮玉印

背景知识　龟钮金币

南越王墓中除了“文帝行玺”金印，还出土了另外两枚龟钮金印，分别为“泰子”（即太子）金印和“右夫人玺”金印。在古代文化中，龟象征着对帝王的归顺和尊敬。“泰子”金印是首次被发现，在传世印玺中未曾见过。一般帝后的印才称为“玺”，足见右夫人地位尊崇，应是诸妃之首。在历史上，虽然发现了许多印章，但其中大多是铜质、玉质或水晶质的，金印相对较少。现存世的金印数量极为稀少，仅有十二枚，其中东汉时期的金印有八枚，西汉时期的四枚中，南越国就占据了三枚。

“右夫人玺”金印

西汉，印信、符牌
边长2.15厘米
现藏于广州南越王博物院

“泰子”金印

西汉，印信、符牌
长2.6厘米、宽2.4厘米
现藏于广州南越王博物院

玉器之宝

南越王墓可以称得上是我国近百年来最重要的考古发现之一，出土了二百四十余件玉器，包括作为葬玉用的“丝缕玉衣”。这套南越王丝缕玉衣，每枚玉片四角打磨四孔，通身用朱红色丝带穿连而成，走线规整，图案精致。玉衣共由十部分组成：头部、上衣、左右袖筒、左右裤筒、手套和鞋。总长度173厘米，使用了近两千三百块玉片来装饰。各部分所用玉片数量巨大，其中头部二百六十余枚，上衣五百三十余枚，左右袖筒各约二百一十枚，左裤筒二百六十六枚，右裤筒三百八十八枚，左右手分别用了一百一十三枚和一百二十一枚，左右鞋分别是一百零八枚和一百零九枚。

除了丝缕玉衣，出土的还有一枚透雕龙凤纹重环玉佩，这件玉佩双面透雕的二龙二兽，龙凤相对，寓意吉祥。此玉造型优美，堪称“中国玉璧之最”，它的器形图案被选为广州西汉南越王博物院的馆徽。

除了以上玉器，南越王墓出土的作为实用器的玉容器中有五件甚为罕见，堪称国宝。

丝缕玉衣

西汉，丧葬服饰
总长173厘米，近两千三百块玉片
现藏于广州南越王博物院

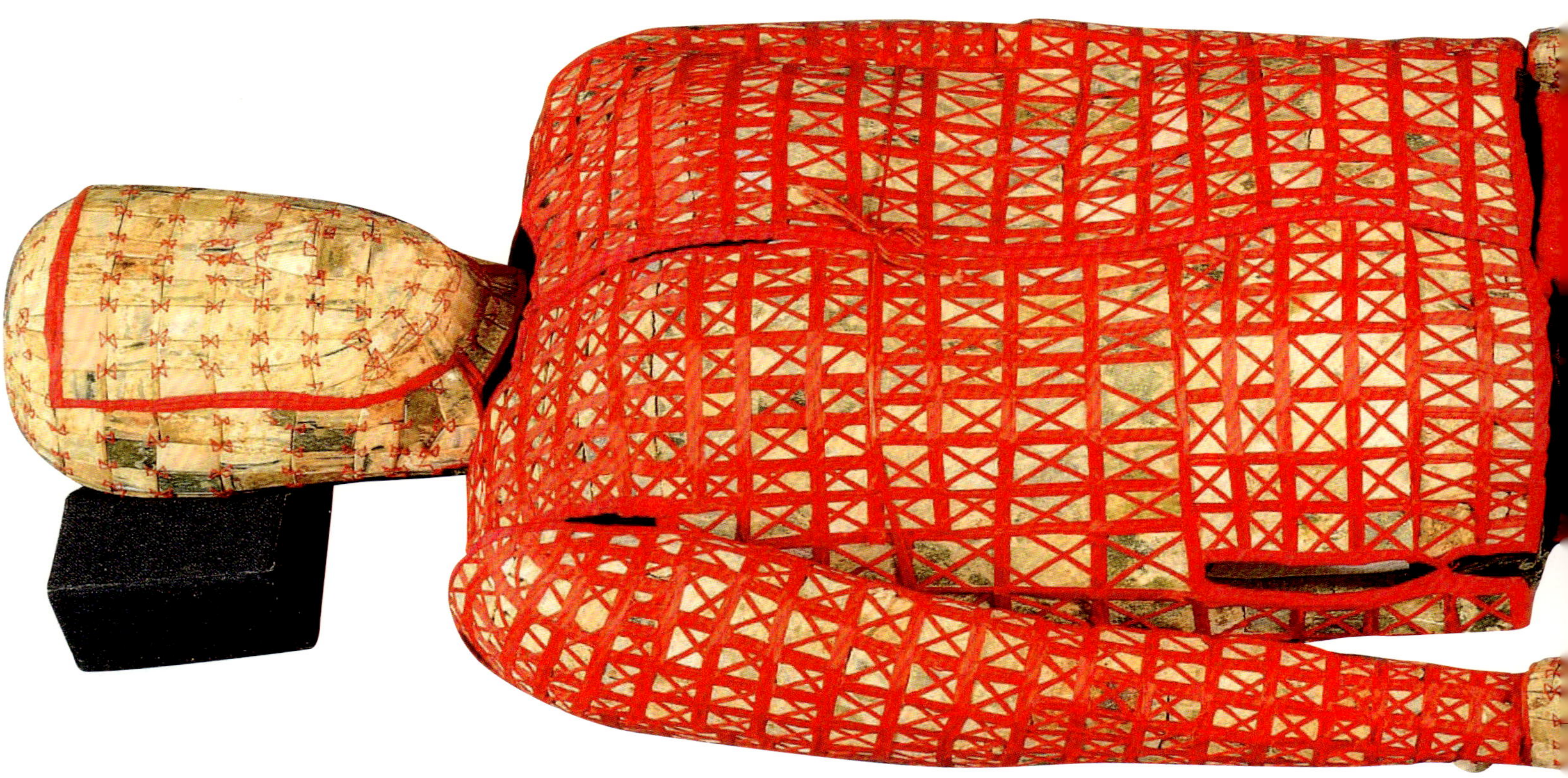

一、犀角形玉杯。出土于主棺室墓主人棺椁的头箱内，由一块青白色硬玉雕成。角杯外壁运用圆雕镂空、高浮雕、浅浮雕、线雕四种技法雕出了四层纹饰。杯底的端部反折向上回转，镂空成离地的云纹，环绕杯身的下部，云纹上施刻束丝纹；接着由高浮雕修琢宽体的卷云纹。杯口沿下方浅浮雕一只夔龙，尖嘴、竖耳，额上的独角像云朵一样飘出。

透雕龙凤纹重环玉佩

西汉，配饰

直径 10.6 厘米、厚 0.5 厘米

现藏于广州南越王博物院

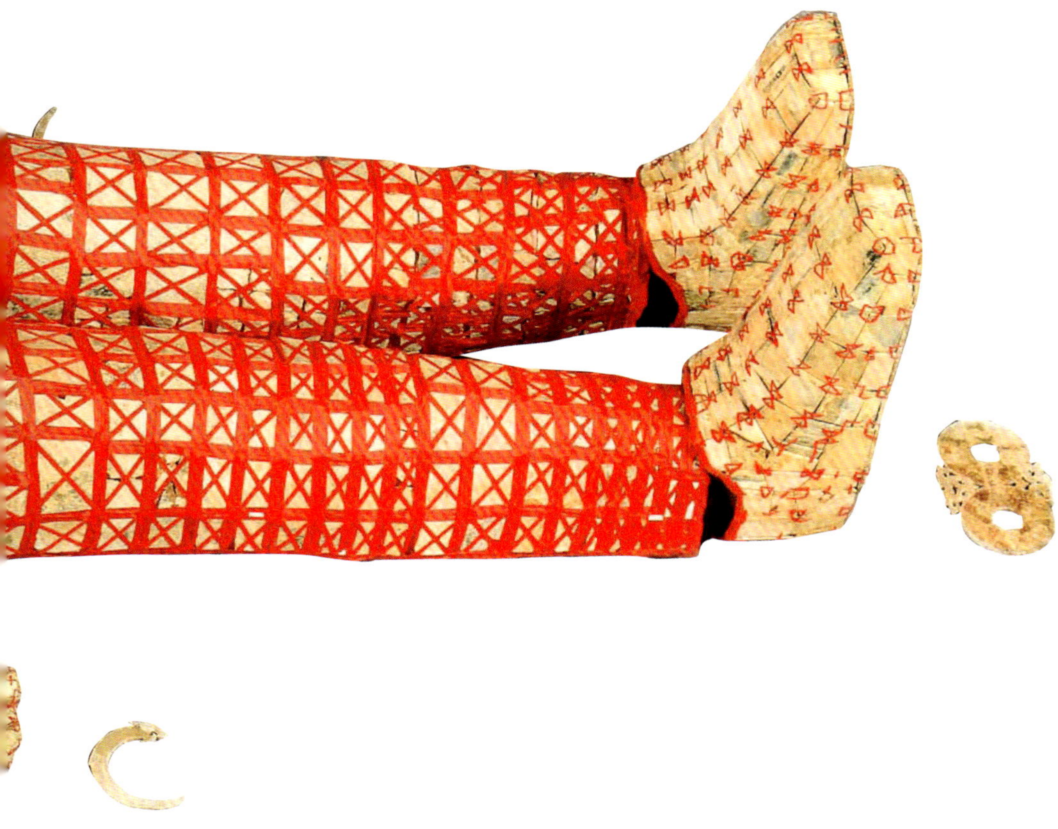

在古代西方，类似形状的角形杯非常流行，被称为“来通杯”（rhyton 的音译）。汉代人也认为犀牛角酒杯可以溶解毒药，保护主人的生命安全，因此流行一时。南越王墓出土的这只犀角形玉杯融合多种雕刻技法于一身，堪称汉玉之绝品。

二、承盘高足玉杯。出土于墓主棺椁头端，由青玉杯、玉杯托、铜托座、承盘、木垫五个部件组成。玉杯身、座分别由两玉琢成，各钻小孔，塞入竹丁连接杯身成圆筒形。座足饰花瓣纹，下为喇叭形。杯座之下加有一块

小木承垫。铜托座平置于铜承盘的口沿上，为一扁铜圈，镶嵌三条金首银身的龙，三龙张口各衔住杯托的一片花萼。最下为铜承盘，出土时，承盘内还存有一块已腐朽的垫木。

此器的精妙之处在于用玉、金、银、铜、木五种材质的部件组成，组合奇巧。研究者认为三龙托杯有升天的寓意，再加上墓中还出土了紫水晶、硫黄、雄黄、赭石和绿松石，通称“五色药石”，因此推测这套承盘高足玉杯有可能是墓主人生前用来承接云表之露，以服食

犀角形玉杯

西汉，酒容器

通高 18.4 厘米、口径 5.8~6.7 厘米、
厚 0.2~0.3 厘米，重 372.7 克
现藏于广州南越王博物院

承盘高足玉杯

西汉，服药器具

通高 17 厘米

现藏于广州南越王博物院

鎏金铜框玉盖杯

西汉，水酒容器

通高 16 厘米、杯高 14 厘米、口径 7.2 厘米、壁厚 0.2 厘米

现藏于广州南越王博物院

药物而求长生的特殊用器。

三、鎏金铜框玉盖杯。同样出土于墓主人棺椁的头箱内，铜铸的杯体呈八棱圆筒形，上截为八根直棱形铜框，嵌入八块长条玉片，下截嵌五块心形玉片，喇叭形座足，盖圆形隆起，铜框盖顶中嵌入一整块螺形玉。此器工艺水平高超，为之前考古所未见，是铸铜、鎏金、治玉与镶嵌工艺的完美结合。

四、鎏金铜框玉卮。在西侧室一个殉人身旁发现，全器由一个九棱筒形和鎏金雕纹铜框架镶嵌九块玉片组成。卮盖为漆木胎，现在已经脱落。卮是古代常用的酒器，通常有银、铜、漆、玉、石、陶等质地，以玉卮最为珍贵。史书记载，汉高祖九年，未央宫落成，朝廷置酒前殿，汉高祖亲执玉卮，为太上皇祝寿。玉卮的重要性可见一斑。

五、玉盒。盒盖与盒身有子母口相扣合，盖内有线刻的双凤纹饰，盖顶钮套里有可活动的玉环，玉质

玉盒

西汉，容器
通高 7.7 厘米、口径 9.8 厘米
现藏于广州南越王博物院

打开的玉盒

温润，晶莹透亮。有意思的是，玉盒的盒盖原先已经破裂，后来经过修补，可见这玉盒一定是墓主人生前的心爱之物。

这批精美的玉器精雕细琢，不惜用料，且大多数形制为首次出土，让我们见识了当时南越国高超的制作技艺，也为中国古代的玉器发展史添上了光辉的一笔。

玉舞人

西汉，配饰
高 3.5 厘米、宽 3.5 厘米，厚 1 厘米
现藏于广州南越王博物院

延展阅读　飘逸欲仙玉舞人

玉舞人配饰中的女舞者形象是为帝王贵族服务的舞蹈表演者。在古代帝王贵族的宫廷中，歌舞表演是家常侍奉的娱乐活动之一。舞者们身着长裙、修长袖，体态纤细，舞姿轻盈。这些玉舞人的形象描绘了当时社会上层阶级的饮宴、礼乐、祭祀仪式等场合中歌舞欢乐的场景。南越王墓出土的圆雕玉舞人，以一位梳螺髻、身着汉服的女舞者形象呈现，演绎着“长袖舞”的舞姿。其造型优美、工艺精湛，呈现出细腻而少见的艺术风貌。

西汉早中期玉舞人

鄂君启金节，左为舟节，右为车节（复制品）

延展阅读　何谓节？

节是古代朝廷派遣使臣所执的凭证，是古代官员出使的外交信物，可以简单理解为通行证。节还是驿传时的身份凭证，是古代驿传制度的见证。《辞源》记载："古时使臣执以示信之物"。其制以竹为柄，长八尺，以黄色旄牛尾编制的装饰物，成九折、竹形。

唯一的错金铭文铜虎节

在西耳室中部南墙根下还出土了一件铜虎节，这是迄今为止发现的唯一的错金铭文铜虎节，称得上是国之重器。从外形上看，这件铜虎节形似一只蹲踞状老虎，嘴巴大张、露齿、弓腰，尾上卷成“8”字形，姿态生动威猛。正面有错金铭文“王命车驲”四字，专家认为“命”字下的两横为重读的标记，所以铭文应是五字“王命命车阳”。铜虎节另镶有二十七片弯叶形金箔作虎斑纹，背面无文字，但上贴三十三片金箔。虎眼、虎耳均以细金片勾勒，头部金箔多达十片。

很多人粗看铜虎节，都会立马联想到“信陵君窃符救赵”的典故，并认为这件文物为虎符。但其实它并不能称为“符”。所谓符，是指用来调兵遣将的信物，多为铜制虎形，背面刻有铭文，分为两半，分别存于君王和统帅手中，调兵遣将时需要两半勘合验真，才能生效。这就是词语“符合”的来历。然而，南越文王墓出土的这件文物却是完整的一件，两面均有错金，所以应是另一种信物——节。

错金铭文铜虎节局部

铜虎节上错金铭文最后一字，据李家浩先生的考证，为“驲”字，《吕氏春秋》记载：“齐君……乘驲而自追晏子。”高诱注：“驲，传车也。”由此可知，“车驲”为驿传的一种交通工具，在这句铭文中指代乘坐驿车的官员。整句铭文可解释为：受命于王进行驿传的官员。这恰好可以与“节”作为驿传时的身份凭证这一功能对应上。

除此之外，这件铜虎节的身世也十分传奇。前面说过，错金铭文最后一字颇难释读，且不见于记载，但在包山楚墓的木简中却出现了相同的文字。另外目前所见的“节”也多出自楚地，比如大名鼎鼎的“鄂君启金节”，1957年出土于安徽寿县（楚国后期都城）。它一组五件，其中车节三件，舟节两件，可合并为一节竹子。由铭文可知，这组节为楚怀王颁发给鄂君启运输商品的免税通行证。由于“鄂君启金节”的铭文书法风格与铜虎节颇为一致，结合种种证据我们可以得出结论，此虎节应为楚地遗物。

那么，楚国的东西后来怎么到了南越国的地界呢？《史记·南越列传》记载，武王赵佗曾“攻长沙边邑”，因此此虎节极有可能是赵佗攻占楚国旧地时所获，赵佗死后，虎节传给子孙后代并成为南越文王墓的随葬品。

错金铭文铜虎节

西汉，信符
高 11.6 厘米、长 19 厘米、厚 1.2 厘米
现藏于广州南越王博物院

满城汉墓

• 大汉朝的绝唱

地址：河北省保定市满城区陵山之上
年代：秦汉时期
发掘时间：1968 年
主要出土文物：金缕玉衣、长信宫灯、错金博山炉、错金银鸟篆文铜壶、铜朱雀衔环杯、鎏金银蟠龙纹铜壶、鎏金骑兽人物博山炉、透雕双龙高钮谷纹白玉璧，以及车马器等

炸出来的陵山

1968年的初夏，解放军某部正在保定市西北21千米处、满城区的陵山上的一处地方执行爆破任务，突然间地塌了下去，露出了一个圆形洞口，还不住地往外冒白烟。在场的士兵好奇，纷纷往洞里扔石头，结果石头没少扔，洞却像个无底洞般，怎么也填不满。解放军干脆把洞口砸大，并且派了三个士兵下去查看情况。进去之后，士兵们发现地上全是破碎的瓦片，还有一些马骨架。看来，是碰巧炸出了个古墓。

6月18日晚，周总理向郭沫若谈起了在满城发现的墓葬，并让郭沫若来负责这件事，郭沫若立即找了几位

靖王墓入口

刘胜墓中室

考古所的骨干前往满城，负责墓葬的发掘。考古人员赶到时，直接就从被炸出的洞口进入墓室内。进去之后，大家发现里面是个很大的洞，墓主人相当于直接在山里凿了个地下宫殿，里面的布局也基本上是仿照地面上的宫殿设计的。

墓葬布局

整个墓道大约有 20 米长，两边分别为耳室：南耳室是个车马房，一共发现了六辆马车；北耳室是仓库，主要是一些日用杂货、食物用具等。有意思的是，在仓库里面，考古学家们发现了十六个大缸，根据缸内的残留物，这些缸被鉴定为酒缸。这或许说明墓主人生前是个爱酒之人。墓葬的中室是一个宽大的厅堂，中间放了大量的铜、铁、金、银等宝贝；后室的布局分为主侧两间，侧间放着洗澡用的大盆、装水的器具，应该代表的是浴室；主间分为三个部分：南部摆放着铠甲和兵器，中部放着灯具、熏炉等生活用品，北部放的则是墓主人的棺椁了。

7 月 22 日，郭沫若来到满城考察，他对墓地环境、地形进行观察后指出，汉代盛行夫妻合葬，西汉中期以前，夫妻往往是同墓地而不同墓穴。按照“同坟异葬”的习俗，郭沫若认为墓

车马遗骸

刘胜墓挖掘现场

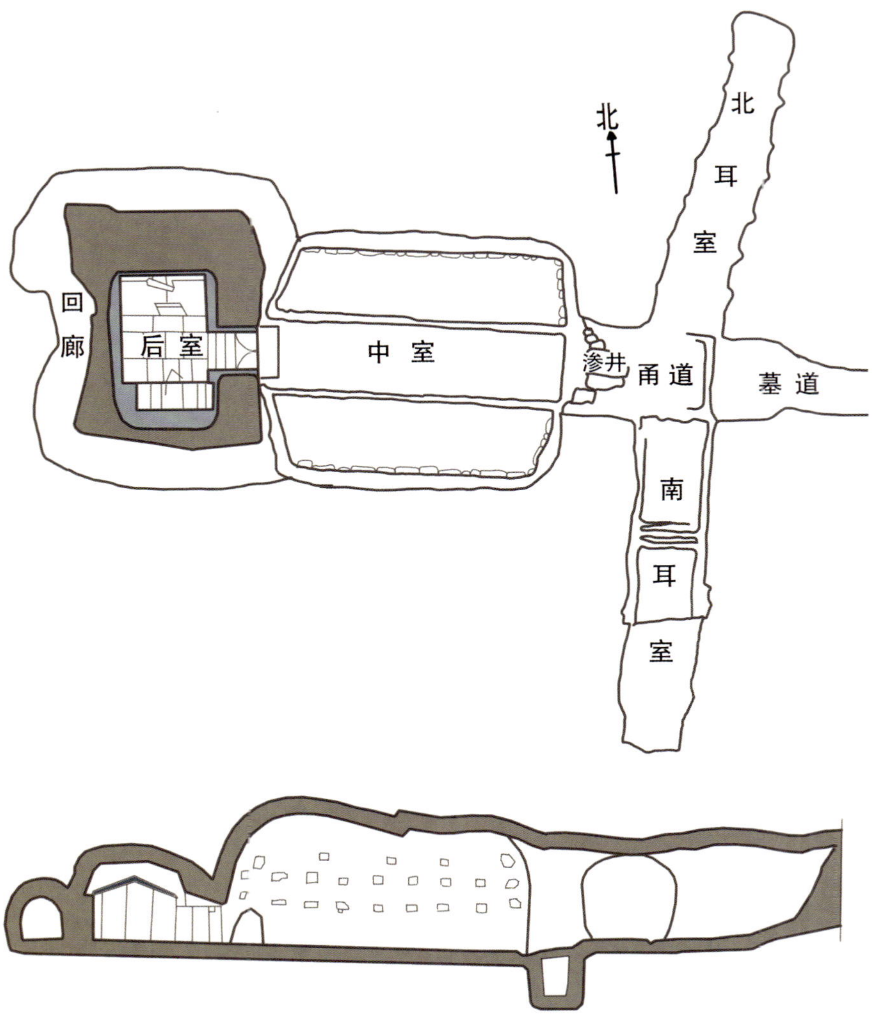

刘胜墓平面图和剖面图

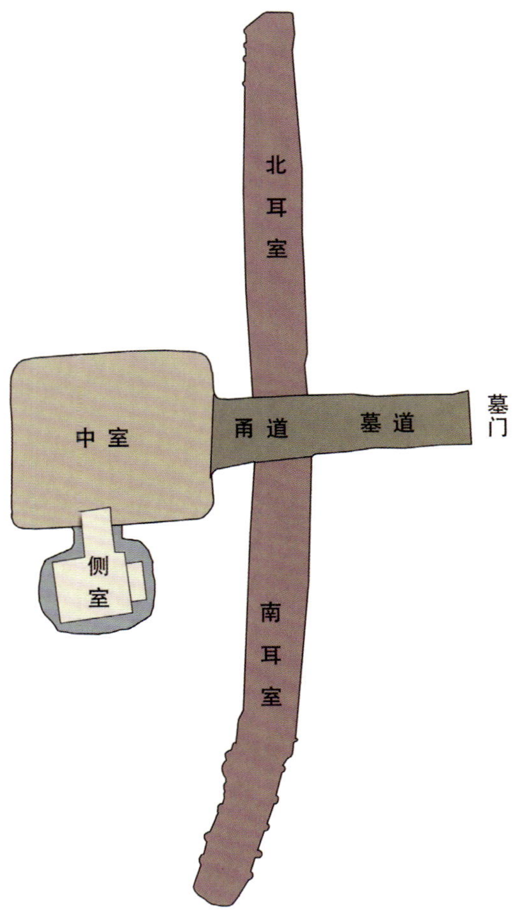

窦绾墓平面图

考古人员正在清理青铜器

郭沫若（前左一）参观刘胜墓主室出土的青铜器

的北部应该还有一个墓室。8 月 13 日，根据郭沫若标出的位置，考古队和部队战士等原班人马对墓室北侧 120 米处进行发掘，最终发现了另一个墓室（2 号墓）。据此，我们终于可以确定，满城汉墓为夫妻同坟异葬墓。

墓主人是何人？

在考古发掘中，明确墓主人的身份并不是一件简单的事情。一般来说，一些贵族的墓葬里面，都有一些证明其身份的东西，比如墓志铭，或者一些刻有铭文的私人物品。由于古代的大部分墓葬都已经被盗墓贼光顾过，随葬品很难完整保存下来，想要确认墓主人的身份也就难上加难。

满城的这座墓葬保存得还算完整。考古人员在墓葬内发掘了很多青铜器，其中一些青铜器上面刻有“中山府”“中山内府”字样的铭文。另外，出土的封泥中还有“中山御丞”的印文。这些证据表明，这座墓可能与古时候的中山国有关。从墓葬形制和随葬品的时代风格判断，这座墓属于西汉时期。另外墓中还出土了大量的西汉五铢钱。五铢钱始铸于汉武帝元狩五年（公元前 118 年），所以墓葬的年代应该不早于元狩五年。毫无疑问，这座墓葬应该属于西汉中山国的某一任诸侯王。

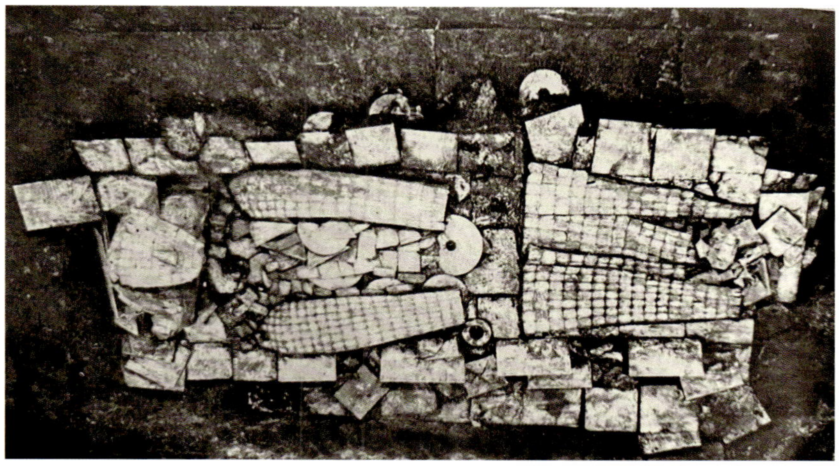

刘胜金缕玉衣出土时情况

刘胜胸前玉璧放置方式

长信宫灯出土时情况

根据《汉书》的记载，西汉中山国前后一共有十个王，他们在位时间最长的是中山靖王刘胜，他在位 42 年，最短的是哀王刘昌，在位不到 2 年。其余九位中山王在位时间都没有超过 30 年。而墓中出土的铜器，有的详细刻有纪年，如“卅二年”“卅四年”“卅六年”“卅七年”等都在30年以上。其中一件铜镬，更是将时间精确到了“日”，由此可知，墓主人是中山国的第一代诸侯靖王刘胜无疑。

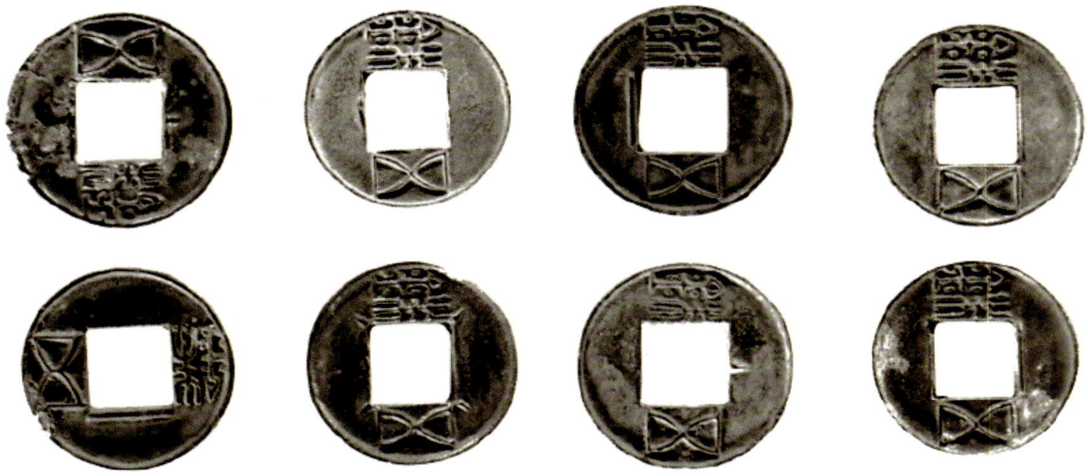

汉五铢钱

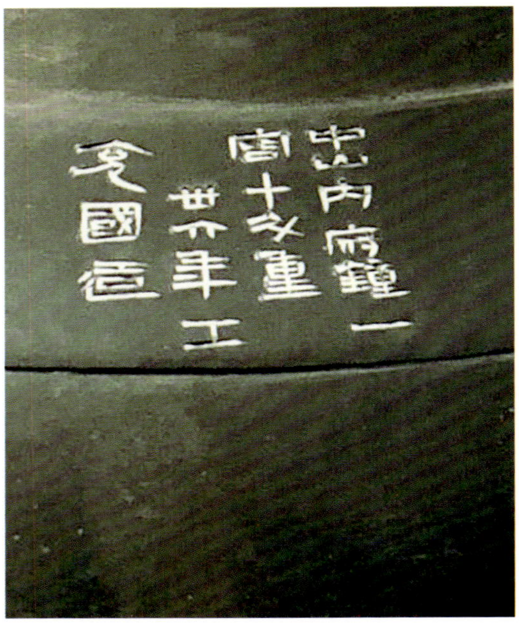

“中山内府”铜锺

出土于刘胜墓中室，肩部宽带上有铭文：“中山内府锺一，容十斗，重（缺文），卅六年，工充国造。”

确定了1号墓墓主人为刘胜后，2号墓墓主人毫无疑问应为刘胜之妻了。但在正史中，并未记载刘胜之妻姓甚名谁，考古队在墓中发现了一方双面铜印，印文一面刻“窦绾”二字，另一面刻“窦君须”三字。这方印应为墓主人的私章，它的发现，让我们确信墓主人姓“窦”名“绾”，字“君须”。

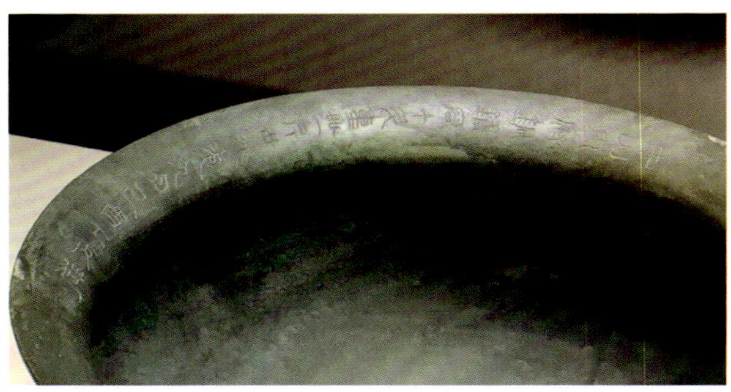

“中山内府”铜镬（huò）

口沿有铭文：“中山内府铜镬，容十斗，重卅一斤，卅九年九月己酉，工丙造。”

窦绾印

窦君须印

骄奢淫逸、终日纵情的刘胜

《史记》载："胜为人乐酒好内，有子枝属百二十馀人。常与兄赵王相非，曰：'兄为王，专代吏治事。王者当日听音乐声色。'赵王亦非之，曰：'中山王徒日淫，不佐天子循百姓，何以称为藩臣！'"在司马迁的笔下，刘胜是个骄奢淫逸、终日纵情于声色的诸侯王，活脱脱一个典型的纨绔子弟。要想了解一个真正的血肉丰满的刘胜，最直接的方法就是研究墓中的随葬品。

满城汉墓中出土了各式各样、各种材质的酒器，如1号墓后室出土了制作精美的酒器鎏金银蟠龙纹铜壶、鎏金银乳丁纹铜壶、错金银鸟篆文铜壶，推测是刘胜生前钟爱的青铜酒器。除此之外，还有一些漆酒器和一件玻璃酒器——耳杯，耳杯是古代常见的用来饮酒的器皿，也叫作"羽觞""羽杯"。马王堆汉墓出土的漆器耳杯，底部写了"君幸酒"几个字，也从侧面证明了耳杯饮酒的用途。在汉代的时候，玻璃器还是比较少见的，而用玻璃制成的酒器就更加少见了。刘胜不惜用珍贵的玻璃材料制作成耳杯，可见他的嗜酒程度。

更有意思的是，在墓中象征库房的北耳室中部发现了一批体积硕大的陶酒缸。有一些陶酒缸的肩部写了一些朱书文字，如"黍上尊酒十五石""甘醪十五石""黍酒十一石"等，换算过来每个陶酒缸至少能储存250千克的酒。从这些文字中，可以得出两个关键性的信息：第一，刘胜所藏的酒种类颇多；第二，这些酒缸的容量不小。由此可见刘胜确实好饮酒。

淡绿玻璃耳杯

西汉，酒器
纵13.5厘米、横10.4厘米、高3.4厘米
现藏于河北博物院

鎏金银蟠龙纹铜壶

西汉，液体容器

腹径 37 厘米、口径 20.2 厘米、通高 59.5 厘米

现藏于河北博物院

事死如事生

汉代是一个很神奇的朝代，阴阳五行、神仙方术、谶纬迷信等在社会上非常流行，上至帝王，下至百姓，都向往长生不老。因为对长生不老的执着追求，久而久之就塑造了汉代独特的丧葬制度。其中一个很典型的观念是“事死如事生”，即要像对待活人一样对待死去的人。其实这一理念在先秦的时候就有了苗头，比如《礼记·中庸》就说：“敬其所尊，爱其所亲，事死如事生，事亡如事存，孝之至也。”因此，但凡有点地位的地主和贵族，都会遵照这一理念，不惜花费重金营造墓葬，站在社会顶端的统治阶层，更是将这一理念发挥到了极致。

有一种“崖洞墓”葬制，即“因山为陵，凿山为藏”，把自然的山峰作为陵丘，然后在山腰开凿地宫，修建陵墓。满城汉墓就是一座典型的崖洞墓。根据测量，刘胜墓整个墓室全长 51.7 米，最宽处有 37.5 米，最高的地方有 6.8 米。最能够体现“事死如事生”这一思想的是整个墓葬的设计与布局，完全跟现实中的住所一致，前有前堂，后有后寝，南北侧还有车马房和库房。在墓室还发现了很多似乎不应出现在墓葬中的陪葬品。在南耳室车马房，发现了六辆马车、十六匹马。但是，这些车和马可不是我们以为的陶车、陶马，车是日常使用的车，马则是真马被杀后放进来的。这就解释了为什么一开始解放军部队发现墓葬的时候，地上除了陶片，还有很多的马骨架。

在象征着库房的北耳室，考古学家还发现了大量的陶器，例如前面提到的用来盛酒的大陶缸，有些陶器中还发现了鱼类的骨骼、粮食作物的遗存等，考古学家猜测这些陶器在随葬的时候都是装了食物的。更有意思的是，其中一个陶器内的骨骼，经鉴定之后居然是岩松鼠、社鼠和黄鼬的，而且数量还很多，这表明这些鼠类是作为随葬品被有意识地带入墓葬的。专家猜测这是不是意味着刘胜有吃鼠类的特殊癖好呢？

如此看来，刘胜把自己生前爱好的那些东西，统统带入了自己的墓葬中，想要在另一个世界继续过着锦衣玉食的生活。

延展阅读　黄肠题凑

汉代有个叫“黄肠题凑”的墓制，“黄肠”指的是柏木黄心，就是去皮后的柏木。“题”指的是题头，就是木材接近根部的一端；“凑”则是说向内聚合。整句话连起来的意思是，这个墓葬的棺椁是用黄心柏木垒叠起来的，如此费尽心思的营造，其实就是为了模仿地面上的木构建筑而已。

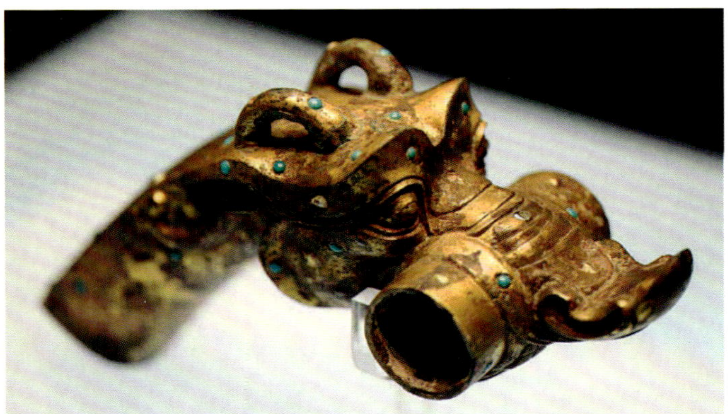

鎏金镶嵌龙首形铜辕饰（一种车马器）

鎏金铜承弓器（一种车马器）

金缕玉衣

汉代另一个重要的丧葬观念是“升仙思想”。靠着“事死如事生”的理念，死者可以在地下继续过着想要的生活，但是古人又相信“灵魂不死”，所以他们并不希望死者的灵魂永远埋在地下，在合适的时机，还是需要“升仙”的。西汉初年著名思想家陆贾在《新语·道基第一》中记载：“苦身劳形，入深山，求神仙，弃二亲，捐骨肉，绝五谷，废诗、书，背天地之宝，求不死之道。”

在满城汉墓中，最能体现这一思想的文物是金缕玉衣，墓中共出土刘胜、窦绾两件金缕玉衣。玉衣，

金缕玉衣局部

延展阅读 玉在汉代丧葬中的重要性

汉代的贵族，为什么选择玉衣作为殓服呢？其中一个原因是玉被儒家赋予了多重的美德：儒家认为玉具有仁、智、义、礼、乐等十一德。汉代“罢黜百家，独尊儒术”，自然将儒家“贵玉”的思想继承了下来。另一个原因与丧葬习俗相关：汉代人们相信温润的玉石能够防止尸体腐烂，甚至有起死回生的作用。《后汉书·刘盆子传》记载，赤眉发掘西汉皇陵，“有玉匣殓者率皆如生”，讲的就是玉石能防止尸体腐烂的作用。为了搭配玉衣，达到防腐的作用，还形成了“九窍玉”的概念。这所谓的九窍，指的就是两只眼睛、两个鼻孔、两个耳孔、一张嘴，以及生殖器和肛门。葛洪在《抱朴子》中说：“金玉在九窍，则死者为之不朽。”玉衣加上九窍，死者的精气似乎就能彻底被围住，以达到不朽的目的。

刘胜金缕玉衣

西汉，殓服

全长 188 厘米，玉片 2 498 片，金丝约 1 100 克

现藏于河北博物院

刘胜金缕玉衣头顶的玉璧

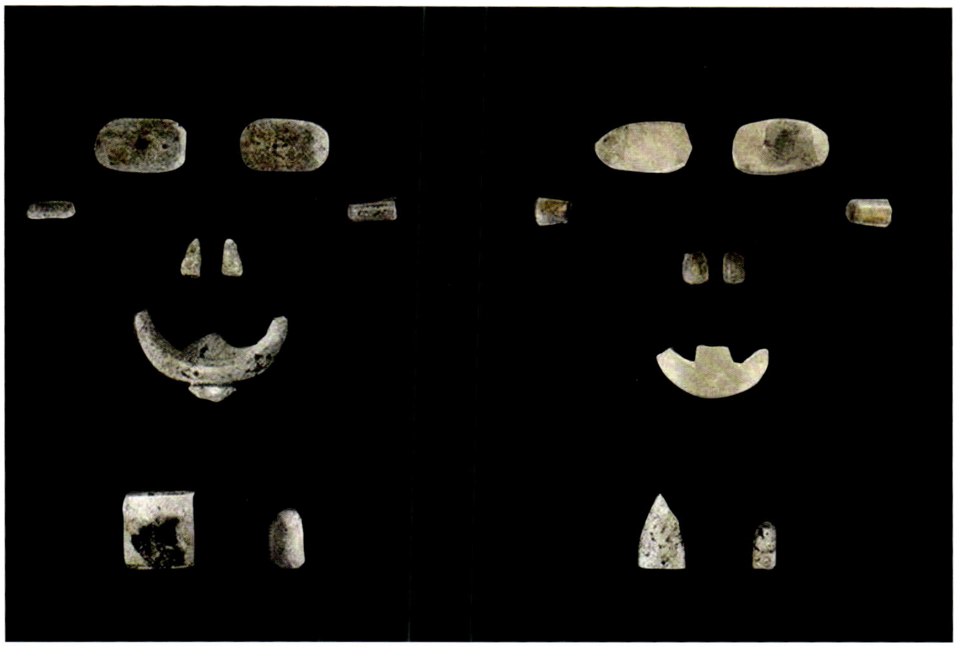

刘胜和窦绾金缕玉衣内的九窍用玉

指汉代皇帝和贵族死时穿的用玉制成的殓服。按照《后汉书·礼仪志下》中对于玉衣等级的划分，皇帝的玉衣用金缕，诸侯王、列侯等用银缕，大贵人、长公主用铜缕，也就是说，根据身份的不同，缝制、缀连玉衣的线的材质是不一样的。然而，刘胜是诸侯王，为什么身上穿的却是皇帝才能用的金缕呢？考虑到《后汉书》写的是东汉的历史，因此考古学家推测，也许西汉时还未形成严格的等级规定，直到东汉时期，玉衣才明确分为金缕、银缕、铜缕三个等级。

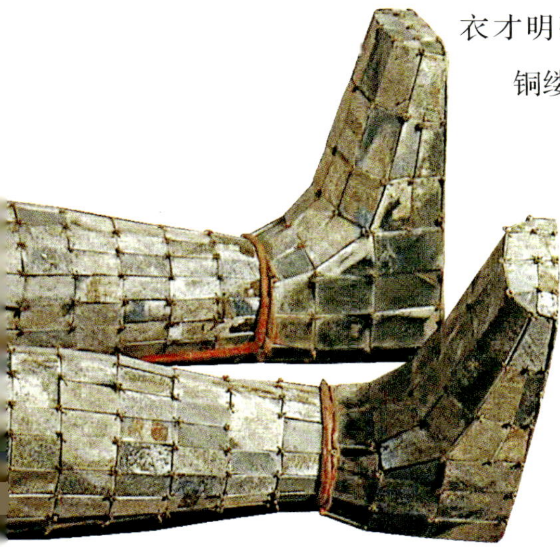

在满城汉墓的金缕玉衣发现之前，以往的考古发掘，只出土过一些零星散乱的玉衣片，看不见玉衣的全貌。所以玉衣只存在于史书中，它究竟长什么样子，谁也说不清楚。而满城汉墓，让这个原本只在史书中出现的东西，终于呈现在世人的眼前，不得不说是一个震惊世界的发现。

如果我们将目前为止出土的一些汉代玉衣放在一起考察，我们会发现，包裹着严严实实的玉衣，恰恰在顶部留下了一个“出口”，这个中央有穿孔的圆形玉片名字叫作“玉璧”，是古代的礼器之一，在早期的古代社会生活中扮演着非常重要的角色。《周礼》记载：“以玉作六器礼天地四方。以苍璧礼天，以黄琮礼地，以青圭礼东方，以赤璋礼南方，以白琥礼西方，以玄璜礼北方。”

这么重要的一个礼器，放在死者的头顶，一方面“人首向天”，暗含着“苍璧礼天”的古老规制。另一方面，“魂气归于天，形魄归于地”，人死之后，魄附着于尸体埋葬在地下，而魂则化气升天。玉衣制作得如此规整，甚至“九窍”都被盖住了，那么死人的魂如何化气升天呢？玉璧孔洞的作用就在于此。这就是汉代玉衣在头罩部位设置玉璧的奥秘所在，也是汉代贵族升仙思想在葬俗中的一种体现。

长信宫灯

长信宫灯原本放置于窦绾墓的后室条案上，在考古发掘时，因后室顶上石板坍塌，将它从几案上砸下，四分五裂地躺在地上，一开始人们以为它是好几件文物。后来经过修复整理，才发现它是一个完整的物件。在灯盘最明显处有“长信尚浴”“阳信家”等字样，而长信宫是汉文帝皇后窦氏的居所，推测可能是窦太后后来将宫灯赏赐给了她这位孙媳妇，故据此命名为“长信宫灯”。

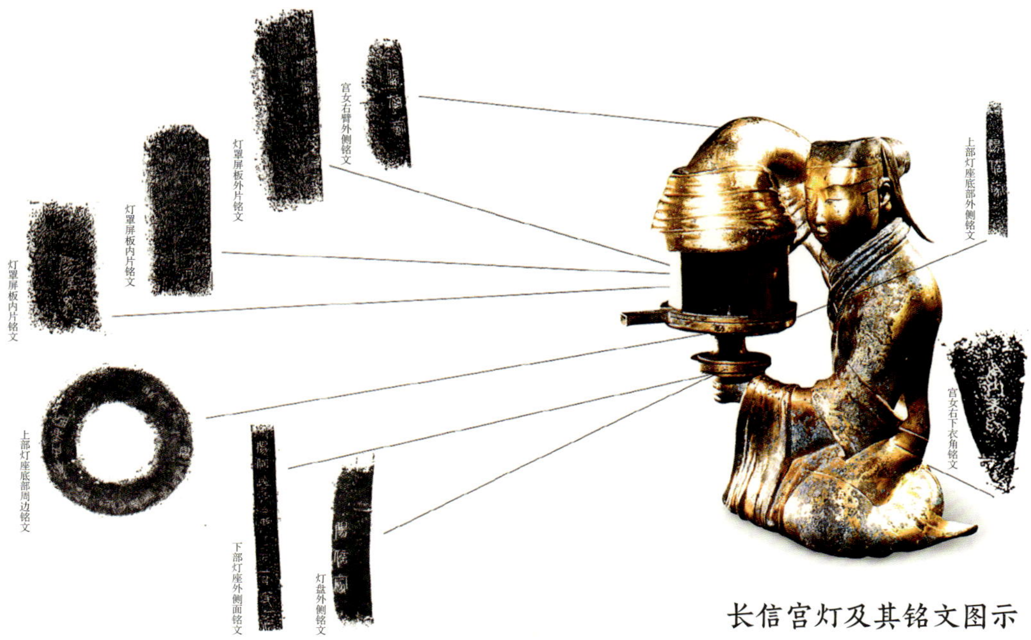

长信宫灯及其铭文图示

灯的总体造型是一位跽坐执灯的宫女形象，她上身平直，略微前倾，双膝跪地，左手手心向上托扶灯座，右臂高高举起，宽大的袖管自然下垂，笼罩在灯上，形成了灯的顶部。灯盘中心有一个灯钎，是用来固定灯芯的。两片青铜材质的平且薄的弧形板子镶嵌在灯的底盘上圆形的槽子里，与上方宫女衣袖笼罩下的灯的上座槽子相合，其中的一片可左右推动，这样就能任意调节灯光的照射方向、亮度和强弱。灯盘中心和钎上插上蜡烛，点燃后，烟会顺着宫女的袖管进入体内，不会污染环境，可以保持室内清洁。灯罩上方部分残留有少量蜡状残留物，推测宫灯内燃烧的物质是动物脂肪或蜡烛。

长信宫灯组件

长信宫灯

西汉，灯具
通高 48 厘米
现藏于河北博物院

错金博山炉

在刘胜墓的侧室，还出土了一件堪称汉代博山炉之冠的错金博山炉。此炉通高 26 厘米，通体错金，纹饰流畅自然。炉身与炉盖为子母口扣合。炉座的圈足饰错金卷云纹，座把透雕，作三龙腾出波涛翻滚的水面，以头托住炉盘的形状。炉盘饰错金流云纹，盘的上部和炉盖铸出高低起伏、挺拔峻峭的山峦。炉盖顺着山势镂孔。山峦间神兽出没，虎豹奔走，小猴蹲踞在高层峦峰或骑在兽身上，猎人肩扛弓弩巡猎山间或正在追逐逃窜的野猪，还有几株小树点缀在山峦间，刻画出一幅秀丽的自然山景和生机盎然的狩猎场面。

此炉汇合仙山、大海、神龙、异兽等多种元素，不仅反映出汉代人求仙和长生的信仰体系，也体现了大汉王朝“包举宇内，囊括四海”的胸怀与气度。高超的铸造技艺充分诠释了盛世时期汉代工匠高度的智慧和非凡的创造力。

除了上述文物，满城汉墓还出土了大量其他精美的奁具、玉璧和铜壶等。比如：通体错金，镶嵌了三十颗绿松石，出土时杯内尚存朱红色痕迹的铜朱雀衔环杯；造型生动，构思巧妙的透雕双龙高钮谷纹白玉璧；金碧辉煌，雍容华贵的鎏金银蟠龙纹铜壶。这些文物无不体现了西汉灿烂的艺术文化和精湛的工艺水平。

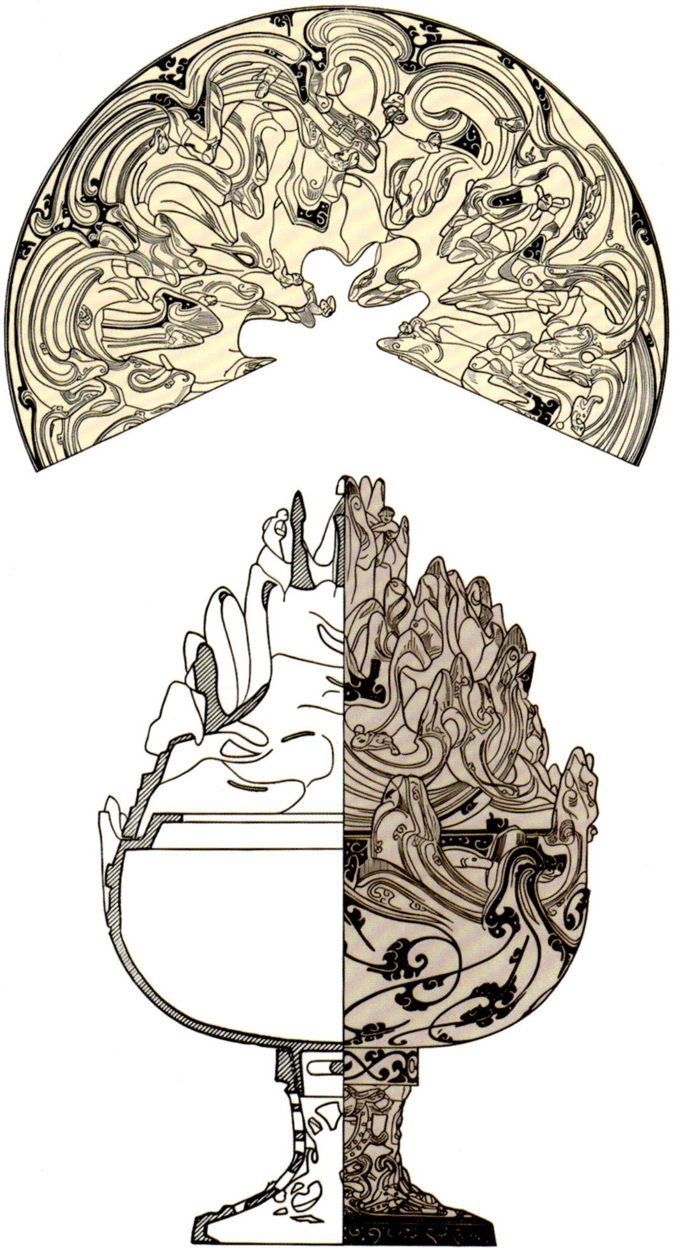

错金博山炉线图

延展阅读　博山炉

博山炉是中国汉、晋时期常用的焚香器具，也叫博山香炉、博山香熏或博山熏炉。通常用青铜器或陶瓷器制成，其特殊外形像豆形，顶部盖子高而尖，上雕有云气纹、人物和鸟兽，形成山形重叠。点燃香火后，轻烟缭绕炉体，仿佛群山朦胧、众兽飞舞，如传说中的海上仙山“博山”。比较有名的博山炉除了西汉错金博山炉，还有鎏银骑兽人物博山炉和西汉鎏金银竹节熏香炉等。

错金博山炉

西汉，熏炉
腹径 15.5 厘米、通高 26 厘米
现藏于河北博物院

铜朱雀衔环杯

西汉，放置化妆品的奁具
宽 9.5 厘米、通高 11.2 厘米
现藏于河北博物院

鎏金银竹节熏香炉

西汉，熏炉
高 58 厘米、口径 9 厘米、底径 13.3 厘米，重 2.57 千克
出土于陕西兴平茂陵无名冢丛葬坑
现藏于茂陵博物馆

鎏银骑兽人物博山炉

西汉，熏炉
底盘径 22.3 厘米、通高 32.3 厘米
现藏于河北博物院

错金银鸟篆文铜壶

西汉，酒器
口径 15.5 厘米、通高 44.2 厘米
现藏于河北博物院

透雕双龙高钮谷纹白玉璧

西汉，配饰

通高 25.9 厘米、外径 13.4 厘米

现藏于河北博物院

海昏侯墓

·汉废帝刘贺的跌宕人生

地址：江西省南昌市新建区大塘坪乡观西村

年代：秦汉时期

发掘时间：2011 年

主要出土文物：黄金、简牍、编钟、孔子衣镜、青铜博山炉、青铜雁鱼灯等青铜生活用具、青铜当卢等车马器、玉舞人等玉器、漆器

发掘背景

2011年年初，江西南昌的古玩市场上，突然出现了一位神秘人物，他要出手一条纯金打造的金龙。行家们一看，就知道这绝非民间之物，很有可能来自王侯级别的陵墓。对于这“烫手山芋”，谁都不敢接，有的人干脆将消息悄悄通报给了警方。接到报警，警方很快就逮捕了嫌疑人，一番审讯后，嫌疑人交代，“金龙”来自南昌一个叫作“墎墩山”的地方。

说起这墎墩山，在当地有些名气。它位于南昌市新建区东北部的大塘坪乡，这里古墓遍布，据说汉废帝刘贺以下几代海昏侯的墓都在这里。考虑到古墓有可能已经被盗掘，国家文物局迅速批准对此地进行抢救性发掘。2011年4月23日，江西省文物考古研究所组成考古队，进驻现场，准备发掘。

南昌汉代海昏侯国遗址公园

海昏侯墓考古现场

首先要做的是对墓地周围进行全面系统的考古调查。结果显示，这块区域是以西汉海昏侯墓为核心，错落分布着大小八座墓葬和一座车马坑的墓园。墓园平面呈梯形，设有东门和北门，门外还有阙，总面积约 4.6 万平方米。位于核心地区的主墓和夫人墓，共用一个东西长 100 米、南北宽 40 米、总面积约 4 000 平方米的高台礼制建筑。没有太多疑议，大家都确信主墓里埋葬的，就是西汉第一代海昏侯刘贺。这位在历史上昙花一现的废帝，可能他生前压根儿也料想不到，自己将在 2 000 多年后，以一种戏剧性的方式再次震惊世人。

俯瞰海昏侯墓

墓内随葬品清理现场

背景知识 海昏侯其人其事

刘贺，汉武帝刘彻的孙子，5岁成为昌邑王，19岁意外登基为皇帝，仅27天后被权臣霍光废黜，贬为平民。10年后，被封为海昏侯，迁徙到江西。刘贺的一生充满传奇，历经王、帝、民、侯的身份变化。他34岁暴毙，结束了戏剧般的一生。汉宣帝本想让刘贺的儿子继承侯位，但两个儿子都意外去世，最终刘贺家族失去侯位，成为庶民。

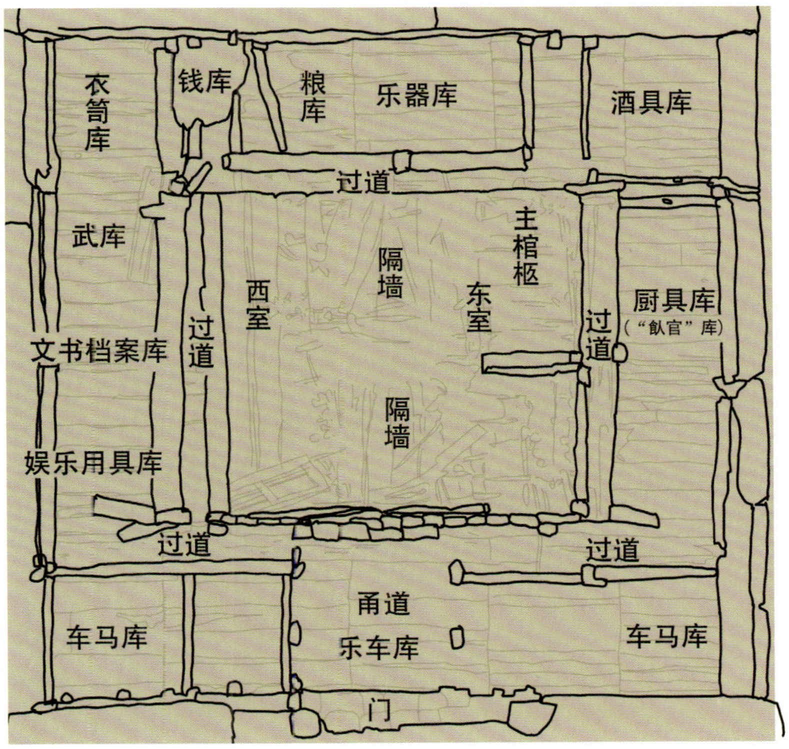

墓室功能分布图

各种金器发掘现场

褭蹏金和麟趾金清理现场

青铜雁鱼灯发掘现场

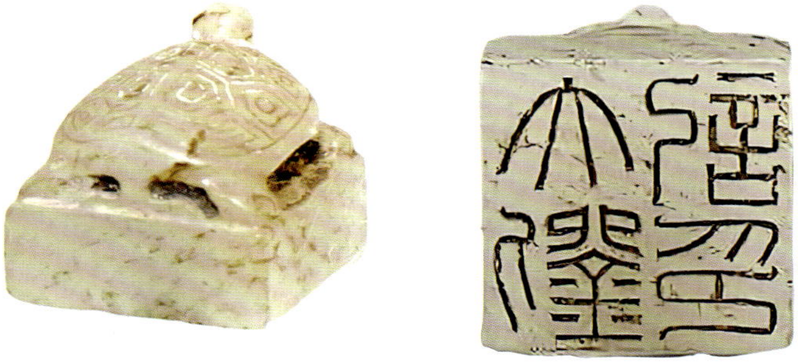

“大刘记印”玉印

西汉，印章
边长约 1.7 厘米
现藏于南昌汉代海昏侯国遗址博物馆

“刘贺”玉印

西汉，印章
边长 2.1 厘米、高 1.5 厘米
现藏于南昌汉代海昏侯国遗址博物馆

“黄金”大墓

自 2011 年发掘以来，海昏侯墓已出土一万余件（套）珍贵文物，而其中尤为吸睛且极具话题性的，要数出土的那些数量庞大的黄金。据报道，整座海昏侯刘贺墓中，出土了金饼二百八十五枚、裹蹏金（后世称马蹄金）四十八枚、麟趾金二十五枚、金板二十块，总重量按照汉代的度量衡来计算共计 115 千克，超过全国汉墓所有已出土金器的总和！刘贺仅仅是列侯级别，为什么他随葬的黄金比诸侯王要大一个数量级？这些黄金是哪来的呢？刘贺又为何要把它们都埋进墓葬呢？

海昏侯墓中出土的大量裹蹏金和麟趾金，它们在汉代都属于纪念币的范畴。汉武帝太始二年（公元前 95 年）发生了三件祥瑞之事：“西登陇首，获白麟”“渥洼水出天马”“泰山见黄金”。汉武帝晚期，由于长期对匈奴作战和连续的自然灾害，国内形势严峻，为了继续粉饰太平，增强各路诸侯对汉室的忠诚度，汉武帝顺着这几个祥瑞事件，借由白麟和天马的形象，再结合黄金，铸造了很多裹蹏金和麟趾金，并依次赏赐给诸侯王。那时刘贺的父亲刘髆尚在人世，所以这批纪念币的主人，大概率是刘髆。刘髆的陵墓也已经被考古发掘，但相比刘贺墓非常寒碜，仅仅有一千多件青铜器、玉璧等较为普通的陪葬品。看来，刘髆把自己的大部分财富都留给了儿子。刘贺南下豫章郡的时候，也把这些金银打包带

延展阅读　酎金制度

“酎金”指皇室祭祀太庙时诸侯供奉助祭的金子。“酎”，本指经过反复酿造的酒，《说文解字》中提到的“三重醇酒也”，是古代用于祭祀的酒。汉文帝的时候，规定每年 8 月祭拜高祖庙，各地的诸侯王和列侯都要来首都献酎饮酎。当然了，这酎酒可不是白喝的，必须携带足够的黄金来纳贡，所以就诞生了酎金。按封国的人口来计数，每一千口人俸金四两，由少府验收，这就是所谓的酎金制度。酎金制度非常严格，如果诸侯给的黄金成色不足，轻则削县，重则免国。汉武帝时期就曾发生过轰动一时的“酎金案”，废黜了一百多人的爵位，以此削弱诸侯势力。此后，王侯一级的高等级贵族都会储备大量的高纯度黄金，一点儿也不敢懈怠。

金饼

金板

（镶玉）褭蹏金和麟趾金

麟趾金

镶玉裹蹏金

裹蹏金极少在顶部镶嵌有琉璃或玉石，目前仅在海昏侯墓及河北定州西汉中山王墓中见到。

走，因为他知道，自己肯定再也回不了故乡了。

另外，专家们还在出土的金饼上发现了铭文：“南藩海昏侯臣贺元康三年酎金一斤。”元康三年（公元前63年），恰好是刘贺被封为海昏侯的那年，表明这些金饼是刘贺成为海昏侯那年用于供奉太庙祭祀的“酎金”。

结合史实，我们或许可以对这些原本用于进贡的酎金为何最后进了墓葬做出合理推测。刘贺被封为海昏侯之后，按照规制，他也获得了重新进京朝拜的资格。于是他立即开始着手准备用于进贡的酎金。然而没料到的是，汉宣帝虽然封他为列侯，但同时又规定了他“不宜

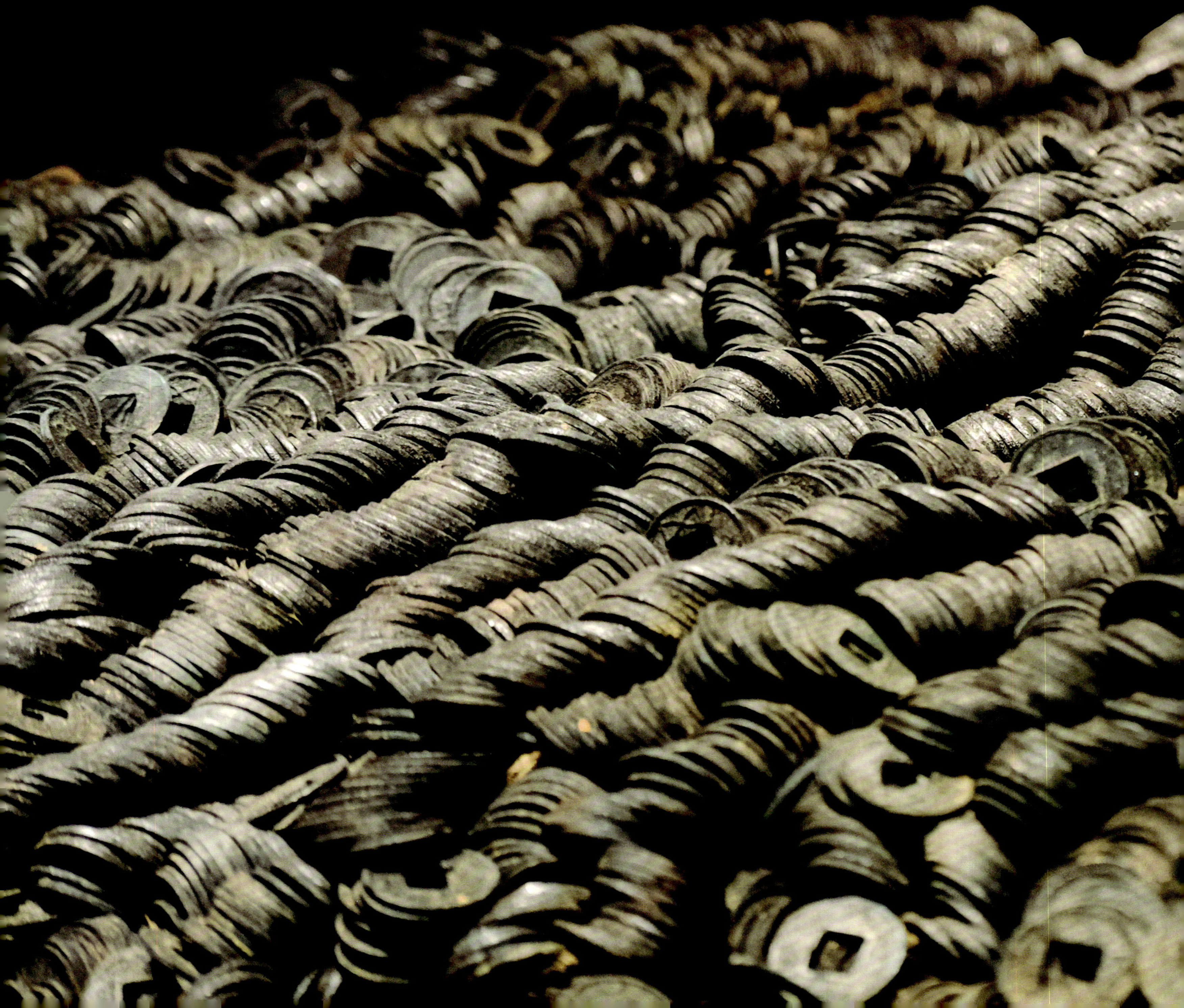

得奉宗庙朝聘之礼”，剥夺了他定期参加宗庙活动的资格。从出土的奏牍内容可知，刘贺在任海昏侯期间，曾经和夫人频繁向皇帝、太后“上书”，申请“秋请”、向宗庙奉献“酎金”等。但刘贺的这些举动，并未得到回应。

如此一来，酎金失去了应有的用途，只能被锁进侯府的库房里。几年后，刘贺和他的两个儿子先后去世，海昏国除国，刘贺的家人、后代变为庶民。在此背景下，所有带有王侯标志的财产，是万万不可能再留在世界上的。怎么办呢？最简单的办法，就是把所有的财富都埋进墓葬里。或许正是因为这个原因，刘贺墓中的黄金才会如此之多吧。

海昏侯墓出土的铜钱

奏牍

可见“海昏侯夫人”“妾待昧死”等字样

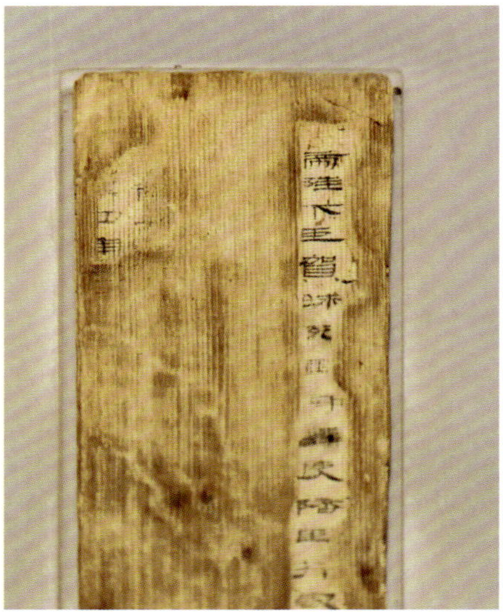

奏牍

可见“帝陛下臣贺昧死再拜……”等字样

奏牍

可见“再拜为秋请”“皇帝陛下陪臣行行人事中庶”等字样

背景知识 “最早的孔子像”

海昏侯墓主椁室的西室，出土了一个极为重要的“穿衣镜”，在镜背、镜掩和镜框上绘有孔子及其五弟子画像和生平事迹。画像分三层，每层两人：第一层孔子和颜回；第二层子贡和子路；第三层澹台灭明和子夏。镜盖内左上绘子张，右上绘曾子，镜盖表面最上侧有《衣镜赋》。这件“穿衣镜”上的孔子像是目前所知最早的孔子形象。在此之前，孔子的形象在各种文物中并不鲜见。画像的发现解答了关于孔子姓名和年龄的历史疑问。题记显示孔子字仲尼，姓孔，子氏；文字还表明孔子在公元前536年已30岁，暗示他可能活了87岁。孔子的身高记录为约1.89米至1.91米，与《史记》的记载一致，证实了《史记》的可靠性。

孔子及五弟子像复原图

孔子及五弟子像线稿图

俗语有云：“以铜为镜，可以正衣冠；以古为镜，可以知兴替；以人为镜，可以明得失。”这句话表达的意思在两汉时期已经比较普及了，推测这个“穿衣镜”是刘贺用来时常自我反思的工具。

从出土文物看海昏侯的西汉生活

"昌邑食官"鎏金青铜锺

墓中出土的大量青铜器，很大一部分与王公贵族们的宴饮活动有关。其中较有名的是一件青铜器火锅，火锅的上部呈现肚大口小的形态，这种设计有利于密封，可以有效地保留食物的热气和味道。火锅的下端连接着一个炭盘，用于放置燃料，但与火锅本体并不直接连通。火锅炭盘中的炭迹和锅内的残留物，如板栗等食物痕迹，都证明了它在当时曾作为烹饪工具使用。

墓中还出土了多套反映汉代高级贵族的生活品位和

"昌邑食官"鎏金青铜锺腹部刻有铭文"昌邑食官锺容……重廿九斤六两"

除了各种黄金，海昏侯墓中还出土了成套的乐器，如编钟、琴、瑟、排箫和伎乐俑等礼仪乐悬。墓中的编钟一共有两堵，一堵在酒具库出土，由十件甬钟组成，其上铭文标注了重量及"宫、商、角、徵、羽"传统五个音阶；另一堵在乐器库出土，由十四件错金钮钟组成，这些都展示了海昏侯高级贵族的奢华生活。

青铜器火锅

青铜樽

青铜蒸煮器

成套的青铜甬钟

青铜甬钟

青铜钮钟

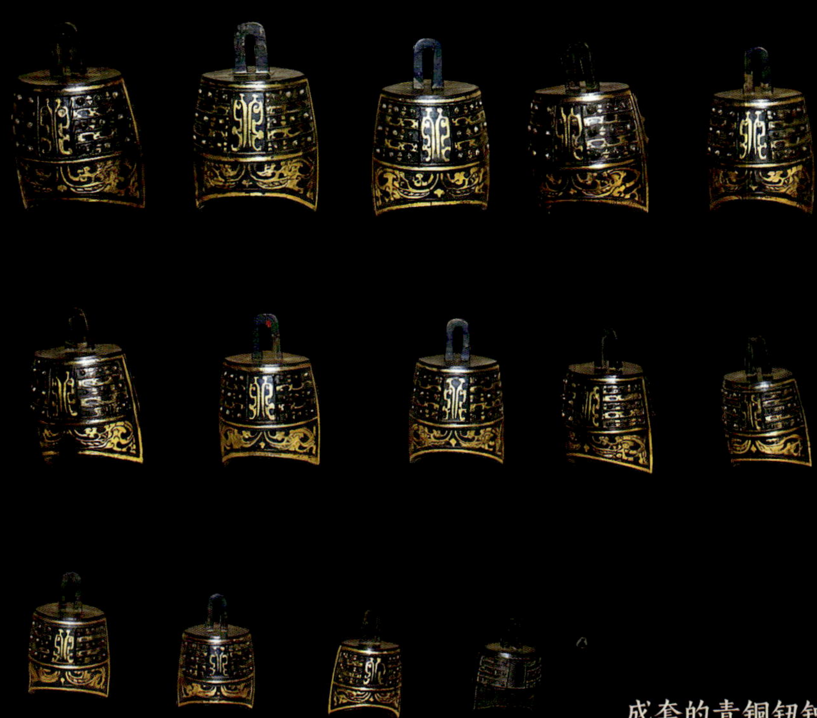

成套的青铜钮钟

青铜雁鱼灯

西汉，灯饰

高 54 厘米、长 33 厘米

现藏于南昌汉代海昏侯国遗址博物馆

两件西汉青铜博山炉

背景知识 刘贺的收藏

从海昏侯墓出土的文物看，除了西汉的随葬品，还有一些刘贺的收藏品。其数量巨大、品种齐全，可以看出刘贺对古代文物的雅好！其中最具代表性的是西周青铜提梁卣和东周青铜缶这两件青铜器。这件青铜提梁卣，短颈垂腹，顶部覆盖隆起，提梁的曲线流畅，显著的高底座构造。铭文镌刻在底座上。根据青铜器的造型、装饰纹理以及所铸文字的风格与内容，可以推断其制作年代应在商朝晚期至西周早期之间，这一时期正是中国青铜器艺术发展的高峰阶段。东周青铜缶使用了变形的卷云纹作为主要装饰，这些纹饰通过粗细、疏密和虚实等对比手法，形成了形态各异的卷曲、翻滚、舒张、升腾的云彩，展现了东周独特的审美风格。

西周青铜提梁卣

东周青铜缶

工艺水平的豪华灯具，包括青铜连枝灯、青铜豆形灯、青铜行灯和青铜釭灯等，每一种都是当时社会地位和财富的象征。特别值得一提的是两盏青铜雁鱼灯。灯具的整体造型是一只鸿雁回首衔鱼，姿态生动，细节处理精细。青铜雁鱼灯的设计巧妙，不仅考虑到了照明效果，还兼顾了装饰性和象征意义。在墓主椁室和西回廊的娱乐用具库中，发掘出了若干件设计精致的、风格各异的青铜博山炉，这些博山炉也映射了刘贺作为海昏侯的尊贵身份和社会地位。

考古人员在车马坑中发现了五辆高等级的马车和二十四匹马，这些马车和马匹是按照“四马一车”的顶级贵族出行规格陪葬的，与文献中描述的“龙首衔轭”的“王青盖车”相似。此外，工作人员还清理出了三千多件装饰华丽的铜车马器，包括当卢、盖弓帽、马衔、节约、车軎等马车和马具的零部件及装饰品。工匠们使用复杂鎏金银合金工艺在青铜器物上绘出各种精美华丽的图案，使得这些车马器金银璀璨、流光溢彩。车马器中，当卢的制作极为精美和丰富，至少有金色、黄色、浅黄渐变银白色以及双色鎏等四种鎏金花色，说明汉代对金

延展阅读 当卢

马车当卢是古代马车上的一个部件，属于马车车辕前端的一种装饰物，用以装饰和保护车辕。当卢的形状和设计因时代和用途的不同而有所差异，但往往具有精美的雕刻和装饰，体现了车主的身份和地位。在考古学中，马车当卢是研究古代马车形制和装饰艺术的重要实物资料。通过分析当卢的设计和制造工艺，可以了解古代社会的技术发展水平、审美观念以及社会结构等方面的信息。

不同形制的青铜当卢

青铜当卢

青铜盖弓帽

西汉青铜托盘炉

青铜辕饰

青铜鹿形席镇

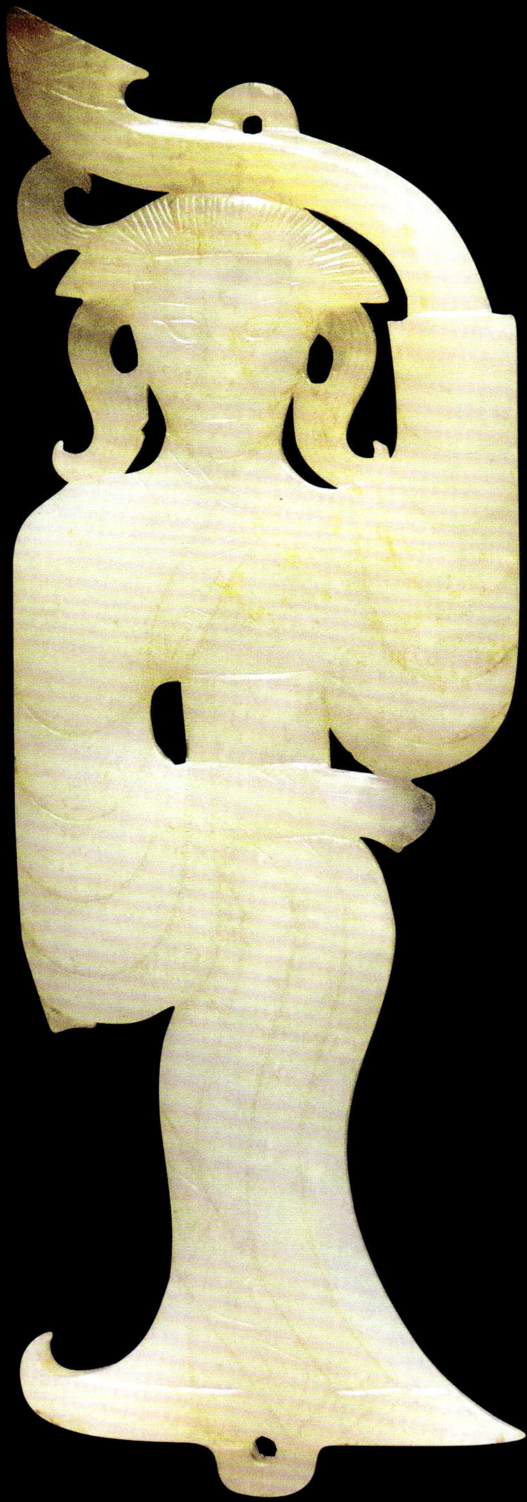

玉舞人

透雕螭龙纹玉佩

西汉玉剑格

银合金技术的熟练运用和对奢华装饰的追求。海昏侯墓是中国长江以南地区首次发现带有真车马陪葬的墓葬。

除了上述文物，墓中出土了大量的漆器、玉器等，这些文物不仅为我们提供了深入了解汉代生活和文化的机会，还展示了汉代工艺技术和艺术水平的卓越成就。海昏侯刘贺墓是我国迄今发现的保存最好、结构最完整、功能布局最清晰、拥有最完备祭祀体系的西汉列侯墓园，也是江西迄今发现的出土文物数量最多、种类最丰富、工艺水平最高的墓葬。2015 年，海昏侯刘贺墓被评选为当年的中国十大考古新发现。

尼雅遗址

• 传说中的“精绝古城”

地址：新疆维吾尔自治区和田地区民丰县

年代：秦汉时期

发掘时间：1959 年

主要出土文物：“五星出东方利中国”锦护膊、佉卢文文书、汉文文书、干尸、“延年益寿大益子孙”锦衬袖残片、“千秋万岁宜子孙”锦衾等华丽织锦，以及建筑构件等

斯坦因买木板

尼雅遗址的发现，是19世纪末20世纪初“第三次探险浪潮”的产物。在那个年代，中国正饱受内忧外患之苦，而中国的新疆地区，因为地广人稀，干燥的气候得以保存大部分文物，却成了全世界探险家、地理学家和考古学家最向往的地方。

1900年，英国考古学家、地理学家马尔克·奥莱尔·斯坦因，从印度经过克什米尔地区进入新疆塔克拉玛干沙漠，开始第一次中亚探险，从此揭开了发现尼雅遗址的序幕。1901年1月，他和他的探险队结束了第一次探险，来到了尼雅绿洲。尼雅绿洲是现在的民丰县城所在

尼雅遗址近景

斯坦因拍摄的尼雅遗址景象

地，是一个处于沙漠边缘地带的小城镇，只有约两万的人口。这里的人们，世代以尼雅河的水源和绿洲的土地为生。斯坦因笔下所说的“巴扎”，在维吾尔语中是“集市”“农贸市场”的意思。

一天，斯坦因的一位名叫哈桑阿洪的驮夫在“巴扎”上闲逛的时候，偶然发现了一个名叫伊不拉欣的当地农民从北方沙漠里带回来的两块写有字迹的木板。当他们把这些木板拿给斯坦因看的时候，精通八国语言的斯坦

因立马认出，这些歪歪扭扭的文字，正是一种叫作佉卢文的印度古文字。

佉卢文是一种已经消亡了的中亚古代文字，这种文字的书写很有趣，是由二百五十二个不同的符号表示各种辅音和元音的组合，从右向左横写，看上去就像蝌蚪一样。佉卢文主要书写于木头制成的简牍上，只有极少数文书才写在皮革上。消失的神秘文字在新疆地区重新出现，敏锐的斯坦因立刻嗅出了其中暗藏的玄机。他在后来的《西域考古记》中回忆道：

"曲折的字体，淡淡的墨迹，当时不能认读，但是握在我手里的文书是用一种古印度字体写成，印度发现的这一类字体

斯坦因探险考察时所拍到的尼雅古城遗址

斯坦因发掘的尼雅遗址屋宅

的东西除去石刻而外，没有能更古于此者，那是毫无疑义的。仅由字体即可以决定我所要去的遗址的年代之古。”

于是，他按捺住自己的喜悦之情，买下了这两块木板，并不失时机地邀请伊不拉欣当他们的向导，并且保证如果伊不拉欣能够把他们顺利带到发现木板的地方去，就可以得到一笔丰厚的报酬。

尼雅遗址出土的佉卢文书

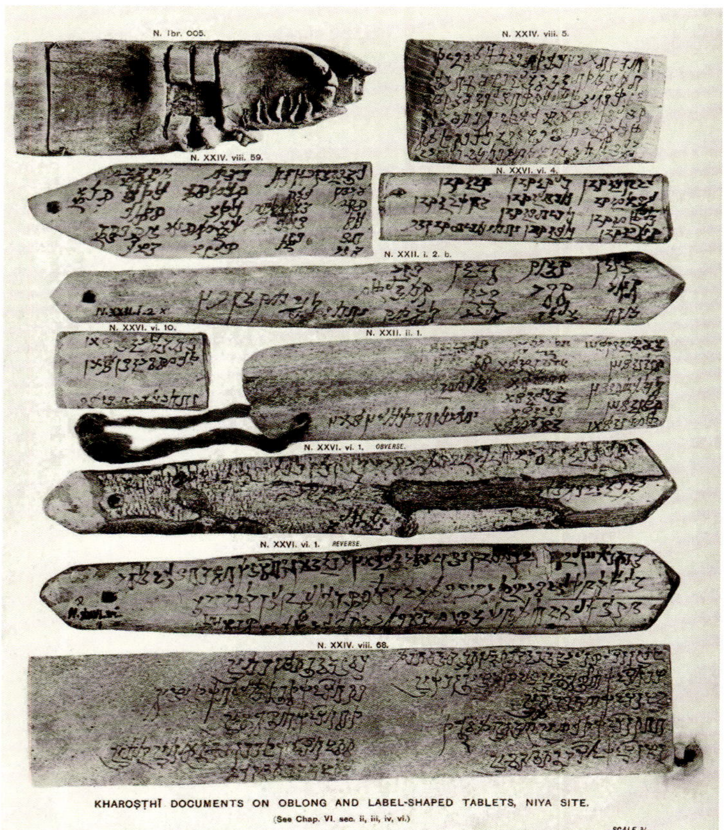

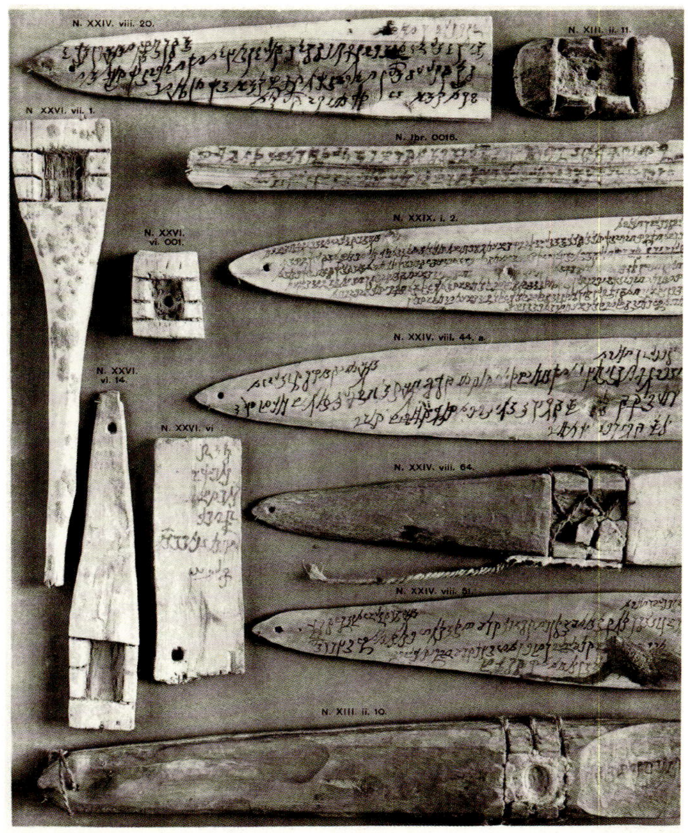

被斯坦因带走的佉卢文木牍

延展阅读 佉卢文

目前发现佉卢文最早的遗迹是印度孔雀王朝阿育王时期的摩崖法敕。到了 1 世纪左右，当时的古印度贵霜王朝国力强盛，佉卢文作为一种文化符号，迅速渗透到了丝绸之路的各个角落，成为当时流行的通商文字和佛教文字，还一度流传到了中国东汉的首都洛阳。再后来，随着贵霜王朝的式微，佉卢文在 4 世纪中叶的时候就已经消失了，直到 1837 年才重新被英国学者普林谢普破解。

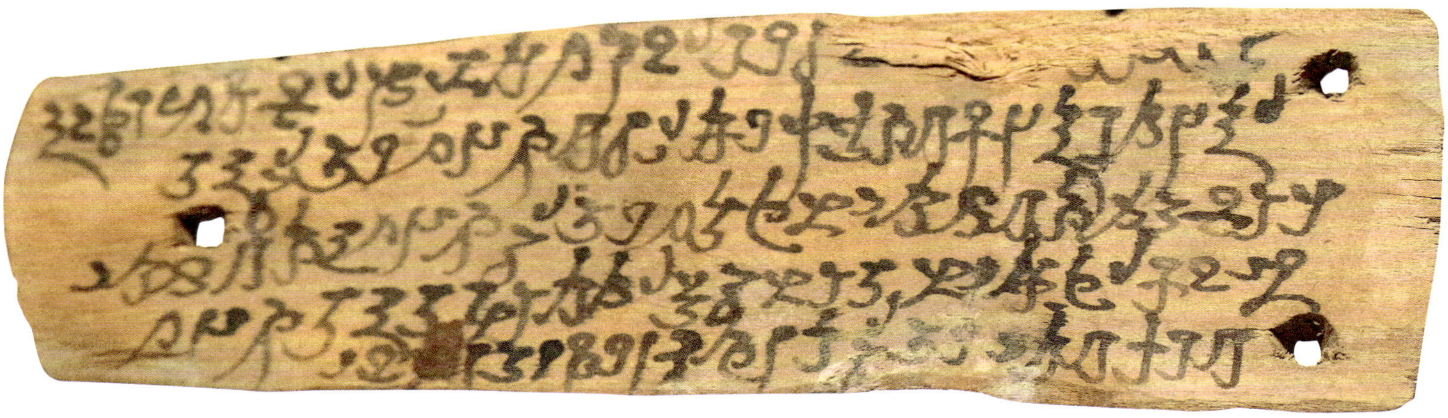

尼雅遗址出土佉卢文木牍

神秘古城，重现于世

连续几天的艰难跋涉，探险队经过了红柳树与野白杨林地带，路过了一个个专为礼拜者设置的避荫之所，穿过了一望无垠的低沙丘，终于在一片地势较为开阔的地带，见到了伊不拉欣之前捡到木简的地方。从斯坦因后来留下的图片资料和文字记录中，可以知道这里应该曾是一个古人的居所。因为年代久远，房屋内堆满了沙子，远远望去，就像是一座隆起的小台地。令人惊讶的是，这里所有的东西似乎都保持着原先的模样：房屋的立柱、门板、窗户，甚至屋外的栏杆，都摆在当年的位置，安然无恙。屋内的一些生活用品，比如陶器、铜镜、钱币等，也都摆放得整整齐齐。更让人震惊的是，居所的储藏室里竟然堆放着厚厚的谷子，细细瞧的话，还能看到谷子上金黄色的绒毛。而斯坦因此行主要的目标——佉卢文书，一整叠一整叠地摆放在屋内的墙壁旁。

这实在是个伟大的发现。斯坦因按捺住激动的心情，花了半个月时间，兴冲冲装了满满十几大箱子文物，全部运回了英国伦敦，其中就包含五百九十五件佉卢文木牍和汉简、皮革文书。这些数量超过了当时已发现出土的所有佉卢文的总和。除此之外，斯坦因还带走了数量巨大的木、铜、

"汉精绝王承书从"木简

陶、金、玻璃器和纺织品等文物。因为这片废墟位于尼雅河畔，斯坦因把它命名为“尼雅遗址”。

到了 1931 年，斯坦因第四次进入新疆探险，再次来到尼雅这个让他魂牵梦萦的地方。这一次，他从遗址中找到了二十六枚汉代木简，其中一枚汉简上写着：“汉精绝王承书从……”由此证实了尼雅遗址就是汉代精绝古城故址。就这样，一个沉寂了千年的神秘古城，重现于世。

背景知识 精绝古城

精绝古城是西汉时期中国西域地区的一个城邦，位于尼雅河畔的一处绿洲上。《汉书·西域传》记载：“精绝国，王治精绝城，去长安八千八百二十里。户四百八十，口三千三百六十，胜兵五百人。精绝都尉、左右将、译长各一人。北至都护治所二千七百二十三里，南至戎卢国四日行。地厄狭，西通扜弥四百六十里。”这个地区还常被描述为边远而神秘的地方，被一些文学作品和传说所提及。

新中国的尼雅考古

不过，尼雅的故事远远没有结束。1949 年前，由于人力财力所限，我国新疆地区的考古基本上被西方的学者和探险家所垄断。直到 20 世纪 50 年代，我国的考古学家才开始逐渐深入研究尼雅遗址。

从 1959 年开始，考古学家多次对尼雅遗址进行了发掘，并出土了一枚汉朝时期管理农业的印章——“司禾府印”，尽管这枚印章很小，但它是证明汉代中央政府对西域有效管辖的实物证据。另外，在汉武帝时期，为确保远征的后勤保障和西部边境的稳定，实施了屯田戍边政策。根据这一政策，所有驻军地区都进行屯田，以确保经济供给。尼雅遗址出土的这枚东汉“司禾府印”证实了当时这片地区实行了屯田政策。

20 世纪 90 年代之后，由中国、日本有关方面联合组织的“中日共同尼雅遗迹学术考察队”，对尼雅遗址进行了九次预备考察和正式考察，取得了丰硕的成果。其中，又以 1995 年的考察与发掘最为重要。

司禾府印

东汉，印章

边长 2 厘米、通高 1.7 厘米，底部阴刻“司禾府印”四字

现藏于新疆维吾尔自治区博物馆

1995 年尼雅遗址干尸的发掘现场

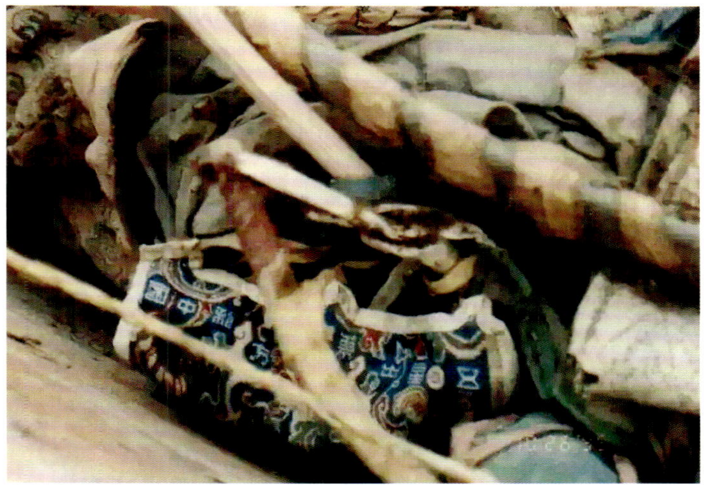

"五星出东方利中国"锦护膊出土现场

根据当时参与考古发掘、北京大学考古文博学院的齐东方教授回忆，当时中国考古队正计划去发掘一处编号为 N14 的宫殿遗址，结果在沙漠中偶然发现了一个地方有木材露出。根据经验，考古队判断这个木材是经过加工的，很有可能是个墓葬。下车后，考古人员确认此处果然是个墓葬，它已经被茫茫的黄沙所覆盖，周围零星分布着枯死的红柳和小胡杨林，墓地里一部分棺木已经被风沙侵蚀殆尽。于是考古队临时改变计划，立即对墓地进行了抢救性发掘。这个墓地，就是我们现在熟知的 95MN1 号墓地。

1995 年尼雅遗址考古发掘现场

精绝古城的“国王和王妃”

考古人员发现其中一个棺木（即8号墓）上覆盖着大量的麦秸草，四周还塞满了干芦苇。面对如此奇特的埋葬方式，大家不由心生警惕，生怕不小心破坏了棺木。小心翼翼拨开苇草后，考古人员发现，一片织有彩色几何纹图案的毛毡盖住了棺盖，棺盖是用五块木板拼合而成的，板缝之间还用泥土严密地封合着。棺木看起来保存完好，应该没有被人扰动过。果然，打开棺盖后，一男一女两具古尸完整地呈现在大家面前，身子周边摆满

8号墓男尸及身穿服饰

“延年益寿大益子孙”锦衬袖残片

遗址中出土的漆奁

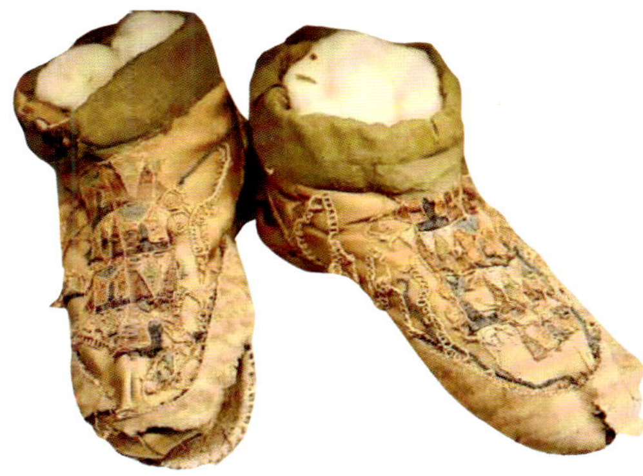

钩花皮鞋

了随葬品。这两具干尸衣着考究，男尸里面穿了件白绢套头长衫，外面套了件右衽长袍，腰间扎了宽彩织带，脚上还穿了双钩花的皮鞋。女尸的穿着也同样隆重，她身着红绢右衽长袍，下面着了件棉套头长裙，双手戴着一双绀地织锦手套，脚穿黑面钩花皮鞋，头枕锦枕。另外，这些织物上大多都绣有吉语文字，如“延年益寿大益子孙”“安乐绣”“千秋万世宜子孙”等。

随葬品也很丰富，除了龟甲纹的彩色地毯、弓箭等武器外，还有成套的装饰品，包括珍珠、金箔、漆奁盒和丝绸香囊等。有一件陶罐上，还赫然写着一个“王”字。这些器物，都体现出逝者的尊贵地位。

那么，他们究竟是什么身份呢？

在95MN1号墓地的东北部不远处，有一处编号为N14的废墟。这是一座规模很大的废墟，它由五座大型房屋和一座用木板建成的“垃圾坑”以及一些土坯墙组成。1906年，斯坦因在“垃圾坑”中挖掘出了十一件汉文简牍，里面提到了“王母”“王”“大王”等称谓。1931年，考古学家又在这个地方发现了另外二十一枚汉文简牍。根据学者的翻译，这些简牍都属于官方文件性质，比如：“大宛王使坐次左大月氏。及上所”等。这些线索综合起来，表明N14很可能是当时汉代精绝三室的驻地，而95MN1号墓地正好位于N14的东南部，如此贴近的地理位置，以及墓葬的丰厚程度，有学者推测，95MN1的墓主人，很有可能是其中某一任精绝王及其王妃。

“五星出东方利中国”中的秘密

在95MN1号墓地中，最具知名度的还不是这一对干尸，而是他们随身佩戴的一块锦护膊——“五星出东方利中国”。“五星出东方利中国”锦护膊自发现伊始，就立刻受到了世人的关注，它是中国首批禁止出国（境）展览的文物之一，甚至被誉为20世纪中国考古学极为伟大的发现之一，重要性可见一斑。

发掘的时候，在墓主人的一堆丝织品、弓箭以及木

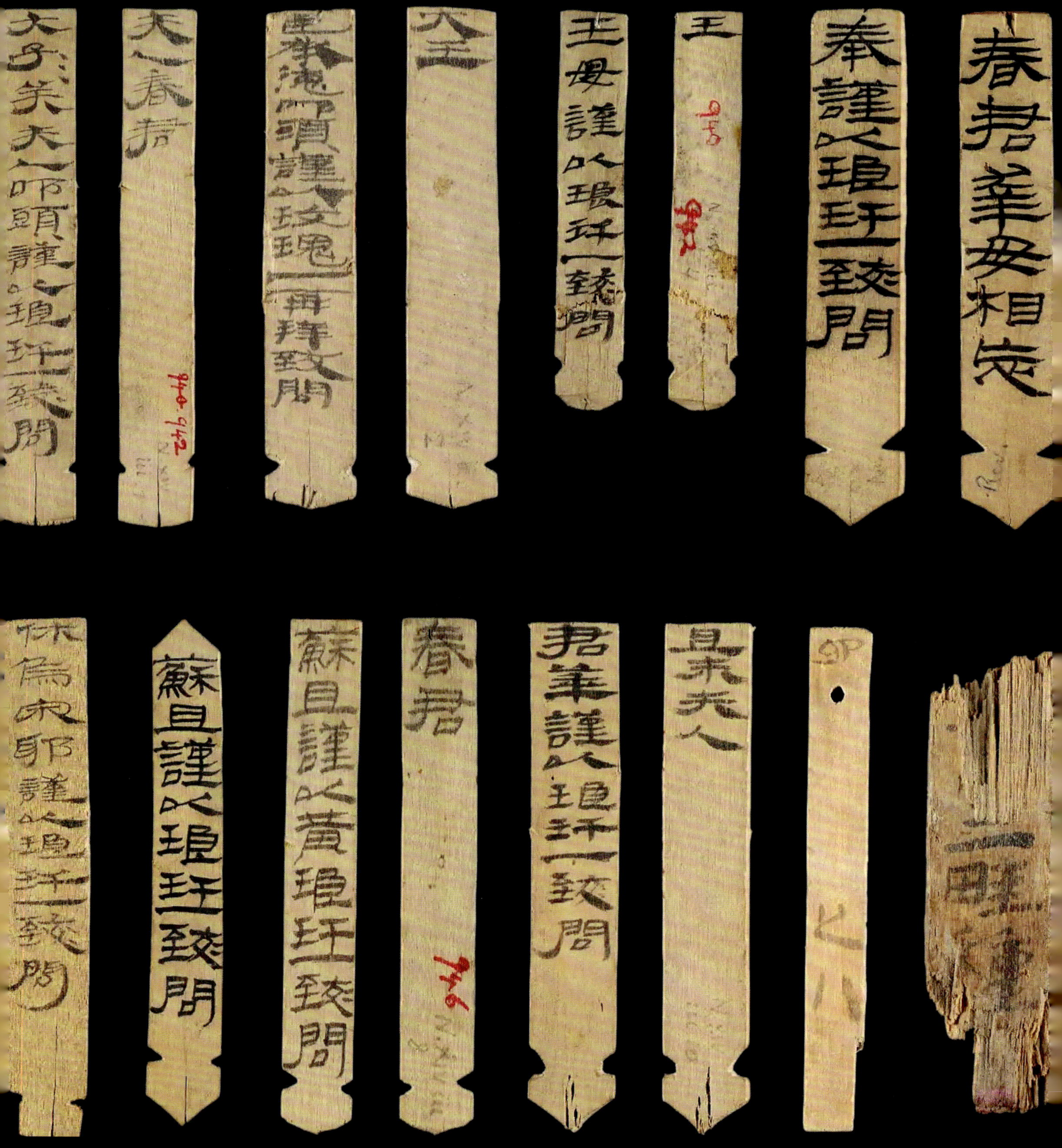

尼雅遗址 N14 出土的汉简，上有“大王”“王”等字样

国”锦护膊

六角系带，长 18.5 厘米、

厘米

区博物馆

制品等随葬器物中，这块放在尸体肘部的织锦因为被沙土覆盖，一开始并不起眼，简单清理后，织锦才逐渐露出了鲜艳的颜色。考古人员慢慢翻开织锦，居然在上面辨认出了“五星出东方利中国”的字样！

现在，很多人都认为这句话太过于“现代”，并将它与现代历史事件附会在一起，似乎这神秘的尼雅遗址拥有着神奇的预测能力。很遗憾，这只是历史偶然的巧合而已。其实“五星”“中国”这几个词，在古代很早以前就有了。先秦时期，太白、岁星、辰星、荧惑、镇星被合称为“五星”。汉代五星又被改为了金星、木星、水星、火星和土星。“东方”是指我国古代星占术中特定的天穹位置。“中国”则是一个地理概念，是古时的中原地区，指以洛阳至开封一带为中心的黄河中下游地区。

“千秋万岁宜子孙”锦衾

整句话是我国古代星占学上的一个占辞术语，最早见于《史记·天官书》：“五星分天之中，积于东方，中国利；积于西方，外国用兵者利。”所谓的“五星出东方”，指的就是五颗行星在一段时间内同时出现在了东方的天象，也就是我们经常在小说中看到的所谓“五星连珠”“五星聚舍”。

我们再回到这一块锦护膊。当时，同一座墓中还出土了一块印有“讨南羌”小篆文的织锦，它的纹样有星纹、云气纹、羽人纹等，与“五星出东方利中国”织锦相同，可以断定是出自同一块面料。因此，这句话的完整内容应该是：五星出东方利中国讨南羌。织锦记载的应当是一次中原王朝讨伐南羌的战争行为。根据遗址的年代以及出土的陪葬品，再结合史书的记载，学者们认为，这一次战争，很可能就是历史上有名的赵充国伐羌。当时的精绝王国很可能参与了这一次战争，因帮助中原王朝有功，所以得到了这一块织锦作为奖赏。

除了富含历史信息，“五星出东方利中国”锦护膊的工艺水平也堪称高超。汉代织锦，是一种名为“经丝彩色显花”的丝织物，被称作“经锦”。这种织锦的纬线只用一色，而经线用色则多用三种、四种甚至五种。经线的颜色越多、密度越大，织起来的难度就越高。“五星出东方利中国”锦护膊每平方厘米共计有二百二十根经线、四十八根纬线，是目前已知的汉锦中织造工艺最为复杂、用色最多的织锦之一，体现出汉代织造技术的高超，是当之无愧的汉锦织造工艺顶峰。

延展阅读　赵充国伐羌

《汉书·赵充国辛庆忌传》记载，西汉神爵元年（公元前 61 年）的时候，汉宣帝指派赵充国全权负责西羌战事。当时情况复杂，在后方的汉宣帝因为赵充国缓兵不动而心生不悦，在增援兵力督促尽快再战的同时，汉宣帝敕书说：“将军不念中国之费，欲以岁数而胜微，将军谁不乐此者……今五星出东方，中国大利，蛮夷大败。太白出高，用兵深入敢战者吉，弗敢战者凶。将军急装，因天时，诛不义，万下必全，勿复有疑。”五星相聚之时，汉在东方，羌在西方，而五星出东方，说明汉兵必胜。如此重要的战事，堂堂一国之君催促用兵不是因为对时势的判断，而是因为天象学上的占卜，可见古人的迷信程度。而这场战事，也确如占星所预料的，汉军大败羌人。

“五星出东方利中国”织锦复原

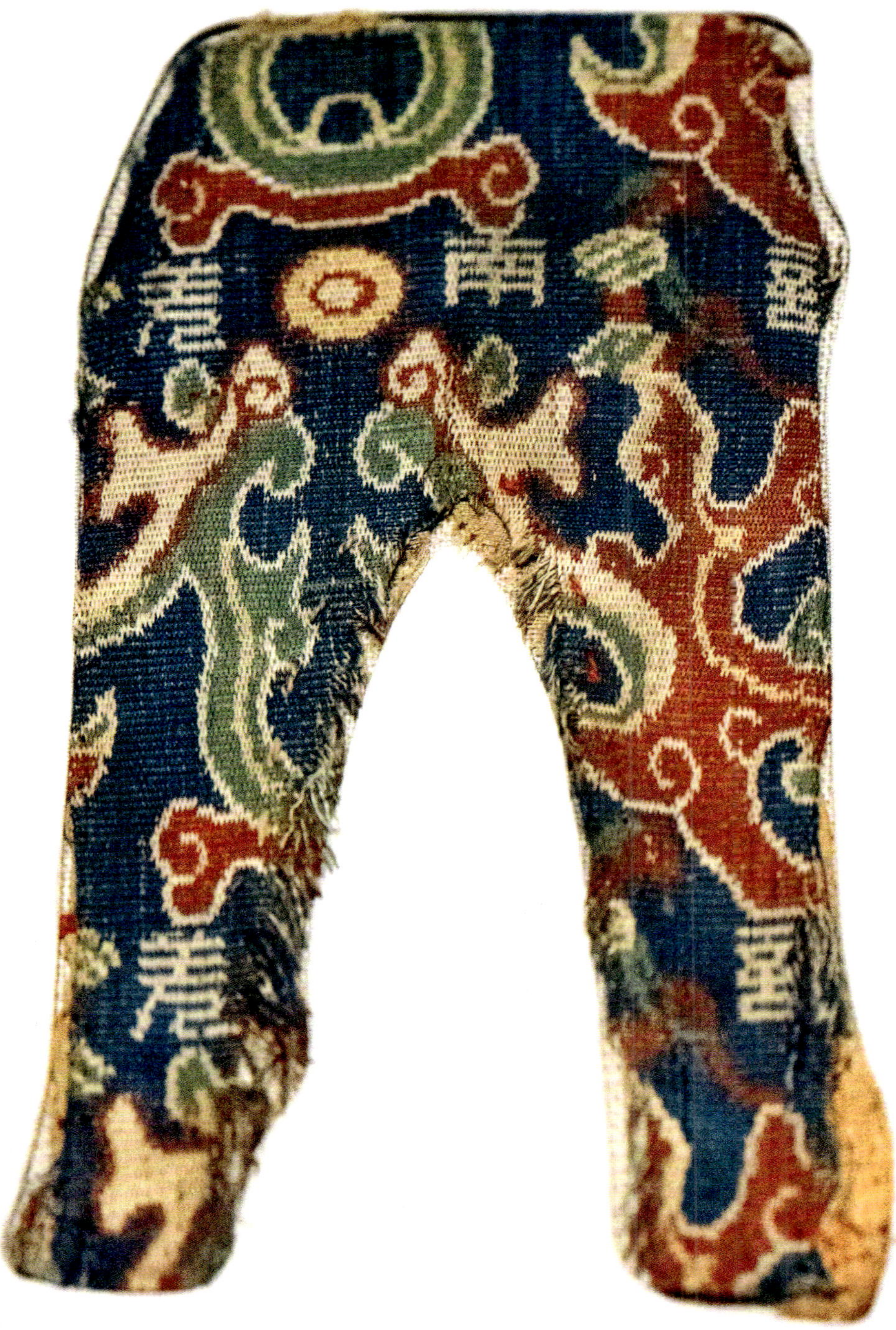

“讨南羌”织锦

曹操高陵

• 东汉第一权臣的最终归宿

地址：河南省安阳市安丰乡西高穴村
年代：秦汉时期
发掘时间：2008 年
主要出土文物：画像石、刻铭石牌、陶俑、石圭、石枕，以及各种陶器等

惊现曹操墓

2006 年除夕夜，河南安阳安丰乡西高穴村的村民们正如往常一样，在家包饺子、放鞭炮，欢度新春。就在这此起彼伏的鞭炮声中，夹杂着一声刺耳的爆炸声……春节过后，一位叫徐焕朝的村民发现自己家的田地里赫然出现了一个直径在一米左右的大洞！联想到除夕夜那声非同寻常的爆炸声，徐焕朝敏锐地意识到，这很可能是一个盗洞，于是他赶紧向乡政府汇报。

乡政府迅速联系了在安丰乡考古的潘伟斌，经过初步勘探，他确认了这是一座东汉王侯级别的古墓。潘伟斌申请发掘但被河南省文物局拒绝，因为中国考古界有非必要不发掘帝王陵墓的原则，与其把文物发掘出来，承受着未知的风险，不如让它们继续待在地下那个稳定的小环境中。不怕贼偷，就怕贼惦记，盗墓贼因文物单位仅加强安保但未发掘而再次蠢蠢欲动了起来。

曹操高陵遗址博物馆模拟的墓内空间

陵墓前室发掘现场

考古人员在前室忙碌

2008年9月，安丰乡派出所意外破获了一起盗墓案件，同时追缴回一块画像石。盗墓贼招供，自己盗的正是西高穴汉墓。经专家鉴定，画像石的题材是在东汉后期非常流行的“七女复仇”。考虑到汉代画像石一般是砌在墓室的墙壁上做装饰的，既然画像石已经被盗墓贼给撬下来了，这很可能意味着墓室的墙壁已经破坏。再加上当时正是多雨时节，遇上暴雨，墓室结构已被破坏的西高穴汉墓有坍塌风险。权衡利弊之下，河南省文物局终于同意了发掘申请。

发掘现场

2008年12月12日，考古发掘正式开始。遗憾的是，西高穴汉墓早已千疮百孔，1号坑中考古人员清理出两个盗洞，而2号坑中的盗洞数量更是多达七个。考古人员采集了盗洞的土样进行分析，发现其中最早的一次盗墓行为发生于东晋时期，还有好几个盗洞是最近几年留下的。考古人员还在盗洞附近发现了方便面袋子、火腿肠皮、矿泉水和啤酒瓶子之类的物品。不过，考古人员并没有放弃，他们对墓葬进行了仔细清理和筛选，最终出土了二百五十余件文物，主要有铜带钩、铁甲、铁剑、铁镞、玉珠、水晶珠、石圭、石璧、石枕、刻铭石牌、陶俑等。

铜带钩

曹操高陵出土的陶俑

除以上文物，墓葬还出土了大量画像石残块，这批画像石画工精细娴熟，雕刻精美，内容丰富，有“神兽”“七女复仇”“义人赵宣行善”等图案（故事），并刻有“咸阳令”“纪梁”“侍郎”“宋王车”“文王十子’“饮酒人”等文字。在墓室清理中，还发现有人类头骨、肢骨等部分遗骨。专家初步鉴定为一男两女三个个体，其中，墓主人为男性，年龄在60岁左右。

2010年4月2日至3日，中国秦汉史研究会、中国魏晋南北朝史学会在安阳举行了会长联席会议，多位国内权威的考古学家、历史学家出席了会议，并前往考古现场对已出土文物进行了反复研究和论证，最终一致认为，安阳西高穴东汉墓确为曹操高陵。

确认陵墓为曹操高陵的证据

破损的画像石

西高穴东汉墓发掘负责人潘伟斌总结了九大证据。在此，我们将这些证据总结归纳，大体可分为间接证据和直接证据两大类。

间接证据主要涉及墓葬的形制、规格、出土文物等。

证据一：此墓和曹魏正始八年大墓墓顶形状相同，再结合出土陶器、东汉五铢钱、画像石内容等多方面证据，专家们一致认定其为东汉晚期大墓，与曹操所处年代一致。

证据二：此墓葬与同期墓葬相比，规模宏大，当属汉魏王侯级别的大墓，这与曹操的身份相符。

证据三：此次发掘墓室上面未见封土，更没有找到其立碑迹象，完全符合曹操“不封不树”的要求。

《七女复仇图》画像石细节

《七女复仇图》画像石摹本

延展阅读 画像石

画像石是中国古代墓葬中的一种装饰艺术形式，主要用于墓室的建造。它们通常是由石头雕刻而成，上面刻有各种图案和场景，反映了古代中国的社会生活、历史故事、神话传说、宗教信仰等方面的内容。画像石的起源可以追溯到汉代，当时的画像石主要是为了替代传统的木结构墓室，因为木材容易腐朽，而石材更加耐久。随着时间的推移，画像石的艺术风格和内容也不断发展和丰富，成为研究中国古代社会历史和文化的重要资料。

《义人赵宣行善图》画像石摹本

证据四：曹操要求其陵墓位于“西门豹祠西原上”，如今西门豹故址尚存，位于邺城故城西，漳河南岸，西高穴汉墓正好位于西门豹祠的西面。

证据五：西高穴村西的小方池地里挖出了鲁潜墓志，志文中提到鲁潜墓距魏武帝陵的方位与距离：“墓在高决桥陌西行一千四百廿步，……故魏武帝陵西北角西行四十三步，北迴至墓明堂二百五十步。”可推测曹操高陵就在西高穴村。

证据六：出土的陶器都是素面陶，器型偏小，做工粗糙，符合曹植在《武帝诔》中所说的“明器无饰，陶素是嘉”；金、玉遗物是墓主人生前衣物上所用之物，非特制葬品；圭和璧等礼器，则均为石质，也符合曹操遗令的“薄葬”规定。

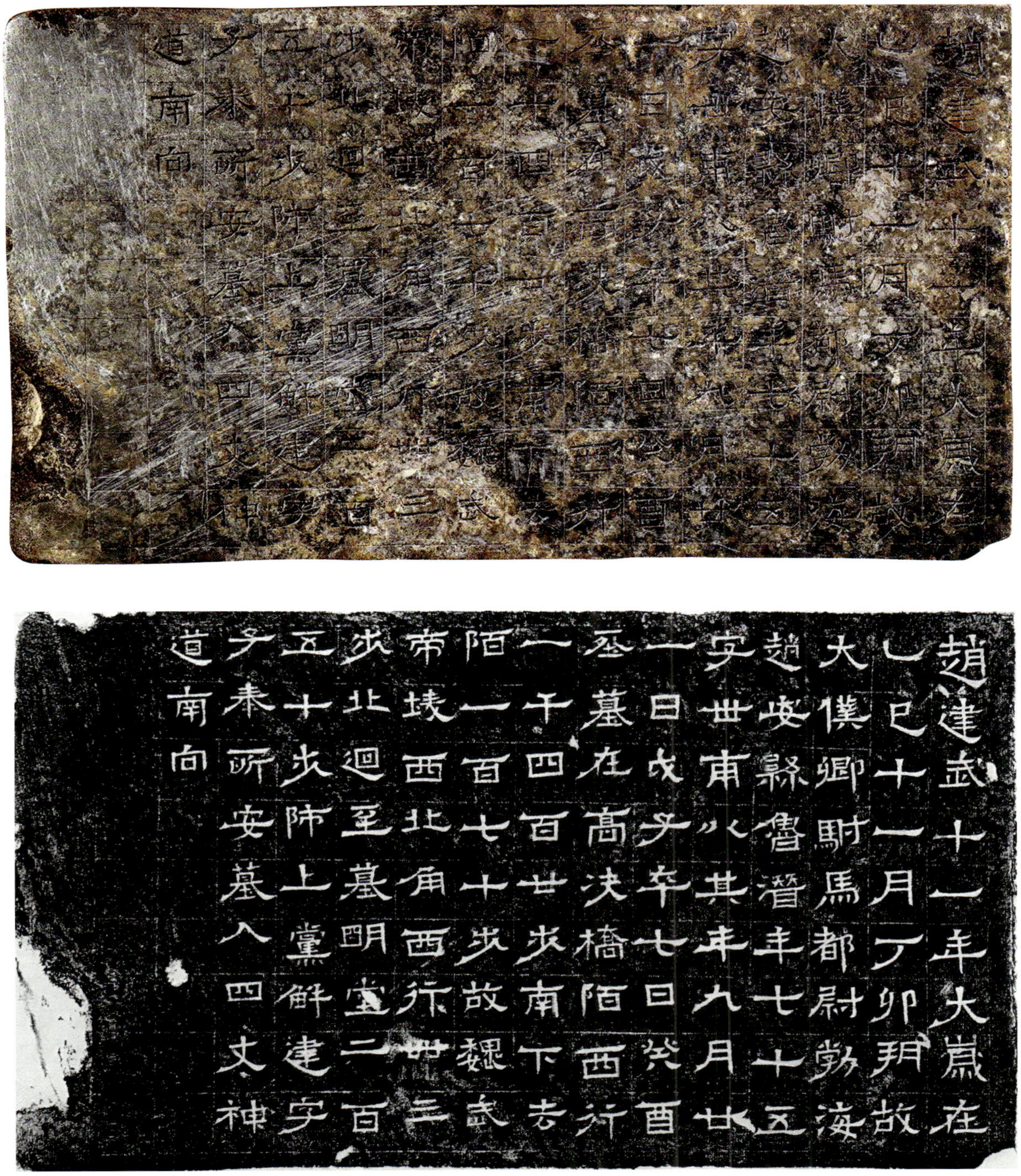

鲁潜墓志及拓本

陶鼎

证据七：墓中发现的男性遗骨经鉴定，年龄为 60 岁左右，与史书记载曹操去世时年龄为 66 岁相吻合。

以上七大证据只是间接证据，最多只能提供佐证，要想证实西高穴汉墓就是曹操高陵，还需要更有力的直接证据。

一天，考古人员在清理墓室淤土时，发掘出了一个残缺的小石牌，待水流慢慢冲刷掉淤泥后，石牌上的字迹逐渐显现：魏武王常所用挌虎……！它明确表示了墓葬的墓主人就是魏武王。由于这块“魏武王常所用挌虎……”石牌是考古人员亲手发掘出来的，地层信息准确，成为认定墓主人身份的直接的实物证据。后来考古人员发现另外一片石牌残片，清洗后出现“大戟”二字，与之前的残片可以完美拼合，完整铭文为“魏武王常所用挌虎大戟”。墓葬共出土了带有“魏武王”字样的石牌共八枚，其中七枚是发掘出土，一枚是从盗墓贼手中缴获的。这八枚石牌为证据八。

既符合东汉末年这个时间段，又在历史上被明确称为“魏武王”的人，只有曹操一人。根据文献记载，曹操生前有多个封号：“魏公”“魏王”，死后谥号为“武王”。曹丕称帝后追封其为“武皇帝”，史称“魏武帝”。这些石牌是墓主人下葬时放入的，此时的曹操还未被追封为帝，所以称为“魏武王”，合情合理，此为证据九。

综上所述，通过对此墓葬的形制、规模、出土文物，结合鲁潜墓志和西门豹祠等的相互位置，以及历史文献

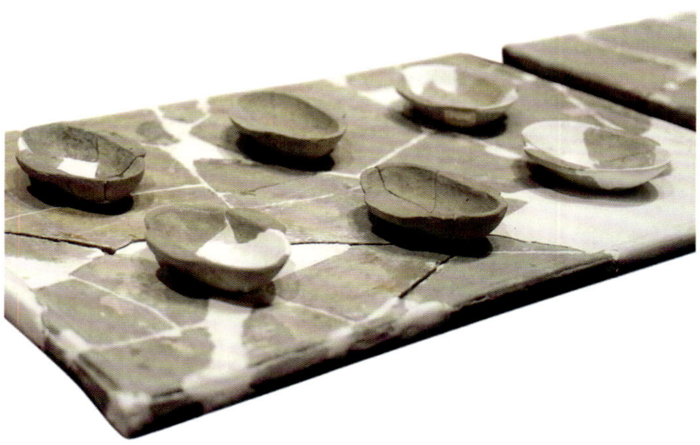

长条形陶案及陶耳杯

三足中空陶盆

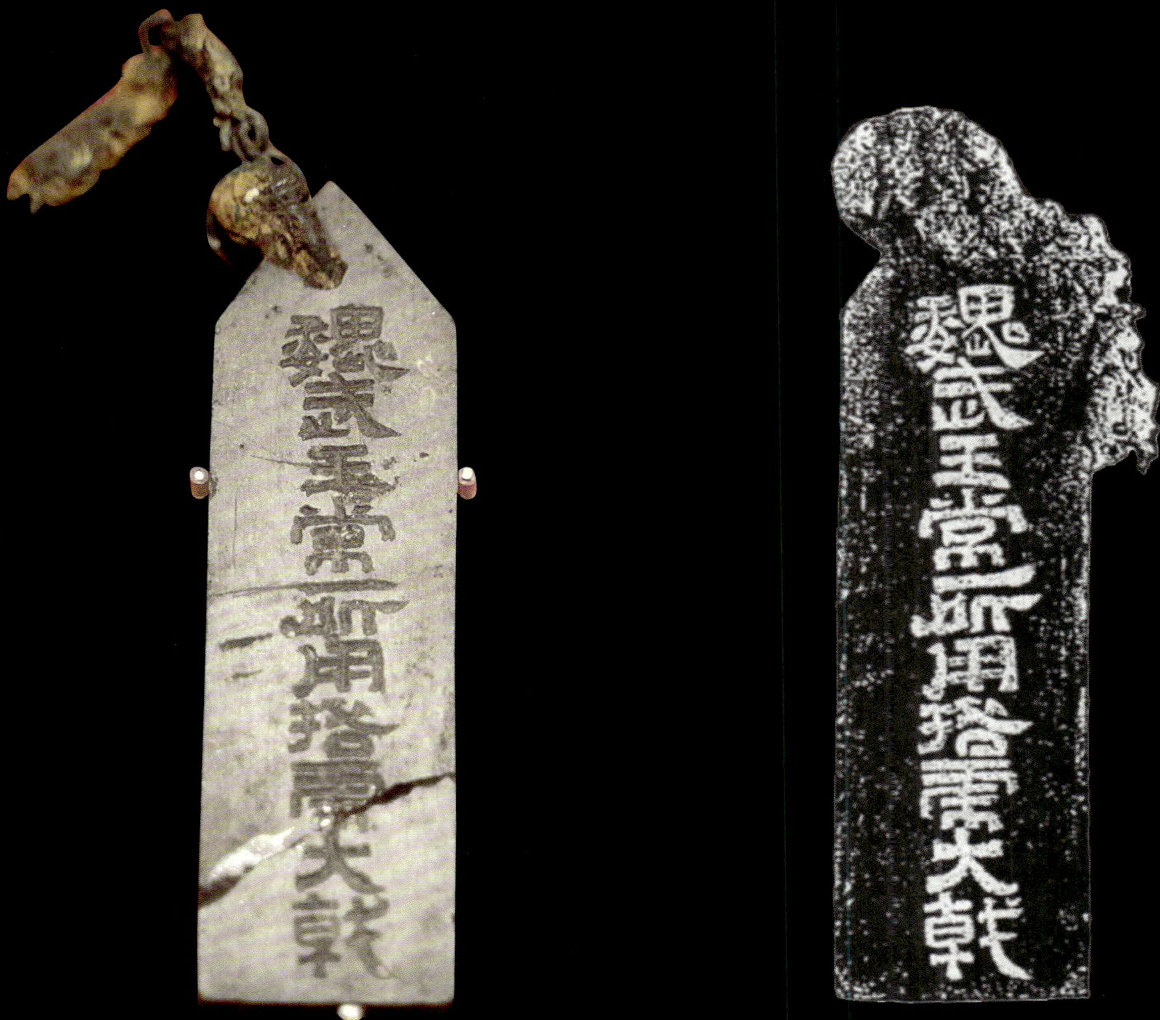

“魏武王常所用挌虎大戟”圭形石牌及拓本

“圭一”石牌

“魏武王常所用挌虎大刀”石牌

有关魏武帝陵位置的记载，专家们确定西高穴汉墓就是魏武帝曹操的高陵。

不过，尽管学术界已经盖棺定论，但是公众并不买账，认为这墓压根儿不是曹操高陵。公众反对的主要论点之一，就是认为曹操有“七十二疑冢”，西高穴墓或许就是疑冢之一。但实际上，关于疑冢的说法大约在宋代才出现。宋朝非常推崇儒家思想，强调忠君爱国，一直自称汉室正统的刘备成了忠君的正面人物，曹操的历史形象和功绩被恶意地贬低、曲解，“七十二疑冢”就是丑化曹操的手段之一。

魏武王常所用慰项石

根据《后汉书》《三国志》等史料的记载，曹操自年少时就一直患有头风病，考古人员还对曹操遗骨进行整理，发现曹操患有很严重的龋齿，而龋齿会引起三叉神经痛，这正是曹操头痛的原因。

在曹操墓中，考古人员发现了一个石牌，上面刻了“渠枕一”的铭文。石牌相当于随葬品的清单，这就意味着，墓中有一个叫作“渠枕”的东西。由于曹操墓已被盗掘，考古人员并未在墓葬中找到所谓的“渠枕”。后来，公安部门从盗墓者手中缴获了一个石枕，该石枕整体形状为长方形，中间有一弧形凹槽，凹槽大小正好能够放下人的颈部。背面竖刻一行字：魏武王常所用慰项石。由此，考古人员确定此为石牌所记“渠枕”。

不过，为什么“渠枕”是石头质地的呢？按照常识，墓葬中出土的枕头有玉质、瓷质，但很少出土有石质的，而且这个石枕的外形并不美观，上面还有磕碰的痕迹，显然是曹操生前使用过，而不是为了随葬专门定制的。后来，有医学专家给出了解释：石枕有令人镇定的作用，尤其是经过温水加热后，将脖颈枕在上面，有利于疏通颈部脉络。所以，曹操很可能就是靠这个石枕来减轻头疼的，这或许就是“慰项石”一词的由来。

背景知识　“七十二疑冢”

传说曹操临终前，几个儿子都有事在外，只有干儿子守在身旁。他打发了所有人，只留下干儿子说：“你准备七十二口棺材，在漳河边挖七十二座坟，我死后，悄悄把我放在其中一口棺材里，运出去埋葬。记住，只许你一个人知道是哪一口棺材，葬在哪里。”曹操还交代说，自己年过花甲升天，是喜事，叫干儿子穿上红袍出殡。同时，他又给曹丕写了一封亲笔信，派人送去。出殡那天，七十二口棺材从四门出城，人们不知曹操尸体放在哪口棺材里，当然更不知哪个坟堆是真坟了。曹丕接到信，领兵赶回，见干兄弟穿红袍正在祭灵，上前不问青红皂白，一刀就把他砍死了。原来，曹操信上说，穿红袍祭灵的是心怀叛逆之人，应立刻除掉。干儿子一死，曹操埋在哪座坟里，就没人知道了，从此留下一桩历史悬案。“七十二疑冢”这个故事，把曹操生性多疑的性格刻画得淋漓尽致。

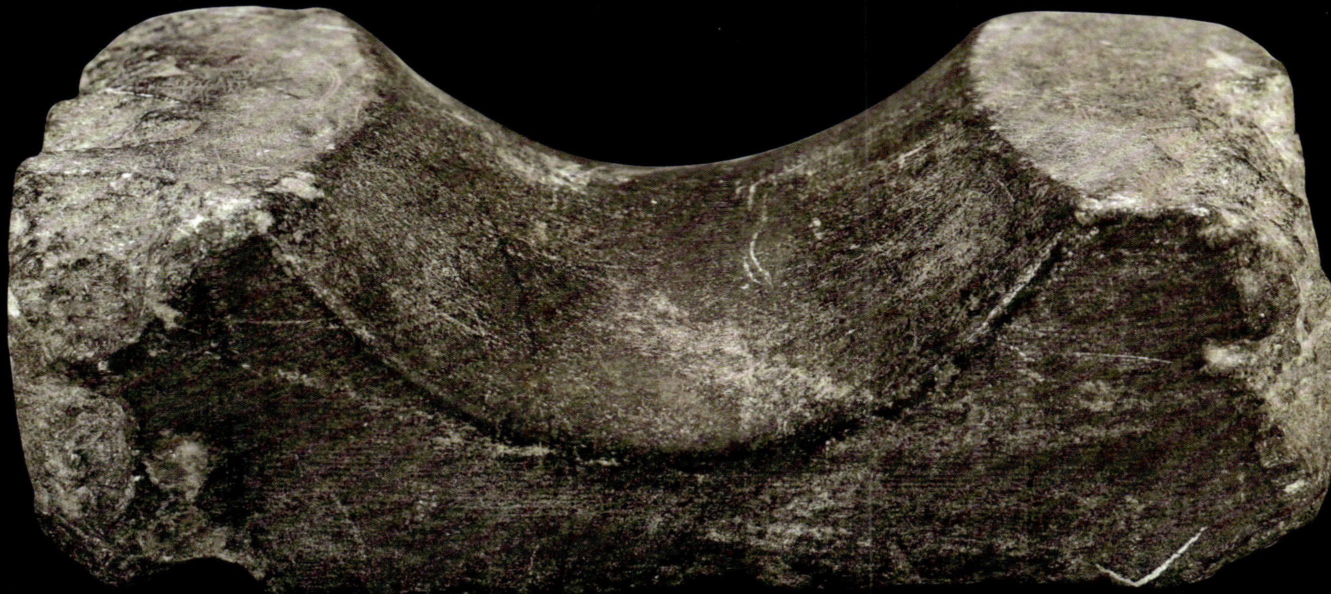

慰项石

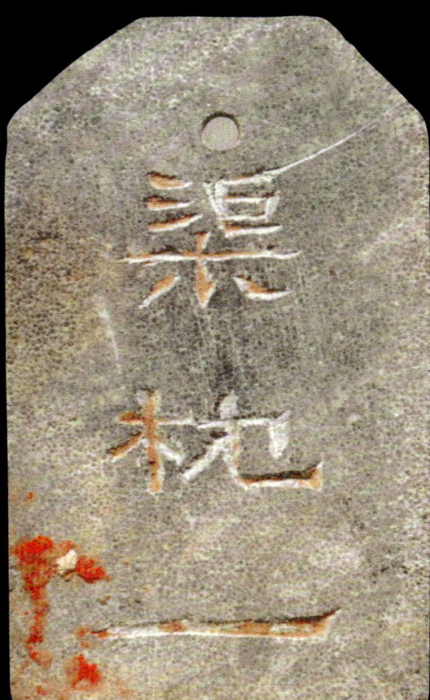

“渠枕一”石牌

慰项石背面刻字“魏武王常所用慰项石”

敦煌莫高窟

——一部佛教艺术史

地址：甘肃省敦煌市东南 25 千米处的鸣沙山东麓崖壁上
年代：三国至隋唐时期
发掘时间：1944 年
主要出土文物：文书、壁画、彩塑等

藏经洞的发现

莫高窟，位于中国甘肃省敦煌市东南25千米的鸣沙山东麓断崖处，正处在河西走廊的西部尽头处。这里南接青海，西连新疆，是丝绸之路上的一个商贸重镇和交通枢纽，也是世界著名的佛教艺术圣地。据传，366年，高僧乐僔路经敦煌，看到三危山金光万道，仿佛有千佛现身，便在山崖上开凿了第一个洞窟，这被视为莫高窟的开端。一直到元代，莫高窟的开凿和发展延续了千年之久。随着1900年藏经洞的发现，大量的经卷、文书、绘画等珍贵文物的出现，莫高窟引起了世界的关注。

1900年，一位叫王圆箓的道士打算重修和改造莫高窟，在清理到第16窟时，突然发现16窟的甬道壁上居然还藏着一个被人为封闭的小窟（这就是被后人称为藏经洞的莫高窟第17窟）！在藏经洞内，整齐摆放着无数的布包，每个布包内都裹着十几卷古文书，其数量之多，

莫高窟九层楼

20 世纪初的敦煌外景

可以装满几辆马车。发现藏经洞宝藏后，王道士立即将消息上报敦煌县令，最终甘肃省府下了一道命令，将所有文书就地封存。因此，这批宝贝又被封存在发现它们的石室里，由王道士负责妥善保管。

20 世纪 20 年代初的莫高窟第 249 窟

背景知识　斯坦因

1907 年 3 月某天清晨，斯坦因冒着刺骨的寒风，第一次来到敦煌。斯坦因是一名探险家和考古学家，1862年出生于匈牙利首都布达佩斯的一个犹太人家庭。1900 年，他受英国政府的委托，进行了第一次中亚探险活动，到中国新疆的和田、尼雅一带进行考古挖掘，并盗走了大量珍贵文物。1906 年，斯坦因开始了第二次中亚考察。他重访了和田和尼雅遗址，并发掘了罗布泊南边的若羌米兰古城遗址，发现了著名的“有翼天使”壁画。1907 年 2 月 11 日，斯坦因结束了米兰古城遗址的发掘，开始动身前往敦煌。

20 世纪 20 年代初的莫高窟第 16 窟内（藏经洞门口）堆积的文书

藏经洞的劫难

考古学家、探险家斯坦因对这些难以释读的文书产生了强烈的兴趣，作为一名精通多门外语的语言学家，他明白这些古老的手稿里一定藏着许多秘密。斯坦因立即带着自己的助手从敦煌县城出发，来到莫高窟一探究竟。此时，王道士恰巧外出化缘去了，于是他不得不先考察了汉长城，然后再返回莫高窟。但斯坦因无法进入藏经洞，后来他发现王道士

满载而归的哈桑·阿昆（斯坦因雇用的驾骆驼的人）

华尔纳

伯希和在藏经洞翻阅文书

崇拜玄奘，便谎称自己是追寻玄奘足迹的印度人，玄奘是去西天取经，自己则是东游记，还希望将这些文书带回去，物归原主。最终王道士被说服，打开藏经洞让他挑选。最后，斯坦因仅仅用了四十块马蹄银（相当于 500 印度卢比）的价格，就换走了他精心挑选出来的画卷和写卷文书，以及五十五捆典籍写卷。16 个月后，二十四箱装满手稿的箱子和五箱装有绘画、绣制品的箱子，平安地堆放在了伦敦大英博物馆的库房里。

从王道士亲手为斯坦因打开藏经洞大门的那一刻起，潘多拉的魔盒就此打开。斯坦因之后，陆续有很多探险家前往敦煌，法国汉学家伯希和、日本的橘瑞超和吉川小一郎探险队、俄国奥登堡探险队，以及美国的华尔纳探险队，对藏经洞文物进行了疯狂的劫掠。如今，流散在海外的敦煌文物，分别被藏在英、法、日、俄、美等十多个国家的四五十个机构中。无怪乎国学大师陈寅恪说："敦煌者，吾国学术之伤心史也。"

斯坦因最初打开文书时的状态

敦煌遗书：中古时代的图书馆

藏经洞出土的文物，主要涵盖宗教典籍（佛经占敦煌写本90%以上，以及《道德经》《老子化胡经》等道教经书）、儒家经典（如《诗》《书》《易》《礼》《春秋》《论语》等）、历史地理文献（如《史记》《汉书》《三国志》《敦煌名族志》等）、官私文书（如《张君义勋告》《塑匠找曾子典儿契》等）、科技文献（如《全天星图》等）、文学典籍（如《诗经》《文选》等）、非汉文文献（如中亚粟特文《善恶因果经》、印度梵文悉昙字《般若心经》等）、工匠和商行（如纸匠、金银匠、木行等）文书、书法（如柳公权的《金刚经》、欧阳询的《化度寺塔铭》等）以及绢花、刺绣和剪纸等（如佛教神祇画、经变画等）十个种类的古写本和印本，蕴含着无与伦比的历史价值和艺术价值。但在清末时期，藏经洞的文物并未得到有效保护，这些盗劫和破坏使敦煌文物受到很大损失。

由于伯希和精通中国古文字，所以他挑选出来的文物的学术价值极高。现藏于法国国家图书馆的《沙州都督府图经》是中国现存最早的唐代图经之一，其中保存了大量的历史、地理和社会资料，比如记载了敦煌周边十九所驿站的具体情况，包括每个驿站的详细位置、与州城的距离、与附近驿站的方位距离，以及驿站是否有

大英博物馆藏的敦煌剪纸

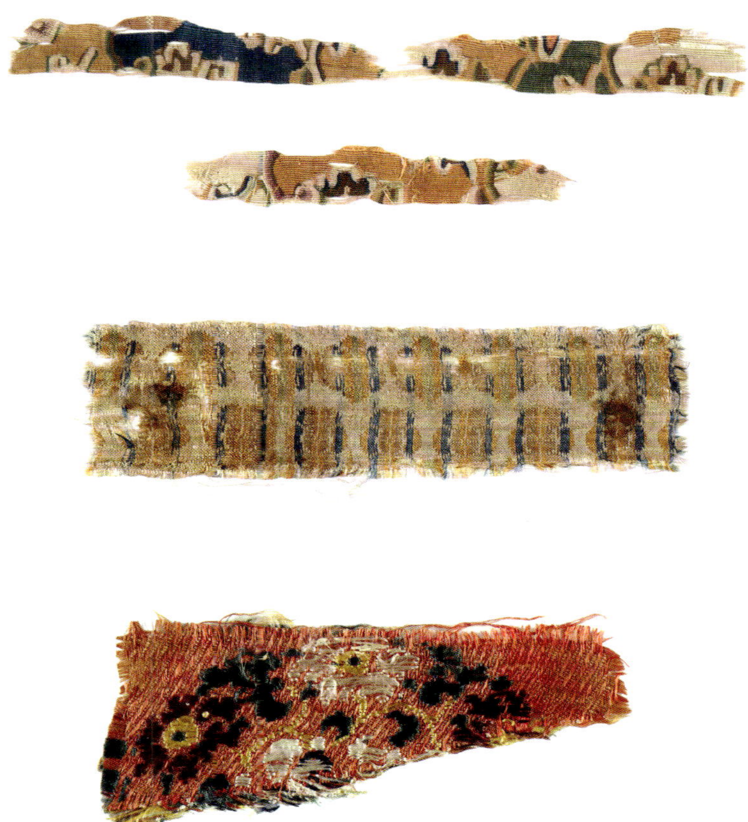

斯坦因带走的刺绣丝织品碎片

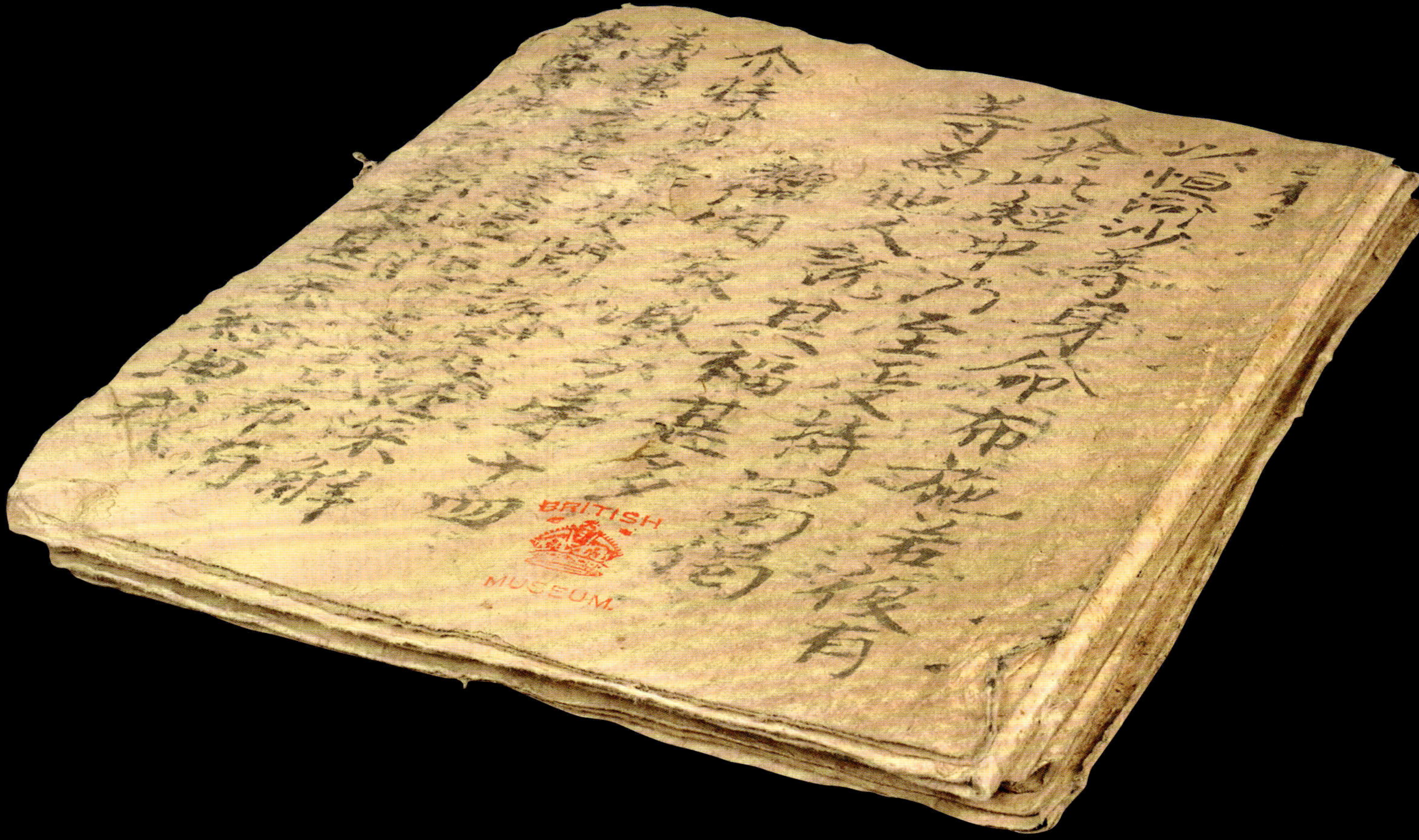

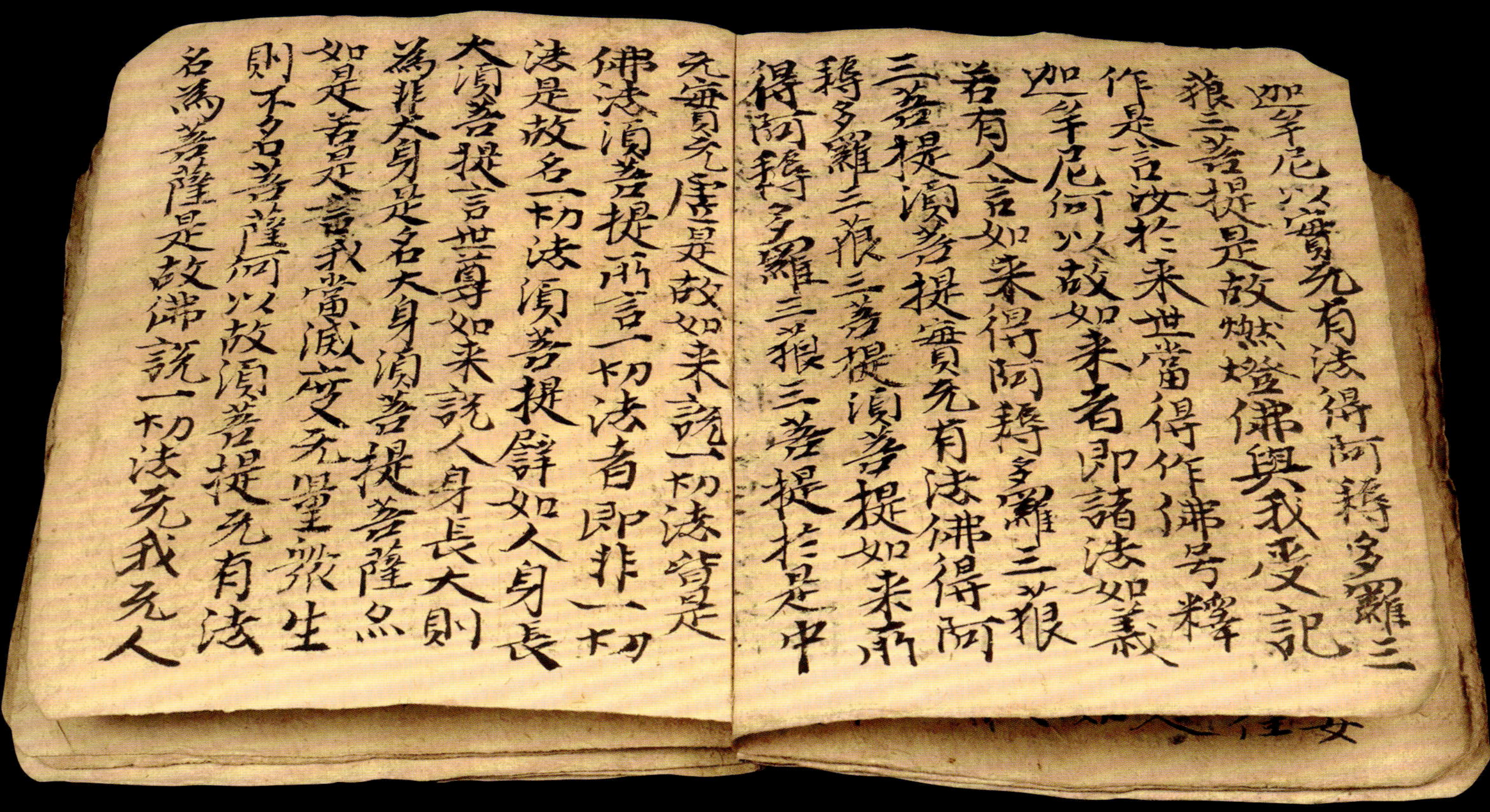

大英博物馆藏《金刚般若波罗蜜经册》

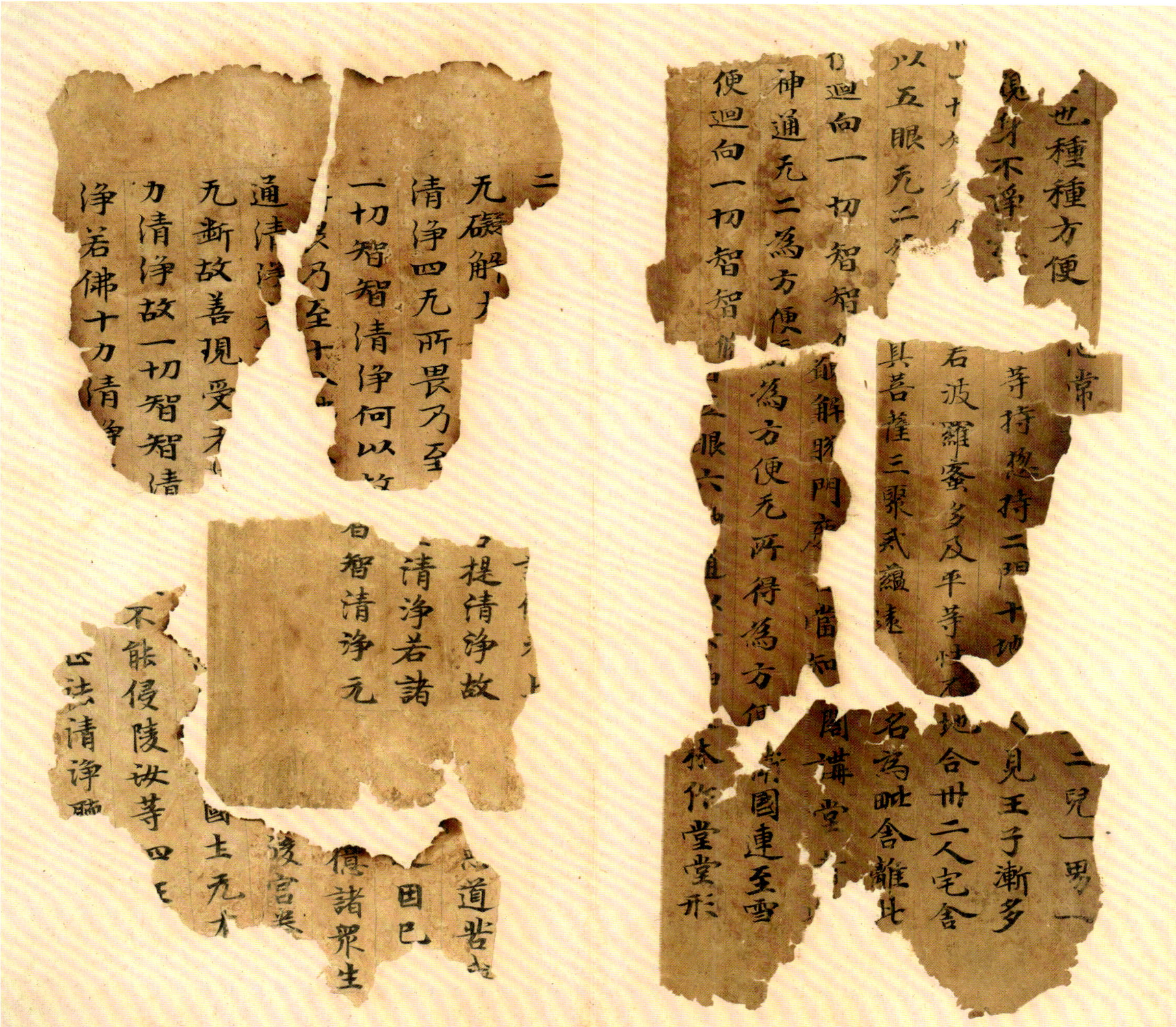

日藏《西域法宝遗韵》（残片）

所改设等，均一一记录，甚至还说明了有些废弃驿站的废止年代和原因。比如悬泉驿："在州东六十五里，旧是山南空谷驿，唐（高宗）永淳二年，奉敕移北山悬泉谷，故名。其西去其头驿八十里，东去鱼泉驿四十里。"这些记录，远比正史中的《地理志》记载更加具体详细。

《沙州都督府图经》被伯希和带到法国后，大家起初并不知道其内容为何，伯希和将其初步定名为《沙州记》。1909 年，国学大师罗振玉收到伯希和寄赠的照片，考证后将其改名为《沙州志》。1913 年，罗振玉认为其为唐代"图经"著作，所以又易名为《沙州图经》，并收录到《鸣沙石室佚书》。1916 年，伯希和在整理敦煌遗书的时候，发现另一本残卷（伯字 2695 号）的长度虽远不及《沙州图经》，但可辨识的部分内容基本与《沙州图经》一致。最为关键的是，残卷的卷尾有"沙州都

相是名一合相須菩提一合相者則是不可說但凡夫之人貪著其事須菩提若人言佛說我見人見衆生見壽者見須菩提於意云何是人解我所說義不世尊是人不解如來所說義何以故世尊說我見人見衆生見壽者見即非我見人見衆生見壽者見是名我見人見衆生見壽者見須菩提發阿耨多羅三藐三菩提心者於一切法應如是知如是見如是信解不生法相須菩提所言法相者如來說即非法相是名法相須菩提若有人以滿無量阿僧祇世界七寶持用布施若有善男子善女人發菩薩心者持於此經乃至四句偈等受持讀誦為人演說其福勝彼云何為人演說不取於相如如不動何以故

一切有為法　如夢幻泡影
如露亦如電　應作如是觀

佛說是經已長老須菩提及諸比丘比丘尼優婆塞優婆夷一切世間天人阿脩羅聞佛所說皆大歡喜信受奉行

金剛般若波羅蜜經

長慶四年四月六日翰林侍書學士朝議郎行右補闕上輕車都尉賜緋魚袋柳公權為右街僧錄淮公書

強演　邵建和刻

心不可得未來心不可得須菩提於意云何若有人滿三千大千世界七寶以用布施是人以是因緣得福多不如是世尊此人以是因緣得福甚多須菩提若福德有實如來不說得福德多以福德無故如來說得福德多須菩提於意云何佛可以具足色身見不不也世尊如來不應以色身見何以故如來說具足色身即非具足色身是名具足色身須菩提於意云何如來可以具足諸相見不不也世尊如來不應以具足諸相見何以故如來說諸相具足即非具足是名諸相具足須菩提汝勿謂如來作是念我當有所說法莫作是念何以故若人言如來有所說法即為謗佛不能解我所說故須菩提說法者無法可說是名說法須菩提白佛言世尊佛得阿耨多羅三藐三菩提為無所得耶如是如是須菩提我於阿耨多羅三藐三菩提乃至無有少法可得是名阿耨多羅三藐三菩提復次須菩提是法平等無有高下是名阿耨多羅三藐三菩提以無我無人無衆生無壽者修一切善法則得阿耨多羅三藐三菩提須菩提所言善法者如來說非善法是名善法須菩提若三千大千世界中所有諸須弥山王如是等七寶聚有人持用布施若人以此般若波羅蜜經乃至四句偈等受持為他人說於前福德百分不及一百千萬億分乃至筭數譬喻所不能及須菩提於意云何汝等勿謂如來作是念我當度衆生須

處則為是塔皆應恭敬作礼圍遶以諸華香而散其處復次須菩提善男子善女人受持讀誦此經若為人輕賤是人先世罪業應墮惡道以今世人輕賤故先世罪業則為消滅當得阿耨多羅三藐三菩提須菩提我念過去無量阿僧祇劫於然燈佛前得值八百四千萬億那由他諸佛悉皆供養承事無空過者若復有人於後末世能受持讀誦此經所得功德於我所供養諸佛功德百分不及一千萬億分乃至筭數譬喻所不能及須菩提若善男子善女人於後末世有受持讀誦此經所得功德我若具說者或有人聞心則狂亂狐疑不信須菩提當知是經義不可思議果報亦不可思議　尒時須菩提白佛言世尊善男子善女人發阿耨多羅三藐三菩提心云何應住云何降伏其心佛告須菩提善男子善女人發阿耨多羅三藐三菩提者當生如是心我應滅度一切衆生滅度一切衆生已而無有一衆生實滅度者何以故若菩薩有我相人相衆生相壽者相則非菩薩所以者何須菩提實無有法發阿耨多羅三藐三菩提者須菩提於意云何如來於然燈佛所有法得阿耨多羅三藐三菩提不不也世尊如我解佛所說義佛於然燈佛所無有法得阿耨多羅三藐三菩提佛言如是如是須菩提實無有法如來得阿耨多羅三藐三菩提須菩提若有法如來得阿耨多羅三藐三菩提

佛言世尊如來無所說須菩提於意云何三千大千世界所有微塵是為多不須菩提言甚多世尊須菩提諸微塵如來說非微塵是名微塵如來說世界非世界是名世界須菩提於意云何可以三十二相見如來不不也世尊何以故如來說三十二相即是非相是名三十二相須菩提若有善男子善女人以恒河沙等身命布施若復有人於此經中乃至受持四句偈等為他人說其福甚多　尒時須菩提聞說是經深解義趣涕淚悲泣而白佛言希有世尊佛說如是甚深經典我從昔來所得慧眼未曾得聞如是之經世尊若復有人得聞是經信心清淨則生實相當知是人成就第一希有功德世尊是實相者則是非相是故如來說名實相世尊我今得聞如是經典信解受持不足為難若當來世後五百歲其有衆生得聞是經信解受持是人則為第一希有何以故此人無我相人相衆生相壽者相所以者何我相即是非相人相衆生相壽者相即是非相何以故離一切諸相則名諸佛佛告須菩提如是如是若復有人得聞是經不驚不怖不畏當知是人甚為希有何以故須菩提如來說第一波羅蜜非第一波羅蜜是名第一波羅蜜　須菩提忍辱波羅蜜如來說非忍辱波羅蜜何以故須菩提如我昔為歌利王割截身體我於尒時無我相無人相無衆生相無壽者相何以故我於

《金刚经》（全称《金刚般若波罗蜜经》，局部）

唐代长庆四年，柳公权，原石早佚，此为唐拓本

宽 28 厘米、长 1 140 厘米

现藏于法国国家图书馆

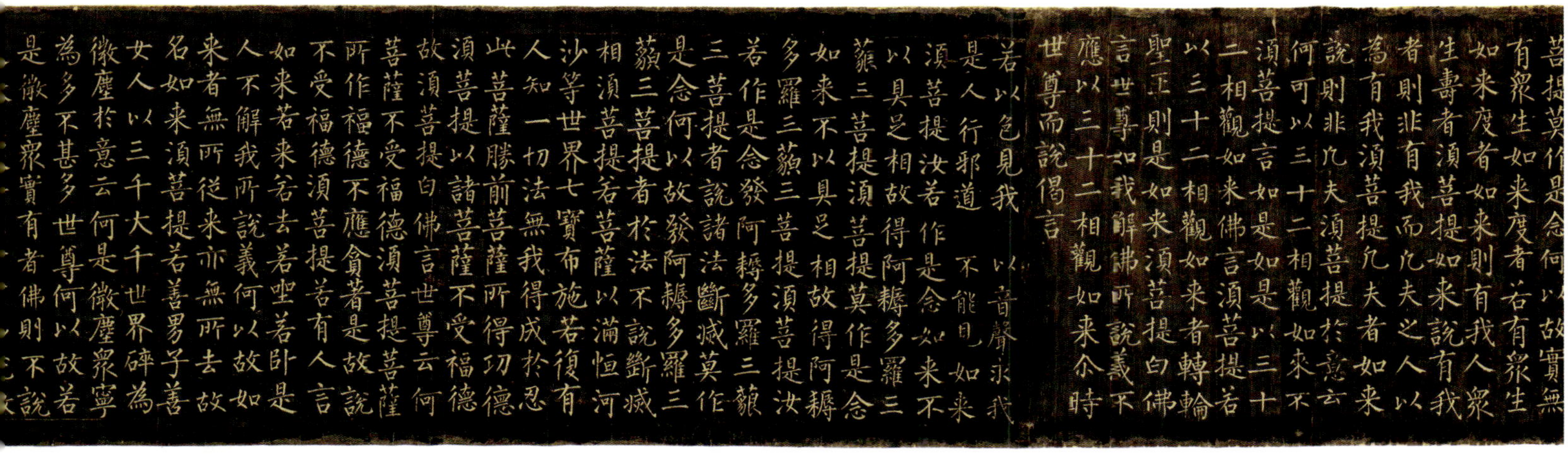

菩提莫作是念何以故實無
有衆生如來度者若有衆生
如來度者如來則有我人衆
生壽者須菩提如來說有我
者則非有我而凡夫之人以
爲有我須菩提凡夫者如來
說則非凡夫須菩提於意云
何可以三十二相觀如來不
須菩提言如是如是以三十
二相觀如來佛言須菩提若
以三十二相觀如來者轉輪
聖王則是如來須菩提白佛
言世尊如我解佛所說義不
應以三十二相觀如來尒時
世尊而說偈言
若以色見我　以音聲求我
是人行邪道　不能見如來
須菩提汝若作是念如來不
以具足相故得阿耨多羅三
藐三菩提須菩提莫作是念
如來不以具足相故得阿耨
多羅三藐三菩提須菩提汝
若作是念發阿耨多羅三藐
三菩提者說諸法斷滅莫作
是念何以故發阿耨多羅三
藐三菩提者於法不說斷滅
相須菩提若菩薩以滿恒河
沙等世界七寶布施若復有
人知一切法無我得成於忍
此菩薩勝前菩薩所得功德
須菩提以諸菩薩不受福德
故須菩提白佛言世尊云何
菩薩不受福德須菩提菩薩
所作福德不應貪著是故說
不受福德須菩提若有人言
如來若來若去若坐若卧是
人不解我所說義何以故如
來者無所從來亦無所去故
名如來須菩提若善男子善
女人以三千大千世界碎爲
微塵於意云何是微塵衆寧
爲多不甚多世尊何以故若
是微塵衆實有者佛則不說

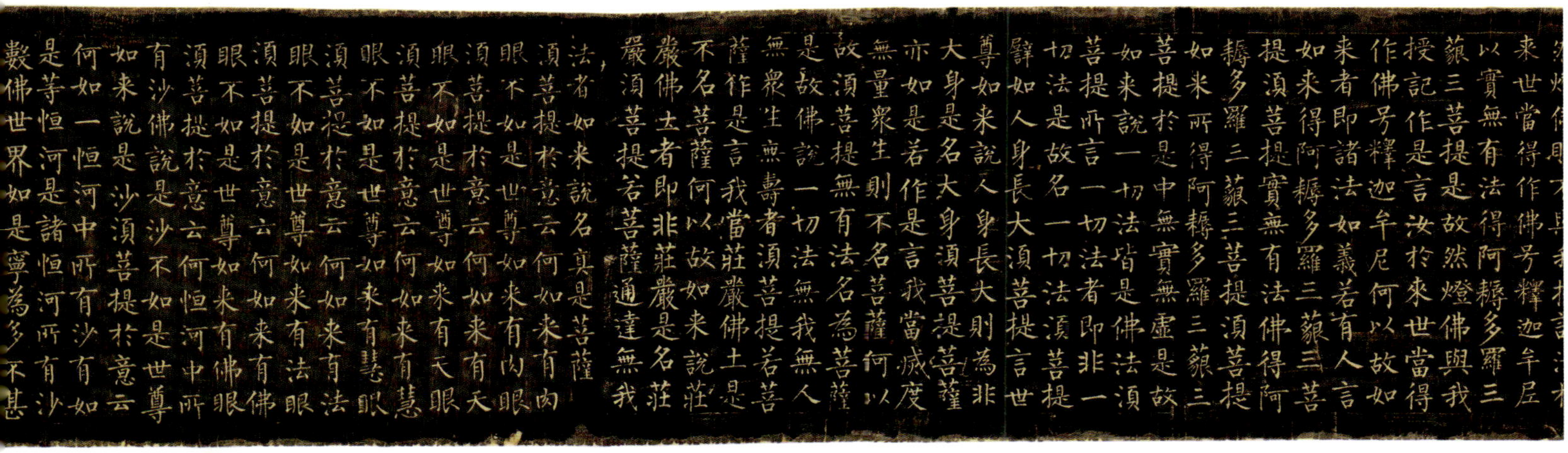

然燈佛則不與我授記汝於
來世當得作佛號釋迦牟尼
以實無有法得阿耨多羅三
藐三菩提是故然燈佛與我
授記作是言汝於來世當得
作佛号釋迦牟尼何以故如
來者即諸法如義若有人言
如來得阿耨多羅三藐三菩
提須菩提實無有法佛得阿
耨多羅三藐三菩提須菩提
如來所得阿耨多羅三藐三
菩提於是中無實無虛是故
如來說一切法皆是佛法須
菩提所言一切法者即非一
切法是故名一切法須菩提
譬如人身長大須菩提言世
尊如來說人身長大則爲非
大身是名大身須菩提菩薩
亦如是若作是言我當滅度
無量衆生則不名菩薩何以
故須菩提無有法名爲菩薩
是故佛說一切法無我無人
無衆生無壽者須菩提若菩
薩作是言我當莊嚴佛土是
不名菩薩何以故如來說莊
嚴佛土者即非莊嚴是名莊
嚴須菩提若菩薩通達無我
法者如來說名真是菩薩
須菩提於意云何如來有肉
眼不如是世尊如來有肉眼
須菩提於意云何如來有天
眼不如是世尊如來有天眼
須菩提於意云何如來有慧
眼不如是世尊如來有慧眼
須菩提於意云何如來有法
眼不如是世尊如來有法眼
須菩提於意云何如來有佛
眼不如是世尊如來有佛眼
須菩提於意云何恒河中所
有沙佛說是沙不如是世尊
如來說是沙須菩提於意云
何如一恒河中所有沙有如
是等恒河是諸恒河所有沙
數佛世界如是寧爲多不甚

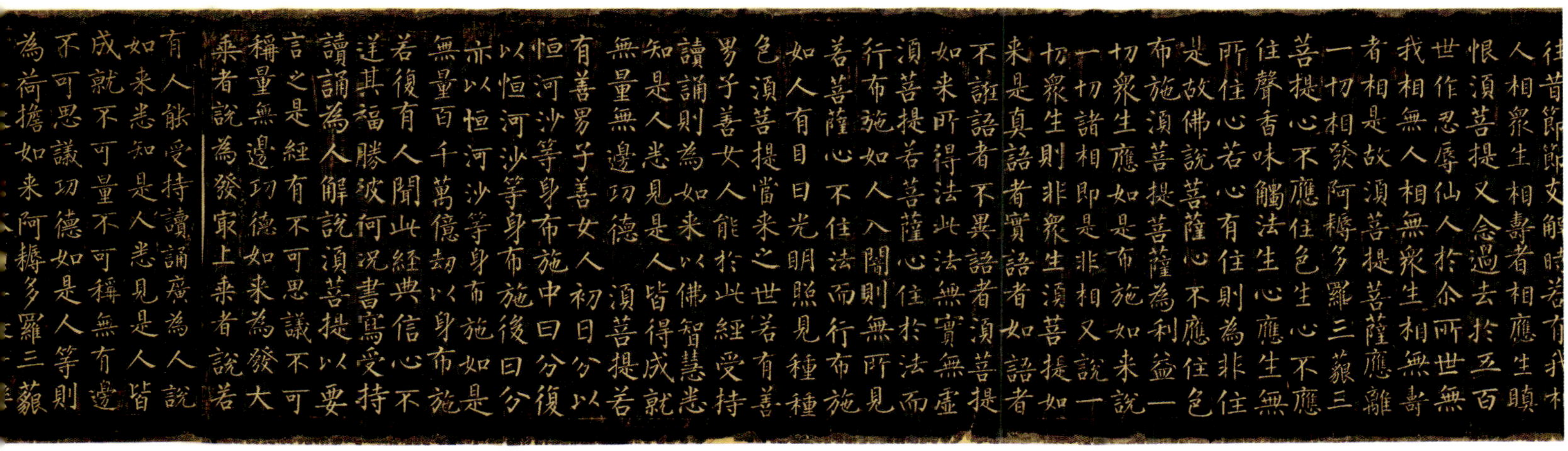

往昔節節支解時若有我相
人相衆生相壽者相應生瞋
恨須菩提又念過去於五百
世作忍辱仙人於尒所世無
我相無人相無衆生相無壽
者相是故須菩提菩薩應離
一切相發阿耨多羅三藐三
菩提心不應住色生心不應
住聲香味觸法生心應生無
所住心若心有住則爲非住
是故佛說菩薩心不應住色
布施須菩提菩薩爲利益一
切衆生應如是布施如來說
一切諸相即是非相又說一
切衆生則非衆生須菩提如
來是真語者實語者如語者
不誑語者不異語者須菩提
如來所得法此法無實無虛
須菩提若菩薩心住於法而
行布施如人入闇則無所見
若菩薩心不住法而行布施
如人有目日光明照見種種
色須菩提當來之世若有善
男子善女人能於此經受持
讀誦則爲如來以佛智慧悉
知是人悉見是人皆得成就
無量無邊功德須菩提若
有善男子善女人初日分以
恒河沙等身布施中日分復
以恒河沙等身布施後日分
亦以恒河沙等身布施如是
無量百千萬億劫以身布施
若復有人聞此經典信心不
逆其福勝彼何況書寫受持
讀誦爲人解說須菩提以要
言之是經有不可思議不可
稱量無邊功德如來爲發大
乘者說爲發最上乘者說若
有人能受持讀誦廣爲人說
如來悉知是人悉見是人皆
成就不可量不可稱無有邊
不可思議功德如是人等則
爲荷擔如來阿耨多羅三藐

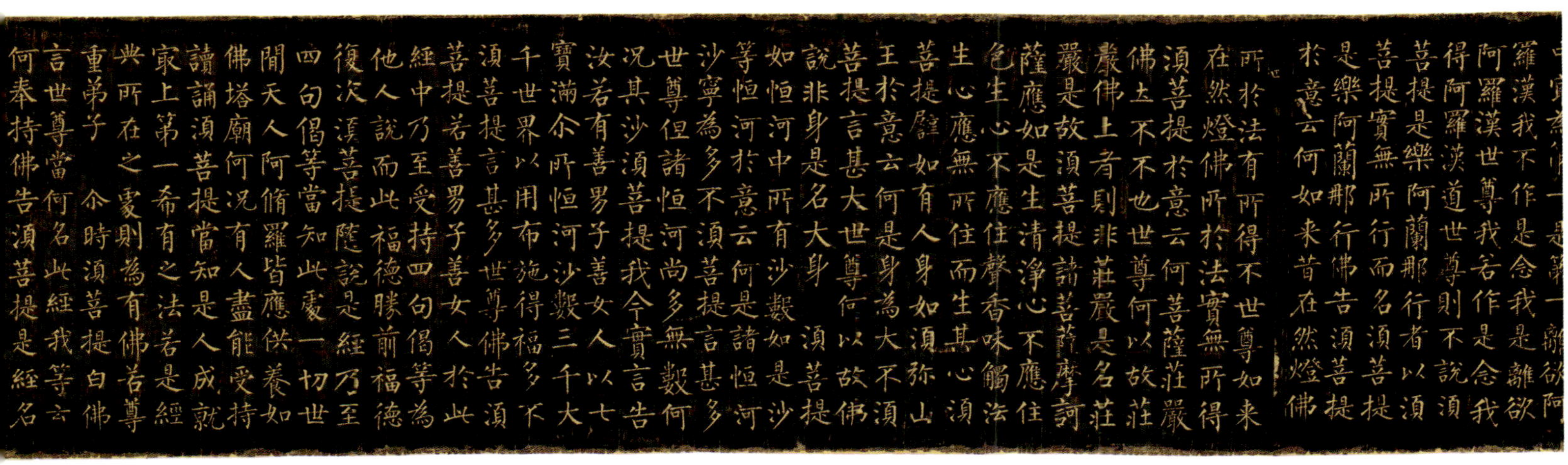

中最爲第一是第一離欲阿
羅漢我不作是念我是離欲
阿羅漢世尊我若作是念我
得阿羅漢道世尊則不說須
菩提是樂阿蘭那行者以須
菩提實無所行而名須菩提
是樂阿蘭那行佛告須菩提
於意云何如來昔在然燈佛
所於法有所得不世尊如來
在然燈佛所於法實無所得
須菩提於意云何菩薩莊嚴
佛土不不也世尊何以故莊
嚴佛土者則非莊嚴是名莊
嚴是故須菩提諸菩薩摩訶
薩應如是生清淨心不應住
色生心不應住聲香味觸法
生心應無所住而生其心須
菩提譬如有人身如須弥山
王於意云何是身爲大不須
菩提言甚大世尊何以故佛
說非身是名大身須菩提
如恒河中所有沙數如是沙
等恒河於意云何是諸恒河
沙寧爲多不須菩提言甚多
世尊但諸恒河尚多無數何
況其沙須菩提我今實言告
汝若有善男子善女人以七
寶滿尒所恒河沙數三千大
千世界以用布施得福多不
須菩提言甚多世尊佛告須
菩提若善男子善女人於此
經中乃至受持四句偈等爲
他人說而此福德勝前福德
復次須菩提隨說是經乃至
四句偈等當知此處一切世
間天人阿脩羅皆應供養如
佛塔廟何況有人盡能受持
讀誦須菩提當知是人成就
最上第一希有之法若是經
典所在之處則爲有佛若尊
重弟子　尒時須菩提白佛
言世尊當何名此經我等云
何奉持佛告須菩提是經名

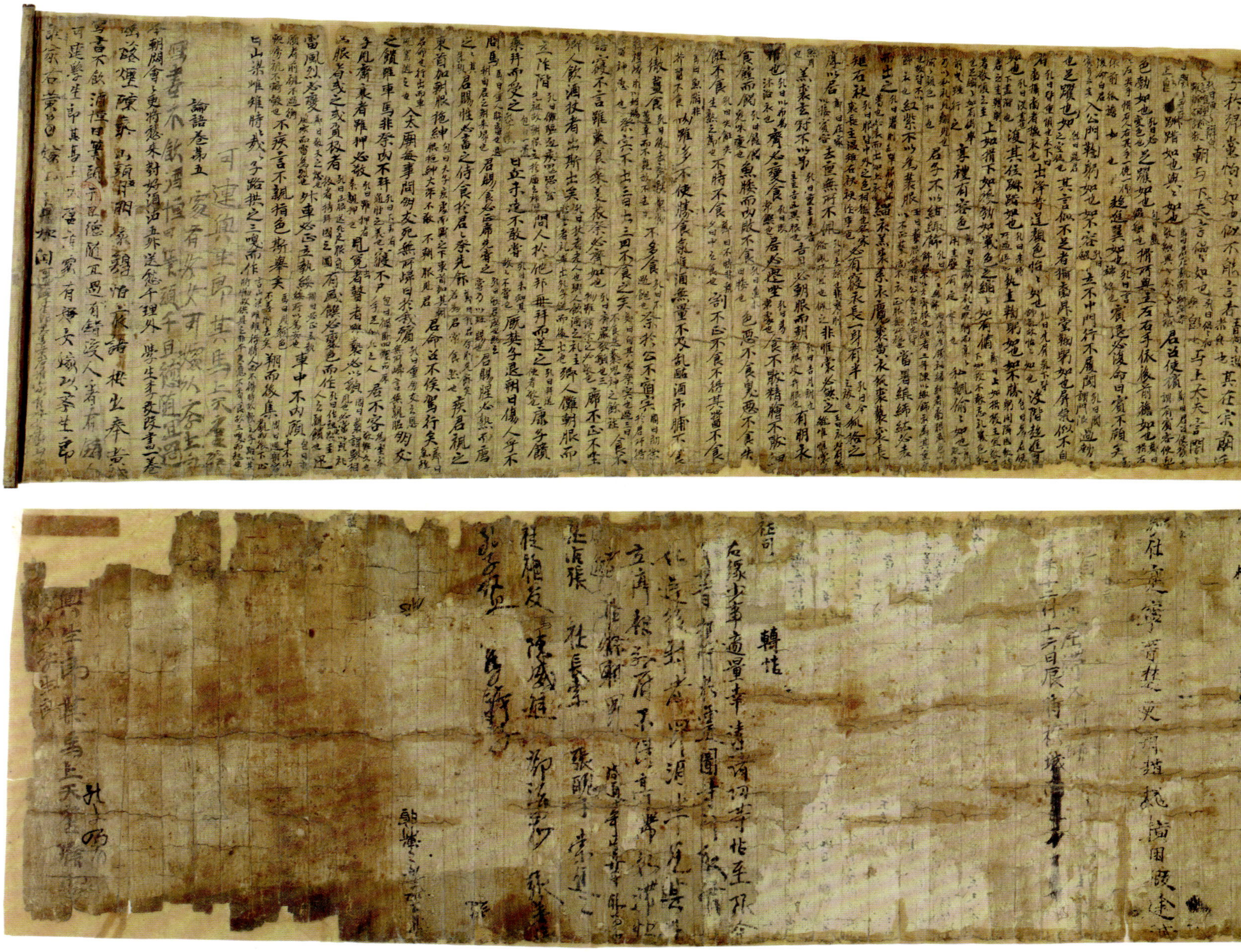

《论语集解卷》手稿（第五卷）

魏代，何晏，绢本，残卷

宽 29.2 厘米、长 171.2 厘米

现藏于法国国家图书馆

延展阅读 中国古代地方志

我国地方志的发展主要经历了四个阶段，前两个阶段为“全国性区域志”阶段（以《汉书·地理志》为代表）和“地记”阶段（以南齐陆澄《地理书》为代表）。第三个阶段为“图经”阶段，所谓图经，是我国古典地图中一种独特的样式，它的特点是有图有经（说明文字），以图为主、以经说图，图与经相辅相成。后来，图的作用逐渐缩小，南宋以后发展到了“地方志”阶段。在敦煌遗书发现之前，我们看到最早的图经，是北宋末年徐兢的《宣和奉使高丽图经》、南宋张津的《四明图经》，以及陈公亮《严州图经》等，但这些都已经是“图经”发展的晚期作品了。

督府图经卷三”字样。至此，我们终于知道它的正式书名为《沙州都督府图经》。

五代时期的《行道天王图》被斯坦因带到了英国，现藏于大英博物馆。所谓行道天王，即毗沙门天王，也叫作多闻天王，它是一种区别于单尊毗沙门天王或者配置少数眷属的图样。一般由毗沙门天王与其他天王及众眷属组合而成，场面宏大，形象众多，结构复杂。画面中的毗沙门天王头戴宝冠，身着铠甲，乘坐

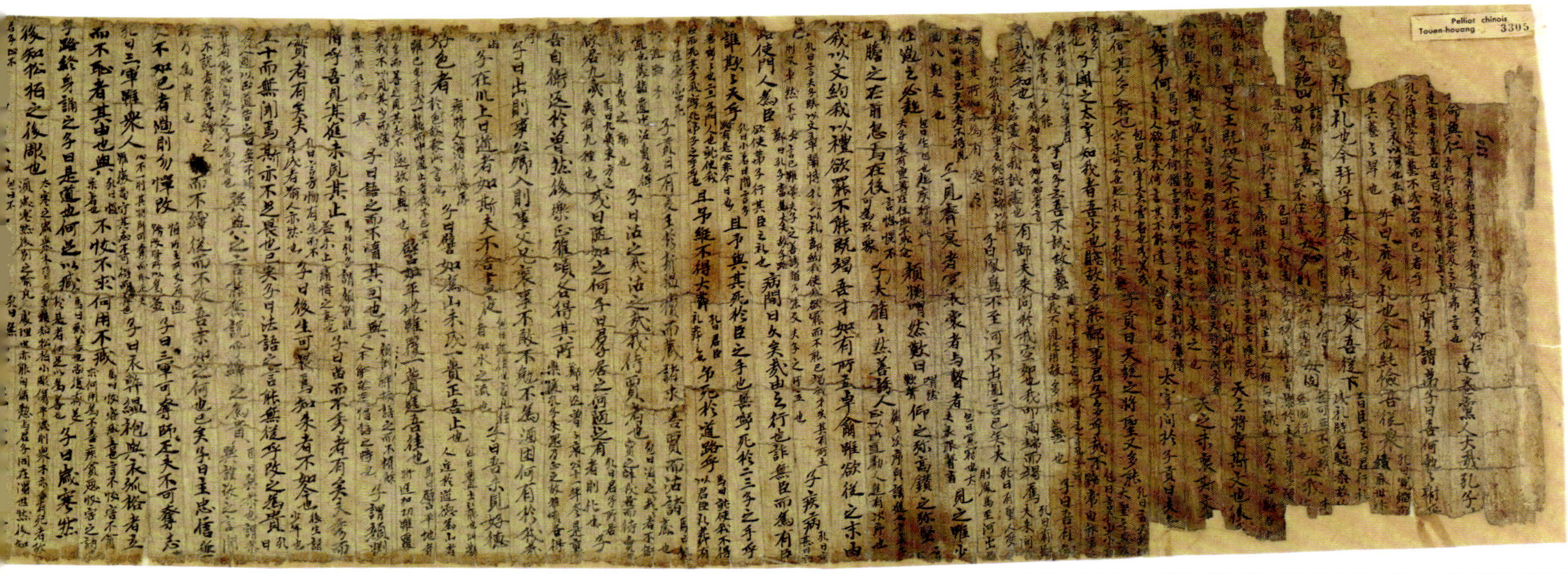

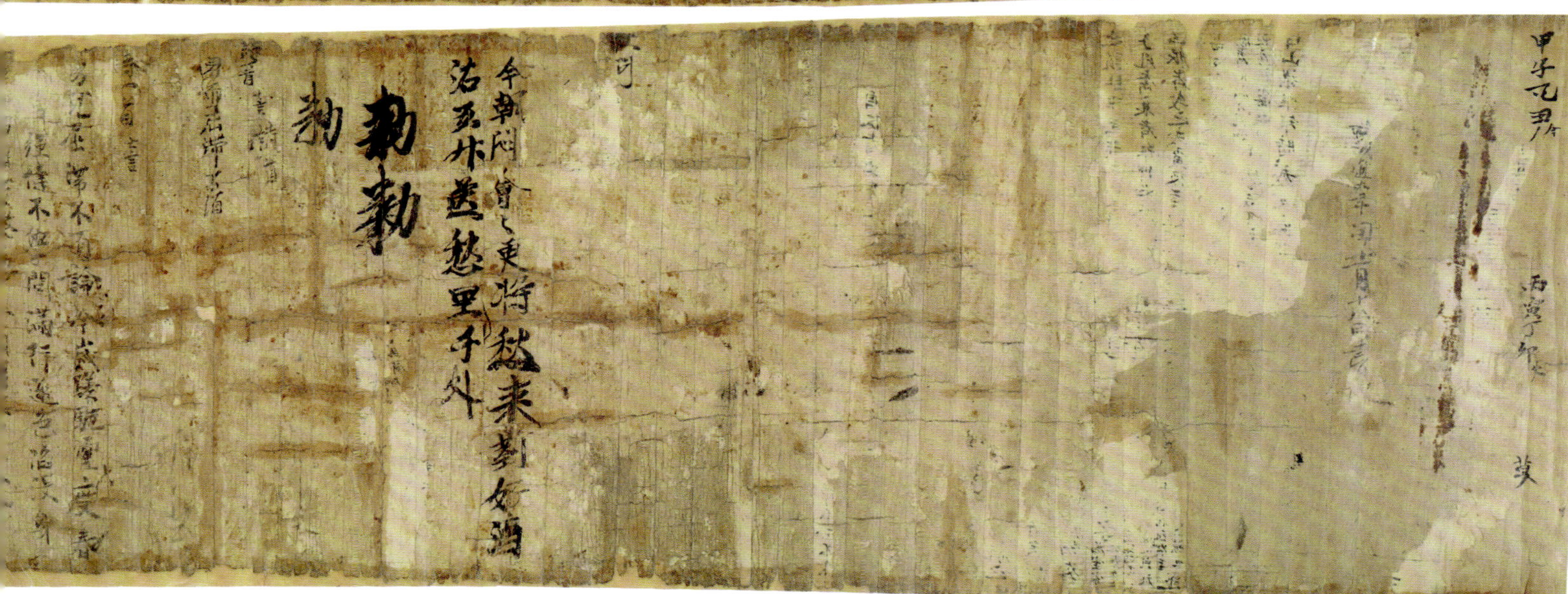

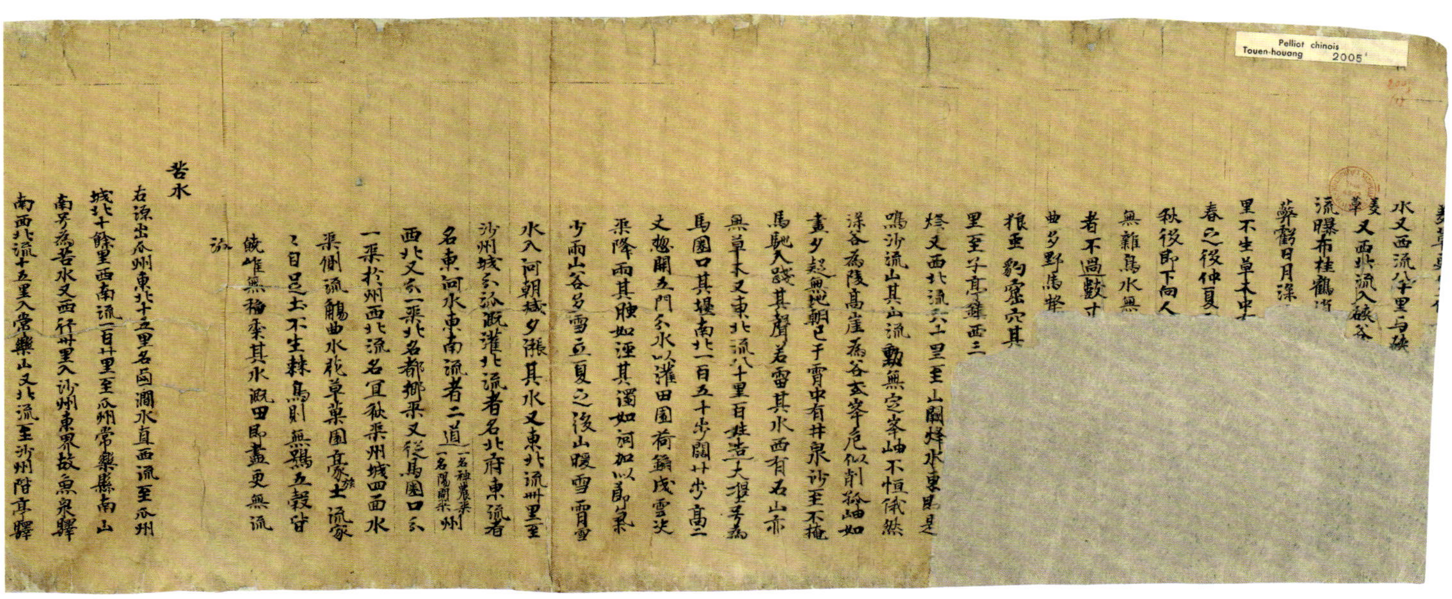

《沙州都督府图经》手稿（局部）

唐建中二年，图经

宽 28.6 厘米、长 935 厘米

现藏于法国国家图书馆

《行道天王图》

五代，佚名，绢本着色

高 61.80 厘米、宽 57.40 厘米

现藏于大英博物馆

一匹带有华丽鞍具的白马从城中奔出，并回首与身后的男、女供养人相望。男供养人双手持笏，女供养人合掌敬立，恭敬地目送天王离去。天王四周还有他的五位太子，分别为禅腻师、独健、哪吒、常见及最胜，他们手持象征毗沙门天王的塔、幡、

《千手千眼观世音菩萨图》

《树下说法图》

唐代，佚名，绢本着色
高139厘米、宽102厘米
现藏于大英博物馆

《弥勒经变图》

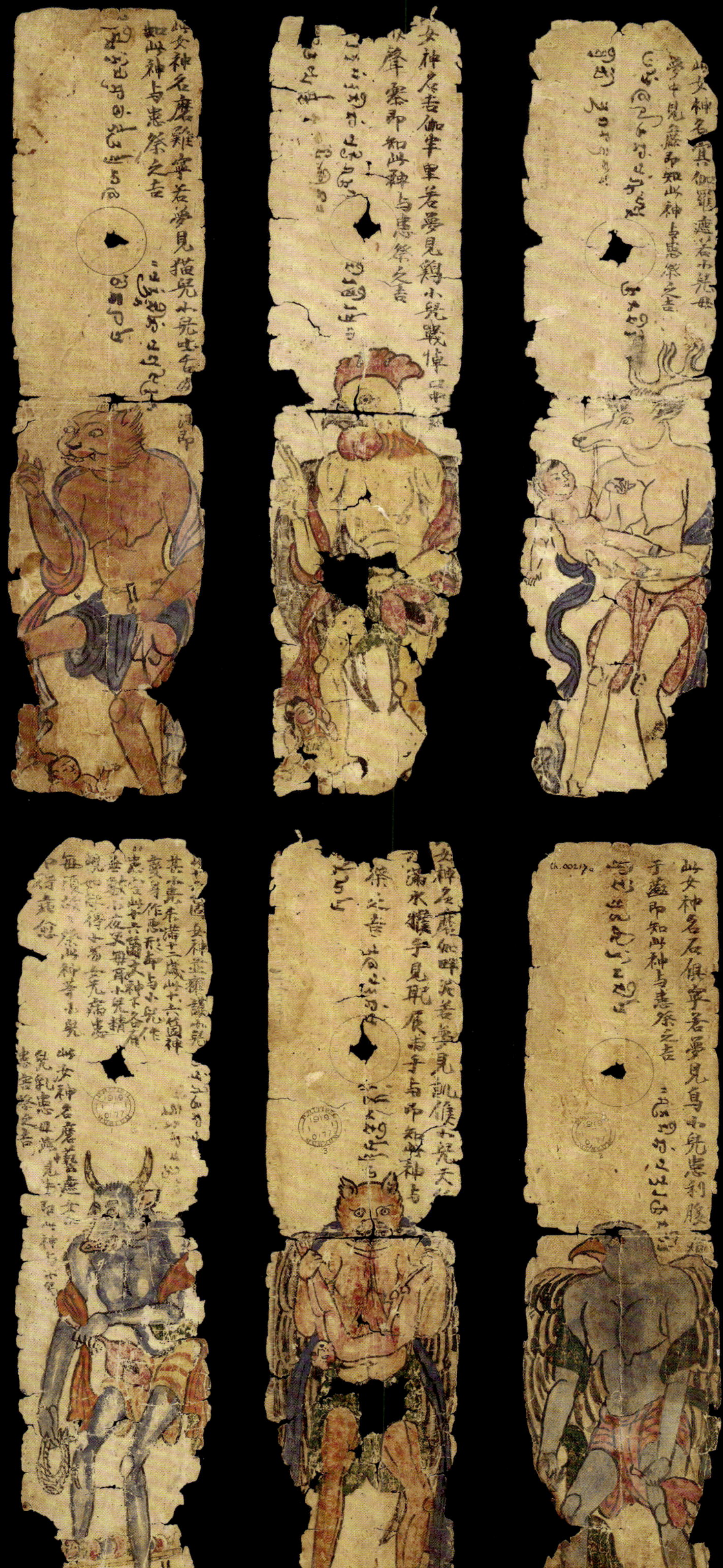

《解梦图》

唐代，佚名，纸本册页着色，残件
每幅高约33厘米、宽约8厘米
现藏于大英博物馆

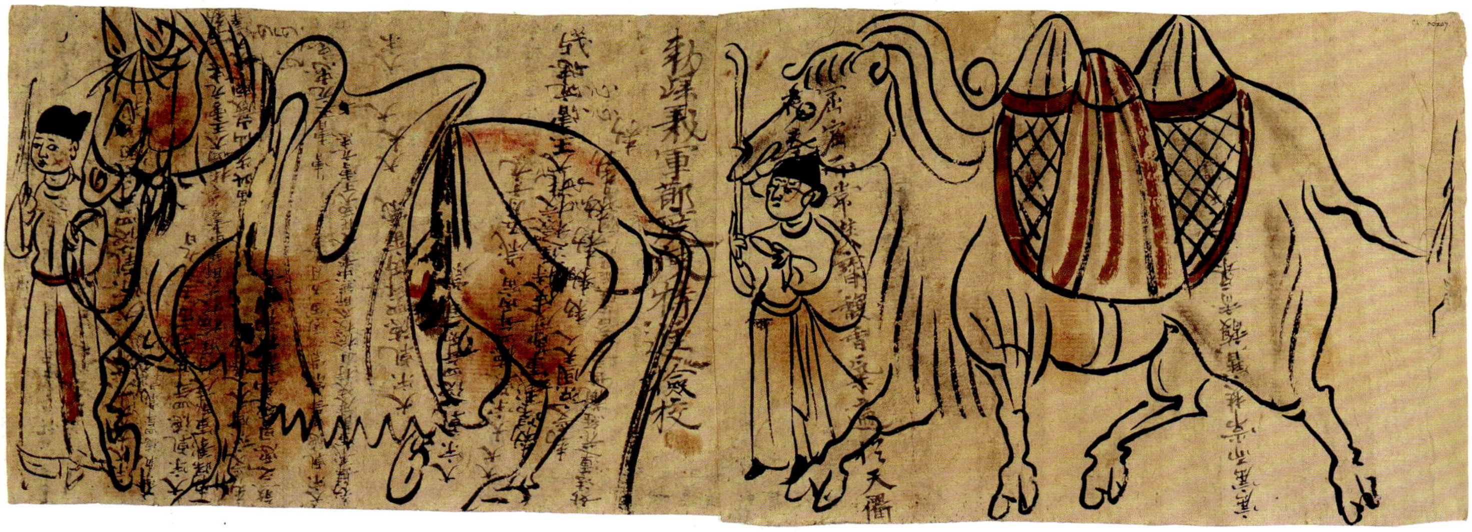

《贡马和骆驼》

北宋，佚名、纸绘
高 31.5 厘米、长 86 厘米
现藏于大英博物馆

徐汉荣二心供养。”由此可知，该画的供养人名为徐汉荣，应该就是画面中持笏的那位男性。从绘画风格看，该画应该绘于 10 世纪中叶。

斯坦因带走的《行道天王图》不止一幅，另一幅唐代绢画《行道天王图》主旨类似，但表现形式有异。画面中，毗沙门天王在众眷属的簇拥下巡游于海上，天王脚底下的海浪刻画得形象生动。画面上方依旧是绵延的山峦，还绘有一身赤发带翼的尖嘴人形形象，呈飞逃状，与之相对的左下方有一眷属正搭弓打算将尖嘴人射落。由此可见，唐代以来毗沙门天王信仰应该是相当兴盛的，不然敦煌一带也不会有如此多以此为主题绘制的绢画。

斯坦因在两次对敦煌的访问中，共掠走藏经洞文物

《三人像》（第 323 窟东壁北侧）

唐代，壁画残件
长 36 厘米、宽 33 厘米
现藏于美国哈佛艺术博物馆

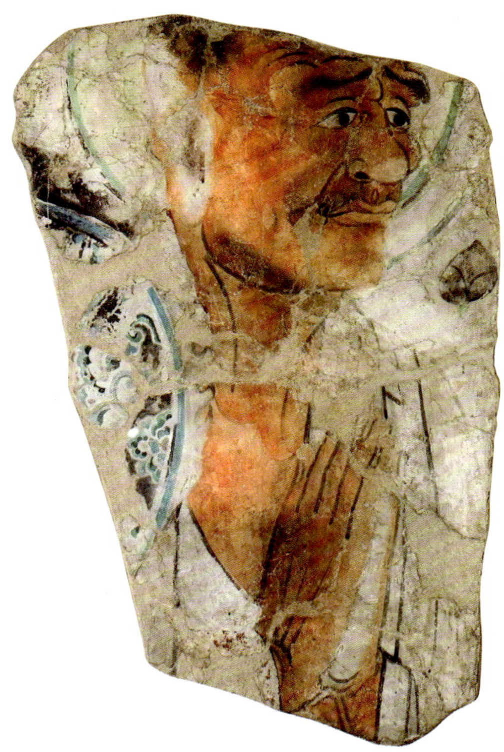

《唐朝僧人》

唐代，壁画残件
尺寸不详
现藏于艾尔米塔什博物馆

《僧众与天神围绕的菩萨半身像》（第 320 窟南壁）

唐代，壁画残件
宽 47 厘米、长 62.2 厘米
现藏于美国哈佛艺术博物馆

万余件，这些文物后来被运往英国，并主要入藏于大英博物馆和大英图书馆。斯坦因所获得的敦煌文物在大英博物馆中以“MAS”编号标记。

除了大量文书被盗，彩塑和壁画也被盗走。一些壁画被探险家们用刀片等工具切割下来，并被分割成小块以便运输，但这样的做法对壁画造成了极大的破坏，许多壁画因此失去了原有的风貌和完整性。这些被盗的壁画和彩塑被分散在世界各地的博物馆内和私人收藏家手中。

《捧三宝的跪侍像》（第 329 窟北壁）

唐代，壁画残件
高 52.5 厘米、宽 26.4 厘米
现藏于美国哈佛艺术博物馆

艾尔米塔什博物馆藏的敦煌菩萨头像

跪侍菩萨

唐代，泥塑着色，第 328 窟
高 121.9 厘米、长 67.3 厘米、宽 67.3 厘米
现藏于美国哈佛艺术博物馆

敦煌石窟艺术之美

在外国探险者、学者劫掠敦煌之后，我国学术界也逐渐开始重视起对敦煌石窟的研究。1944 年，敦煌艺术研究所正式成立，常书鸿任所长，之后他组织同人，对洞窟进行有计划的调查、考证和临摹。1948 年，“敦煌艺术展”在上海、南京等地举办，受到了社会的广泛关注。到 1949 年，常书鸿等人共临摹了九百多幅壁画。1950 年，敦煌艺术研究所改名为敦煌文物研究所。1983 年，中国敦煌吐鲁番学会成立。1984 年，敦煌文物研究所扩建为敦煌研究院，下设石窟保护、考古、美术、文献等四个研究所，成为世界上最大的敦煌学研究机构。

敦煌石窟尚存彩塑三千多身，其中圆雕两千多身，浮塑一千余身。其保存古代彩塑之多、历时之长、技艺之精，为世界所罕见。

开凿于北凉时期的第 275 窟是敦煌莫高窟现存年代较早的石窟之一。其正面为一尊弥勒菩萨，通高 3 米多，在早期石窟中称得上是大型彩塑了。弥勒头戴三珠宝冠，脸型圆满、鼻道高隆、双目深邃，长发披垂双肩，上身袒露，下着丝裙，双脚交趾而坐，带有明显的异域特征。在佛教世界中，弥勒信仰可分为上生信仰和下生信仰。据《观弥勒菩萨上生兜率天经》记载，弥勒菩萨本来为释迦牟尼佛弟子，颇受佛器重，但他享寿不高，在释迦牟尼入灭之前便去世了。在弥勒去世之前，佛为他授记，预言他命终之后，当上生到兜率天宫，此为“弥勒上生”。佛陀入灭56.7亿年后，弥勒菩萨将自兜率天宫下生人间，于龙华树下成佛，此为“弥勒下生”。一般认为，交脚坐式的弥勒菩萨表现的是尚未成佛时住在兜率天宫的弥勒，而倚坐的佛像则是表现已经降生成佛的弥勒。因此，第275窟表现的应该是弥勒上生信仰。

除了彩塑，壁画也是敦煌石窟不得不看的艺术珍品。莫高窟共有壁画约4.5万平方米。敦煌壁画千姿百态、包罗万象，大体可以根据内容分为佛像画、经变画、供养人画像、装饰画、故事画以及山水画等几类。

佛教的教义非常抽象、深奥，而古代百姓的文化水平相对较低，所以为了宣传佛法，必须把佛教经典转化为简洁、通俗的形式，于是大量佛教故事画应运而生。敦煌壁画中主要有三类故事画，第一类为佛传故事，主要讲述释迦牟尼的生平事迹，包括乘象入胎、树下诞生、出游四门、逾城出家、悟道苦修、降魔成道、梵天劝请、初转法轮、双树涅槃等。第二类为本生故事，主要讲述释迦牟尼前世的故事，知名度最高的本生故事是第257

第217窟主室北壁的《观无量寿经变》（局部）

第275窟西壁的交脚弥勒菩萨

背景知识　敦煌彩塑的制作

由于西北地区特殊的自然条件，往往无法制作像中原地区那样的石质、木质造像，于是，以黏土制作的彩塑就成了营造佛像的主要手段。古代工匠先用木棍做骨架，并在上面扎上麦草、芦苇之类的干草束，以便泥土能够附着在上面，然后敷上掺有杂草、兽毛等纤维的黏土，塑制出形状来。最后在泥塑的表面绘出颜色，如此，一尊彩塑就完成了。

第 257 窟西壁中部的《九色鹿王本生》壁画

第 220 窟（复刻品）

窟西壁中层的《九色鹿王本生》。画家采用了中国传统的长卷形式，按两头到中央的顺序，详细描绘了故事发展的经过，细细品读，就如同连环画一般，给人以深刻印象。第三类是因缘故事，主要讲述与佛相关的一些因果报应故事。

敦煌壁画展示了从北凉到元代千余年间中国绘画技艺的精湛和风格多样性。同时，作为丝绸之路上的文化交汇点，敦煌壁画融合了中原汉文化、印度佛教文化以及西域各国的艺术风格，体现了文化交流的深度与广度。敦煌壁画如同活生生的历史画卷，记录了不同时期的社会风貌、宗教信仰、民族融合，反映了古代人们的宇宙观、人生观和宗教信仰，对理解古代社会的思想体系具有重要作用。同时，它们在艺术史上的地位无可替代，对后世绘画艺术产生了深远影响，是人类共同的宝贵文化遗产。

背景知识　九色鹿王本生故事

故事讲述的是在古印度的恒河边，有一只神奇的鹿，因为皮毛能变幻九种不同的颜色，而被人们称为九色鹿。一天，河中传来呼救声，九色鹿跃入河中将落水之人救起。被救上岸的人表示要报答它，九色鹿却说："不用谢，只希望你不要告诉任何人见过我。"落水之人指天发誓绝不出卖九色鹿的情况。不久之后，王后梦见了美丽的九色鹿，想要拥有它华美的皮毛。为了满足王后的请求，国王便张贴告示，以重金悬赏九色鹿的行踪。听闻重金悬赏的消息，见利忘义的落水者瞬间忘记了曾经的承诺，向国王泄露了九色鹿的行踪，并带着国王和军队来到森林里追捕它。九色鹿看着来人，将事情的经过一五一十地告诉了国王。国王听了之后十分感动，表示自己绝不会做任何伤害九色鹿的事情。最后，那位告密的落水者满身长毒疮而死。很显然，这是一个宣扬惩恶扬善的价值追求的故事。

第 159 窟南壁中的《观无量寿经变》（局部）

青州龙兴寺佛教窖藏·改写艺术史的国宝佛像

地址：山东省潍坊市青州市城区西部

年代：宋辽金元时期

发掘时间：1996 年

主要出土文物：佛教造像、钱币、陶瓷器等

青州与佛教

山东省青州市，古“九州”之一，同时是北方的主要出海口，南北交通要冲。在历史上，青州地区佛教兴盛。南燕国君王慕容德崇佛，十分看重僧人郎公，并对他“假号东齐王，给二县租税”。一个僧人被封为王，并且还有自己的封地租税，这样的待遇，在我国的佛教历史上是绝无仅有的，为郎公在南燕的弘法活动提供了支持。青州境内的佛教传统由此兴起。412 年，到印度取经的东晋高僧法显大师自狮子国（今斯里兰卡）经海路归来，最终在青州长广郡的牢山（今崂山）上岸。当时的青州太守李嶷崇信佛法，留法显在青州居住了 1 年多，其间译注了大量梵文经卷，并带动了当地佛教事业大发展。自此之后，青州及附近地区的佛教寺院纷纷兴建，不仅修造了云门山、驼山等石窟，还修建了宁福寺、广化寺等著名寺庙。

现在的龙兴寺全景

法显大师，俗姓龚，山西省长治市襄垣县人，天竺求法第一人

20 世纪 60 年代以来，考古学家在青州及其附近的博兴、广饶等地陆陆续续发掘出近千件石佛造像和百余件金铜佛造像，这些造像造型精美、线条流畅，艺术特征鲜明，被誉为“青州风格”。而青州龙兴寺佛教造像窖藏的发现，无疑是整个青州地区，乃至全国的佛教考古史上最浓墨重彩的一笔。

发掘现场

1996 年，青州当地的一所师范学校需要扩建一个有 400 米跑道的标准操场，选中的地方恰巧是历史上记载的龙兴寺故地。龙兴寺是青州历史上有名的寺院，它始建于北魏时期，北齐时称为“南阳寺”，唐开元十八年（730 年）改名为“龙兴寺”，并沿用至明代。明初，朱元璋第七子齐王修建府第时，因缺少木料，将该寺拆毁，从此成为废墟，无人问津。

青州博物馆也注意到了这个扩建的工程，没准儿真的有可能挖出个龙兴寺呢？ 10 月 5 日早晨，青州博物馆的王庆华馆长像往常一样在操场工地上散步，看看地上有没有新的发现。当他走到工地西北角的时候，突然发现推土机翻出的泥土土色与别处的不同，稍加观察之后，他判断这些泥土就是考古中常见的五花土。经过分析，这些五花土都是从一个圆坑中挖出来的。基于职业的敏感性，王庆华首先想到这会不会是个盗洞？于是王庆华立即申请进行考古试掘。一伙人折腾了一上午，往地下试掘了大约 3 米深，果然发现了一些佛造像的残块。

破碎的龙兴寺造像

后来，专家们确认，这是一处专门埋葬佛造像的窖藏遗址。该窖藏长 8.7 米、宽 6.8 米，距现在的地面 3.5 米。窖藏内的佛像均按一定的顺序东西向摆放，分上、中、下三层，最下面一层为彩塑和较大的残躯，中间一层为细小的残块，上层为较大的背屏式佛像。同时，在上层还发现了烟痕和席纹，推测在掩埋之前，这里曾有过烧香焚纸等祭拜行为，之后再在佛像上覆盖苇席。

考古人员现场工作中

考古人员清扫佛像上的土

最终，青州龙兴寺佛教窖藏遗址共出土了造像四百余尊，有带背屏的、有贴金彩绘的，甚至还有罕见的法界人中像。这批造像的年代，有纪年的最早是北魏永安二年（529 年），最晚的是北宋天圣四年（1026 年），历经了北魏、东魏、北齐、隋、唐和北宋，时间跨度长达 500 余年，令人叹为观止。后来，龙兴寺佛教造像窖藏还被评为了“1996 年全国十大考古新发现”和“中国 20 世纪 100 项考古大发现”。

背景知识　五花土

五花土即墓葬或者窖穴回填后的泥土。正常情况下不同时代的生土层的土质、土色都会有所不同，而古人在深挖墓葬或窖穴的时候，往往会往下挖掉不同颜色的土层，最后回填时，已挖出的各层泥土互相叠压、混杂，形成了与周围土壤颜色不同的五花土。由于五花土的土色和土质与周边的生土不同，所以非常容易区分出来。

佛像掩埋之谜

中国历史上曾发生四次较严重的“灭佛”事件，分别是在北魏太武帝拓跋焘、北周武帝宇文邕、唐武宗李炎和周世宗柴荣时期，史称“三武一宗灭佛”。这几位皇帝“灭佛”的原因主要有两点：第一点是因为佛教在中国发展太迅速，以至于影响到了皇帝的统治，所以要想办法抑制一下；第二点是道教得宠，两虎相争，必有一伤，佛教自然而然被打压了。

在清理窖藏的过程中，除了佛像的出土，发掘者还陆续发现了一些宋徽宗时期的崇宁通宝铜币。这意味着，龙兴寺这批佛造像的埋藏时间，很可能就在宋徽宗在位期间。宋徽宗赵佶是个极其推崇道教的皇帝，他在国家财政匮乏的情况下，还大兴土木，兴建道观，甚至建立道箓院，自封“教主道君皇帝”，一手将道教推上了兴盛的极点。后来，宋徽宗又开始宠信一位叫林灵素的道士。《宋史·方技传》记载，林灵素本是僧人，因为受不了师傅的打骂，半路改当了道士。当了道士之后，到庙里去乞食，又受到僧人的欺负，所以十分仇视佛教。

林灵素利用宋徽宗将道教提高到了国教的地位，推行了一系列尊崇道教的政策，寺院变成了宫观，和尚变成了道士，佛规也成了道规。甚至连佛教供奉的释迦牟尼也改称为大觉金仙，菩萨则一律称为仙人。在如此政治高压之下，各地佛教寺院人心惶惶。很有可能正是在这一时期，青州龙兴寺的僧人们不忍心看着自己崇拜的佛像被破坏和玷污，所以选择了在寺院大殿的后面挖了一个大坑，把寺院收藏的佛像都埋了进去。窖藏内各佛像均被妥善放置，四周散撒着零星货币，最上面还覆盖了一层苇席，焚香祭拜后才郑重其事地填土掩埋，僧侣们的不舍之心和重视程度可见一斑。

藏于易县文物保管所的北宋剑环式双龙纹金饰

藏于易县文物保管所的北宋金覆盂形器

延展阅读　窖藏

这一批珍贵的佛造像属于一种特殊的遗址类型：窖藏。考古学意义上的窖藏，一般指一种特殊的遗物废弃方式。有的窖藏是因为战乱、政治动荡等原因，临时把一批遗物集中埋在地下，但后来因为种种原因没有再取出；而有的窖藏是因为举行了某种祭祀或者礼仪活动而集中留下了一批遗物。无论哪一种形式，窖藏中的文物都是集中处理、统一埋葬的，因此相对来说数量都比较丰富。虽然跟墓葬比起来，文物窖藏的数量要少得多，但每一个窖藏，都是令人兴奋的发现。例如，1986 年在河北易县大北城村出土了一批宋代金银器窖藏，在一个不大的陶瓮里，竟然出土了四百余件文物，金、银、玉、水晶、琥珀皆有。数量之巨、品类之繁、质地之精，均为近年少见。专家推测，这批金银器之所以被埋入地下，可能与当时宋、辽、金之间的战争有关。

贴金彩绘石雕三尊像

北魏晚期，石雕造像

尺寸不详

现藏于青州博物馆

从“褒衣博带”到“曹衣出水”

龙兴寺遗址出土的佛教造像，最早有纪年者为北魏永安二年（529 年），最晚为北宋天圣四年（1026 年），其间跨越近 500 年的历史。但绝大多数造像集中在北魏晚期、东魏到北齐之间。如果我们仔细考察这些佛造像就会发现，从北魏至北齐，它们的形象特点发生了很大变化。

“秀骨清像，褒衣博带”是青州龙兴寺出土造像的主要特点，这是北魏景明到东魏末年佛教造像的显著标

延展阅读 曹衣出水

“出水”指的是衣服像刚从水中出来的一样、湿湿的，所以皮肤紧贴着衣服，让整个身体若隐若现。而“曹衣”中的“曹”，指的是北齐画家曹仲达。曹仲达来自中亚的曹国，即今天乌兹别克斯坦撒马尔罕一带，擅画人物、肖像、佛教图像，尤精于佛像。曹仲达所画的佛像，细线稠密、衣物贴身褶皱，好像刚着衣从水中出来一样。同时，又因其受到中原魏晋以来的汉族文化传承，得其师法，掌握了画绮罗人物，即画工笔重彩所用的粗细一致、细劲有力的线条的技法，并把这种线型用来画菩萨与佛像的衣锦。他将西域与汉族传统绘画的优点融合，创造出新的样式，有了“曹衣出水”的美誉，成了“曹家样”的代表画家。宋代著名的画史评论家、书画鉴赏家郭若虚在《论曹吴体法》一文中，将北齐曹仲达与唐代画圣吴道子相提并论，这就是中国古代美术史上著名的吴带当风、曹衣出水的由来。

志。龙兴寺北魏时期的佛造像，肉髻高耸，发髻多为波发和磨光发，而螺发较少。面枉清瘦，颧骨略高，丹凤眼，面露微笑，溜肩，身着褒衣博带式袈裟。无论是体态上，还是服饰上均已完全汉化。褒衣博带，最初指的是古代儒生的装束，特点是宽袍大袖，北魏孝文帝推行汉化改革，其中一项措施就是易服装，或许正是在这一时期，褒衣博带式的服装风格在北魏地区流行，并借鉴到了佛造像上，从而诞生了如此中国风的视觉特色。

到了北齐时期，佛造像风格大变，肉髻从原来的高耸变为低平，发髻以螺发为主，面相不似北魏时期清瘦，而显得圆润。最突出的是服饰，它非常轻薄，甚至紧贴着身体，把整个身体线条勾勒得十分清楚。这种风格有个十分形象的名称，叫作“曹衣出水”。

为什么青州地区的佛造像，在北齐时期会从“褒衣博带”转向“曹衣出水”呢？目前大部分学者的共识是，这种造像形式受到了古印度笈多王朝的佛像样式的影响。王镛先生在《印度美术》一书中，探讨了北齐曹家样依据的外国佛像，认为“很可能就是印度笈多马图拉样式薄衣贴体的‘湿衣佛像’”，并进一步推断，“以曹家样

延展阅读　笈多式佛像

笈多式佛像又分为马图拉样式（即“湿衣佛像”）和萨尔纳特样式（即“裸体佛像”）两大类。马图拉又称马土腊、秣菟罗，位于恒河支流亚穆纳河西岸，在西北印度和中印度之间。其造像风格带有明显的印度传统审美特色，佛像身着通肩袈裟，单薄的衣服紧贴身体，面形圆润、神态温和。萨尔纳特则是笈多王朝的另一个造像中心，这里曾是释迦牟尼佛初转法轮的地方，汉译为“鹿野苑”。萨尔纳特样式的佛像造像与马图拉样式别无二致，不同之处仅在于佛像衣纹的处理方式，萨尔纳特样式的佛像几乎不施衣纹，仅在领口、袖口和大衣下摆处翻起一道边以表示穿有衣服，乍一看去仿佛裸体一般，所以也称为“裸体佛像”。

贴金彩绘石雕三尊像（局部）

贴金彩绘石雕佛立像

北齐，石雕造像

通高 115 厘米、像高 97 厘米

现藏于青州博物馆

贴金彩绘石雕佛立像侧视

贴金彩绘石雕佛立像

北魏晚期，石雕造像
尺寸不详
现藏于青州博物馆

贴金彩绘石雕菩萨立像

东魏，石雕造像
通高 200 厘米
现藏于青州博物馆

贴金彩绘石雕菩萨立像（局部）

贴金彩绘石雕三尊造像

东魏，石雕造像

通高 310 厘米

现藏于青州博物馆

天平三年邢长振造释迦像

东魏，石雕造像

残高 137.7 厘米

现藏于青州博物馆

贴金彩绘石雕佛菩萨三尊像

东魏，石雕造像

尺寸不详

现藏于青州博物馆

贴金彩绘石雕左胁侍菩萨像

东魏，石雕造像
残高 36 厘米
现藏于青州博物馆

为范本的雕塑铸像，想必是马图拉样式的佛像”。笈多王朝是从320年开始，至540年结束，共存在了200多年。而这一时间，恰好在北齐（550—577年）稍前。受笈多风格的影响，北齐时期的青州造像大多身着贴体的薄透衣服，与其他地区的造像风格大相径庭，成为我国古代造像史上的一朵奇葩。

卢舍那法界人中像

该像佛头、右臂及双足缺失，着袒右袈裟。以双阴线将袈裟前身分为纵三列的界格，每列再分四五格雕画面，共十三格。格内采用减地平雕的手法刻出山峦、宫殿、人物、动物等表现六道轮回内容的图案轮廓，格外用不同图案装饰。佛像胸部刻有佛说法图，图中一佛二菩萨三尊像，均饰圆形头光，主尊结跏趺坐。在袈裟下部刻有兽头人身饿鬼和火焰等。据推测最初佛像细部应加彩描绘，但彩绘现已脱落。

延展阅读

弗利尔美术馆的卢舍那人中像石雕

这尊隋代至初唐（7世纪）的石雕卢舍那法界人中像，现藏于弗利尔美术馆。虽然佛像的头部和手部已经损毁，但在造型上展现出明显的印度笈多艺术风格。这尊佛像的袈裟上刻有三界六道的内容，共分为九层，每一层都代表着不同的境界：第一层象征天界；第二层描绘了阿修罗道；第三至第六层则呈现了人间世界的各种场景；第八和第九层则分别描绘了饿鬼道和地狱道。关于卢舍那佛的研究中都会提到这件作品，在龙兴寺也发现了许多石雕佛像中一些类似的卢舍那像，通过比较研究，可以深入探讨这些佛像在袈裟上绘制的内容的异同。

卢舍那法界人中像图案

彩绘石雕佛立像
（卢舍那法界人中像

北齐，石雕造像
高 115 厘米、宽 43 厘米
厚 25 厘米
现藏于青州博物馆

弗利尔美术馆的卢舍那法界人中像石雕上的袈裟图案（正反面）

“卢舍那”的意思是“光明遍照”，“人中像”的人中二字意指“人体之中”，其特征为在雕塑或塑成的佛像身上，基于《华严经》法界观，以或绘或刻的手法造诸世界形象，旨在表达《华严经》所说的“无等平等妙法界，悉皆充满如来身”“佛身充满诸法界，普现一切众生前”的观念。这种造像题材在古青州地区出现较多，是古青州地区造像的一大特色。

卢舍那法界人中像

隋至初唐，石雕造像
高 151.3 厘米、宽 62.9 厘米、厚 31.3 厘米
现藏于弗利尔美术馆

法门寺遗址

• 地宫一开，便是半个盛唐

地址：陕西省宝鸡市扶风县法门镇
年代：三国至隋唐时期
发掘时间：1987 年
主要出土文物：佛指舍利、八重宝函、秘色瓷、迎真身银金花双轮十二环锡杖、铜浮屠、唐盘丝座银芙蕖、鎏金壶门座银波罗子、唐鎏金双蛾团花纹银香囊、鎏金双鸳团花大银盆等

法门寺塔的倒塌

法门寺是一座历史久远的古刹，素有“关中塔庙始祖”之称。传说，法门寺原名阿育王寺。释迦牟尼佛灭度后，遗体火化结成舍利。公元前 3 世纪，印度孔雀王朝的阿育王定佛教为国教，为弘扬佛法，将佛的舍利分成八万四千份，分送世界各国建塔供奉。中国有十九处，法门寺为第五处。不过，阿育王统治时代，正值我国春秋末年，此时佛教还未传入中国。所以，法门寺塔为阿育王弘法时所建的说法显然是个美丽的误会。目前比较可信的是，法门寺及宝塔始建于东汉末年，之后因战火屡被破坏，直至沦为寸草不生的废墟，民间称为“圣冢”。

558 年，北魏皇室后裔、岐州牧拓跋育开始修复法门寺和舍利塔，使其重新焕发生机，并一跃成为中国极为著名的佛教圣地之一。经过隋、唐两代的发展，法门寺备受皇帝青睐，成为皇家寺院及举世仰望的佛教圣地。明代隆庆年间，关中地区发生大地震，法门寺塔被震塌，1579 年，明神宗皇帝赐银数万两，重建法门寺塔，新建的塔为砖砌楼阁式，平面八角十三层，高六十余米。此塔历经三个半世纪，塔身开始倾斜。1939 年，当地乡绅对其重新加固，但由于不是根治，原先的倾斜问题并未得到彻底解决。1976 年，四川松潘地区发生 7.2 级大地震，余震波及扶风，法门寺塔身

现在的法门寺

法门寺塔基地宫构造

地宫中出土时的金器

裂缝进一步扩大。又因为塔西南方百米处有一深坑，每遇下雨，积水为池，水渗入地下，使塔基变得越来越松软。

1981 年 8 月，关中地区连日大雨，雨水浸湿大地，法门寺轰然倒塌，仅余半边的残塔巍然屹立，塔上所藏佛像、经书随之散落空中。幸好当时的法门寺住持澄观法师与驻寺县文管所工作人员冒雨全力抢救，这些零散的佛像、经卷才得以保存下来。

法门寺塔倒塌的消息传出后，引起了国内外佛学界、史学界、考古学界以及知名人士的密切关注。短短几天内，不同民族和宗教信仰的组织和个人纷纷致电，表达了深切的关注，并希望能够重修宝塔，使千年古刹重放光彩。

1985 年，政府经过研究，做出了重建宝塔的决定。按照惯例，重建之前需要对塔基地宫进行考古发掘。发掘工作于 1987 年 2 月 28 日正式开始，11 月结束。历时将近一年的考古发掘，取得了轰动世界的成果。

法门寺地宫的挖掘

法门寺地宫是我国迄今发现的佛塔地宫中最大的一座，地宫全长 21.2 米，总面积 31.48 平方米，包括踏步漫道、平台、隧道、前室、中室、后室及后室小龛等七部分。考古人员在隧道中发现了《大唐咸通启送岐阳真身志文》和《监送真身使随真身供养道具及金银宝器衣物帐》两通石碑。碑中详细记载了地宫沿革，唐代懿宗、僖宗迎送佛指舍利的盛况和物品名称、数量及奉献者姓名。这为我们研究法门寺的历史、地宫中的文物情况提供了十分珍贵的史料。

地宫出土了数量众多的唐代文物，有金银器皿一百二十一件（组），堪称唐代金银器之大观，是迄今发现的属于唐代皇室所有的等级最高的金银器。此外，还出土了十六件瓷器，其中的秘色瓷十分精美，为鉴定这种瓷器的时代和特点提供了标准器，对中国古陶瓷研究产生了重大影响。当然，最为佛教界庆幸的还是地宫中出土了四枚佛指舍利，经过与文献对照，确认这就是唐代皇帝多次迎送的释迦牟尼佛的真身舍利，也是目前世界上仅存的佛指舍利。

法门寺地宫考古，出土了文物两千四百九十九件，其中有一百三十八件被定为国家一级文物，八重宝函、铜浮屠、银金花双轮十二环锡杖三件文物被国家文物局列入《首批禁止出国（境）展览文物目录》，注定与秦始皇陵兵马俑坑、长沙马王堆汉墓等重大考古发现一起被记入史册。

佛指舍利

东汉时期，佛教信仰东渐中土，佛舍利及其崇拜也随之而来。唐代的诸位皇帝将佛教的舍利崇拜推向极盛之势。唐代 200 多年，共历二十一帝，先后有七位皇帝曾大张旗鼓地到法门寺迎奉佛骨，几乎贯穿了唐代历史的始终。自咸通十四年（873 年）唐懿宗奉迎佛骨之后，法门寺地宫就再未打开过，它与世隔绝 1 100 多年，直到法门寺塔崩塌的那一刻，才重新呈现在世人面前。

法门寺地宫共发现了四枚佛指舍利：第一枚舍利放置在地宫后室中，被一个异常精美的八重宝函供奉着。宝函的第一重是银棱盝顶檀香木宝函，由于是木制，出土时候已经腐朽。第二重是鎏金盝顶四天王银宝函，四面刻着威风凛凛的四大天王形象，四天王均有

发现第一枚佛指舍利

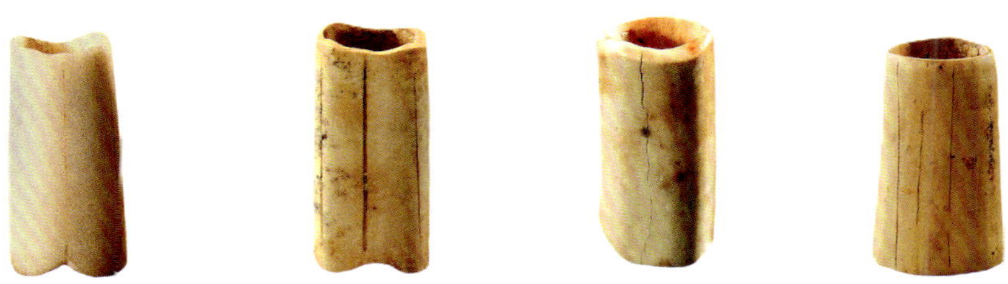

法门寺出土的四枚舍利，现藏于法门寺博物馆

第八重 宝珠顶单檐四门纯金塔
第七重 金筐宝钿珍珠装珷玞石宝函
第六重 金筐宝钿珍珠装纯金宝函
第五重 纯金六臂观音盝顶宝函
第四重 鎏金如来说法盝顶银宝函
第三重 素面盝顶银宝函
第二重 鎏金盝顶四天王银宝函

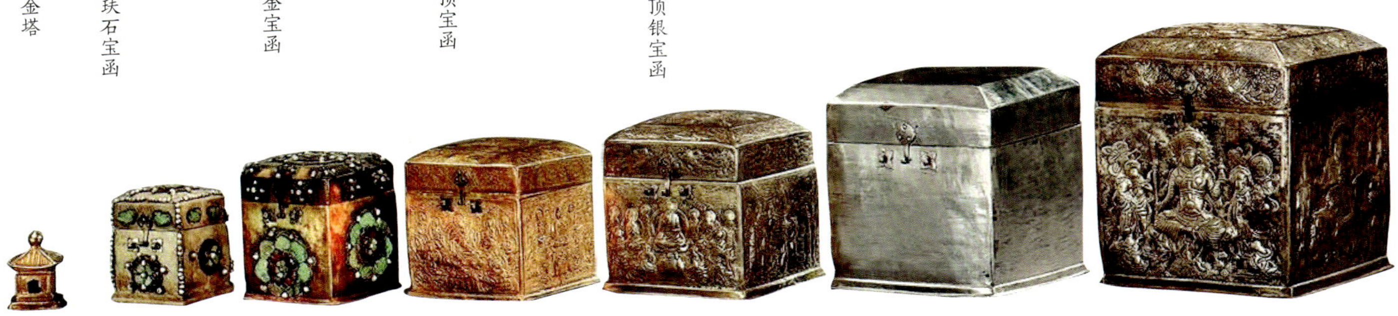

盛放第一枚舍利的八重宝函（第一重银棱盝顶檀香木宝函已损坏）

手持不同兵器的眷属众部围绕，极其威严。四天王在此不仅寓意护持佛法，更有保护佛指舍利之意。接下来几重分别为素面盝顶银宝函、鎏金如来说法盝顶银宝函、纯金六臂观音盝顶宝函、金筐宝钿珍珠装纯金宝函、金筐宝钿珍珠装碔玞石宝函，最后一重为宝珠顶单檐四门纯金塔。巧合的是，这枚佛指被发现的那一天，是农历四月初八，恰好为释迦牟尼的诞辰日。

鎏金盝顶四天王银宝函（第二重）

唐代，盛放法器的匣子

底边长 20.5 厘米、通高 23.5 厘米，重 2 699 克

现藏于法门寺博物馆

第二枚佛指舍利被发现于地宫中室汉白玉双檐灵帐之中。第三枚佛指舍利被发现于地宫后室小龛内的铁函之中，函内套装有四重宝函，最外层是一个鎏金四十五尊造像的盝顶银函，上刻“奉为皇帝敬造释迦牟尼佛真身宝函”字样。第二层为檀香木函，第三层是嵌宝水晶椁子，再里面为玲珑小巧的白玉棺，佛指舍利即放于白玉棺中。最后一

鎏金如来说法盝顶银宝函（第四重）

唐代，盛放法器的匣子

底边长 15.5 厘米、通高 16.2 厘米，重 1 660 克

现藏于法门寺博物馆

鎏金盝顶四天王银宝函（第二重）天王形象

金筐宝钿珍珠装纯金宝函（第六重）

唐代，盛放法器的匣子
底边长 11.3 厘米、通高 13.1 厘米，重 973 克
现藏于法门寺博物馆

金筐宝钿珍珠装珷玞石宝函（第七重）

唐代，盛放法器的匣子
底边长 8.1 厘米、通高 10 厘米，重 1 022 克
现藏于法门寺博物馆

嵌宝水晶椁子

唐代，盛放法器的匣子
椁长 10.6 厘米、宽 5.6 厘米、前挡高 6.9 厘米、
后挡高 5.5 厘米
现藏于法门寺博物馆

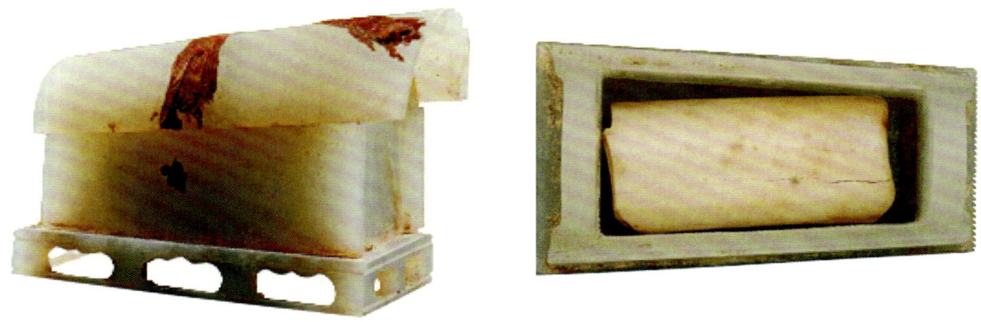

白玉棺和放在其中的佛指舍利

枚佛指舍利被发现于地宫前室的彩绘四铺菩萨舍利塔中，塔内有两重舍利容器，外层为单檐铜精舍，佛指舍利置于里层的鎏金伽陵频迦纹银棺中。

《人民日报·海外版》曾发表文章说：“四枚佛指舍利重现于世，不仅是世界文化史的一件喜事，也是世界佛教的一件盛事。”诚然，佛指舍利不仅在宗教上具有极其重要的象征意义，它所凝聚的历史、文化价值也是不可估量的。

鎏金伽陵频迦纹银棺

唐代，盛放法器的匣子
通高 6.4 厘米、长 8.2 厘米，
重 168 克
现藏于法门寺博物馆

延展阅读　何为舍利?

舍利是梵语 sarira 的音译，意为“身骨”，一般指释迦牟尼遗体焚化后结晶而成的固体物。佛教经典把舍利分为两类：一类是法身舍利，即释迦牟尼所说的佛教经典；另一类则是生身舍利，它又可分为白色骨舍利、黑色发舍利和红色肉舍利三种。法门寺出土的佛指舍利就属于骨舍利。

秘色瓷：夺得千峰翠色来

我国唐代瓷器，有所谓“南青北白”之称，即当时占据市场主导地位的有两种瓷器，一种是北方邢窑的白瓷，另一种则是南方越窑的青瓷。越窑中作为贡品的秘色瓷备受朝野青睐，许多文人、学士对其胎骨、釉色、造型给予了尽情的赞美。最早提到“秘色”一词的是唐代诗人陆龟蒙，他在《秘色越器》一诗中如此描述秘色瓷：“九秋风露越窑开，夺得千峰翠色来。”

在法门寺地宫中室汉白玉灵帐之后的圆形金银棱檀香木漆盒内，考古人员发现了数十件用丝绸包裹的瓷器。对照地宫出土的《物帐碑》，上面明确记载着：“瓷秘色碗七口，内二口银棱，瓷秘色盘子、碟子共六枚……”两者相互对照，可知这些瓷器就是大名鼎鼎的秘色瓷。《物帐碑》里描述“瓷秘色”，即“秘色”在“瓷”之后，所以绝大多数学者都赞同“秘”指的是釉色，而不是工艺技术或者是贡品之故而被称为“秘”。法门寺地宫秘色瓷的发现为秘色瓷的时代和特点提供了标准和断代依据，解决了中国陶瓷史长期以来的争论。

越窑秘色瓷八棱净瓶

唐代，净水瓶

高 21.5 厘米、最大腹径 11 厘米、口径 2.2 厘米、颈高 11 厘米

现藏于故宫博物院

延展阅读　秘色瓷之谜

宋代后，越窑走向衰落，生产规模缩小，秘色瓷逐渐退出了它作为贡瓷的历史舞台，也随之带走了“秘色”的真实含义。长期以来，人们只知“秘色”一词见于古籍之中，却不知道它究竟长什么样，久而久之，人们对“秘色”的解释产生了歧义。有的人将秘色解释为一种颜色，类似于千峰翠色、捩翠融青、艾色、青绿色等，将类似上述颜色的青瓷称秘色瓷；有的人将“秘”理解为“秘密”，认为瓷胎、釉料、配方以及烧造工艺保密即为秘色瓷；还有人将“秘”理解为珍奇之义，即秘色瓷为珍稀、罕见、奇特的越窑瓷；最后，有人甚至将秘色之秘与东园秘器联系在一起，将秘色瓷理解为冥器。各种说法层出不穷，但都没有一个让人信服的观点，直到法门寺地宫的发掘……

宝藏金银器

法门寺地宫一百二十一件（组）金银器的出土，是继1970年西安何家村唐代窖藏发现后，又一次唐代金银器的大展示。从历史、文化价值考虑，法门寺金银器无疑要高出何家村窖藏许多，因为它们是唐代皇室用器，代表了唐代金银器最高水平。同时大部分器物都錾有铭文，时代明确，可以作为金银器研究的标准器。这些器物是唐朝皇帝用来供养真身的，所以当时佛教礼仪所用供器，甚至有些帝王的生活用具也尽纳其中，能反映更为真实和广泛的唐代社会的面貌。根据学者研究，这批金银器可以分为法器、供养器、佛事生活用具三大类。

法器有锡杖、钵盂、如意等，其中最重要的是一件“迎真身银金花双轮十二环锡杖”。其杖身中空，杖头作双轮四股十二环，顶部有两重束腰莲座，上承一智慧宝珠，表面錾刻缘觉十二僧。该杖比现藏于日本正仓院最大的白铜头锡杖的制作还要精美，等级还要高，堪称世界锡杖之王。

迎真身银金花双轮十二环锡杖

唐代，法器
杖长196.5厘米，重2 390克
现藏于法门寺博物馆

迎真身银金花双轮十二环锡杖细节

佛教有所谓十大供养，即香、花、灯、果、涂、茶、食、宝、珠、衣，唐朝皇室因此制作了大量的供养器，以表示自己崇佛的决心。地宫中出土了两件银芙蕖（即人们常说的莲花，也叫作水芙蓉）。这两件芙蕖的制作工艺非常讲究，盛开的花朵位于中央，莲瓣是用极薄的银片锤揲而成，但因为中间鼓起而显得圆润饱满。所有的花、蕾、叶都用细银线托起，从而使整朵莲花看上去轻盈无比，是唐代金银工艺品不可多得的佳作。另出土了两套鎏金壶门座银波罗子。波罗子俗称“套盒”，最初是供

迎真身银金花双轮十二环锡杖细节

铜浮屠

唐代，法器

通高 53.5 厘米、底座长宽各 28 厘米，二层长宽各 24 厘米、三层长宽各 19 厘米、房檐长宽各 23.5 厘米

现藏于法门寺博物馆

唐盘丝座银芙蕖

唐代，佛教供具
盘座径 20.5 厘米、通高 37 厘米，重 535 克
现藏于法门寺博物馆

唐鎏金银龟盒

唐代，储存茶末的器具
龟盒高 13.1 厘米、通长 27.6 厘米，重 820.5 克
现藏于法门寺博物馆

鎏金壸门座银波罗子

唐代，佛门果食器

通高 3.8 厘米、口径 10.3 厘米、底径 11.2 厘米，重 250 克

现藏于法门寺博物馆

养于佛门的果食器，“波罗”很可能是“般若”的音译。在法门寺之前，曾出土过五代和宋代的瓷质套盒，但那时候并不知道这叫作“波罗子”，直到法门寺地宫发掘，人们才知道其正式名字。

最后一类为佛事生活用具，包括容器、饮食器、浴佛器等，这类用具品类众多，做工考究，而且成组配套，等级极高。尤其是两件鎏金银制香囊，一大一小，设计精巧，令人拍案叫绝。香囊为镂空球体，上下半球体以合页铰链相连，钩状锁扣控制香囊之开合。下半球体内有以两个同心圆组成的持平环，铆接香盂于其中并与球体相连，使香盂始终保持水平状态。燃香后，无论你怎样转动，燃香都不会从香盂中倒出，所以唐代人也称之为“被中香炉”。

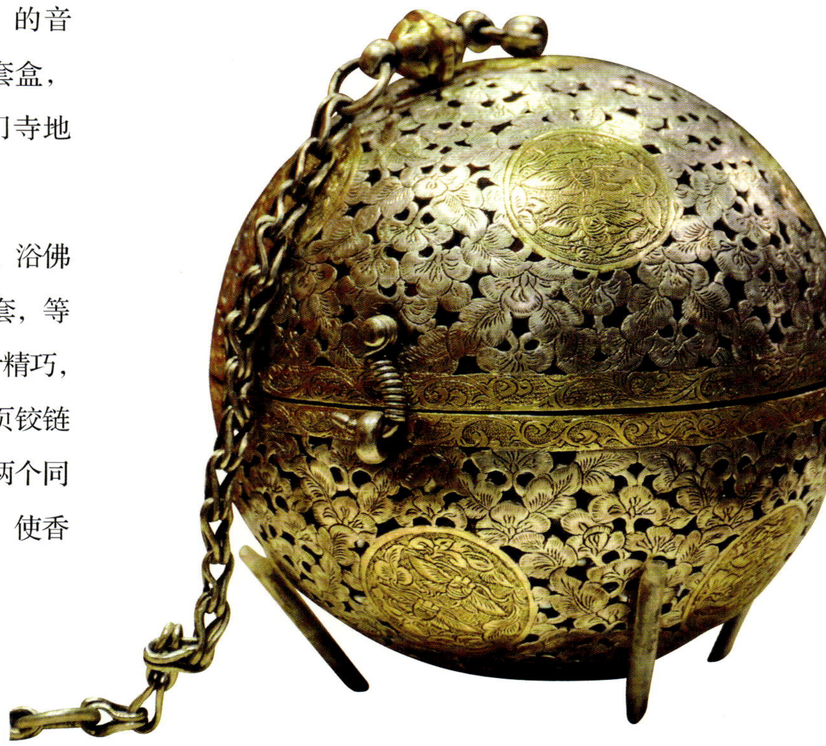

唐鎏金双蛾团花纹银香囊

唐代，香炉

直径 12.8 厘米、链长 24.5 厘米，重 547 克

现藏于法门寺博物馆

鎏金双鸳团花大银盆

唐代，浴佛用具
通高 14.5 厘米、口径 45 厘米、足高 2.5 厘米、足径 28.5 厘米，重 6 265 克
现藏于法门寺博物馆

鎏金双鸳团花大银盆细节

除此之外，地宫还出土了集浇铸、模冲、煅打、錾刻、鎏金、铆接等先进工艺于一体的浴佛用具——鎏金双鸳团花大银盆、盛放香丸或香饼的唐鎏金伎乐纹银香宝子、隔火熏香具鎏金卷荷圈足银羹碗子和储存茶末的唐鎏金银龟盒等金银器，这些金银器也都反映了唐代工匠的智慧和高超的工艺水平。

总而言之，法门寺文物数量之多、质量之高、保存之完好，堪称唐代考古之冠。如今，在法门寺西侧，即原寺院的西院，建起了一座专门收藏、研究、展出法门寺地宫文物的博物馆——法门寺博物馆，让大家可以很方便地领略法门寺地宫文物给我们带来的大唐气象。

“南海Ⅰ号”沉船

• 世界上发现的“最大宋代船只”

地址：广东省台山、阳江交界海域

年代：宋辽金元时期

发掘时间：1987 年

主要出土文物：德化窑青白瓷、晋江磁灶窑瓷器、景德镇窑影青瓷和龙泉窑青瓷、金器等

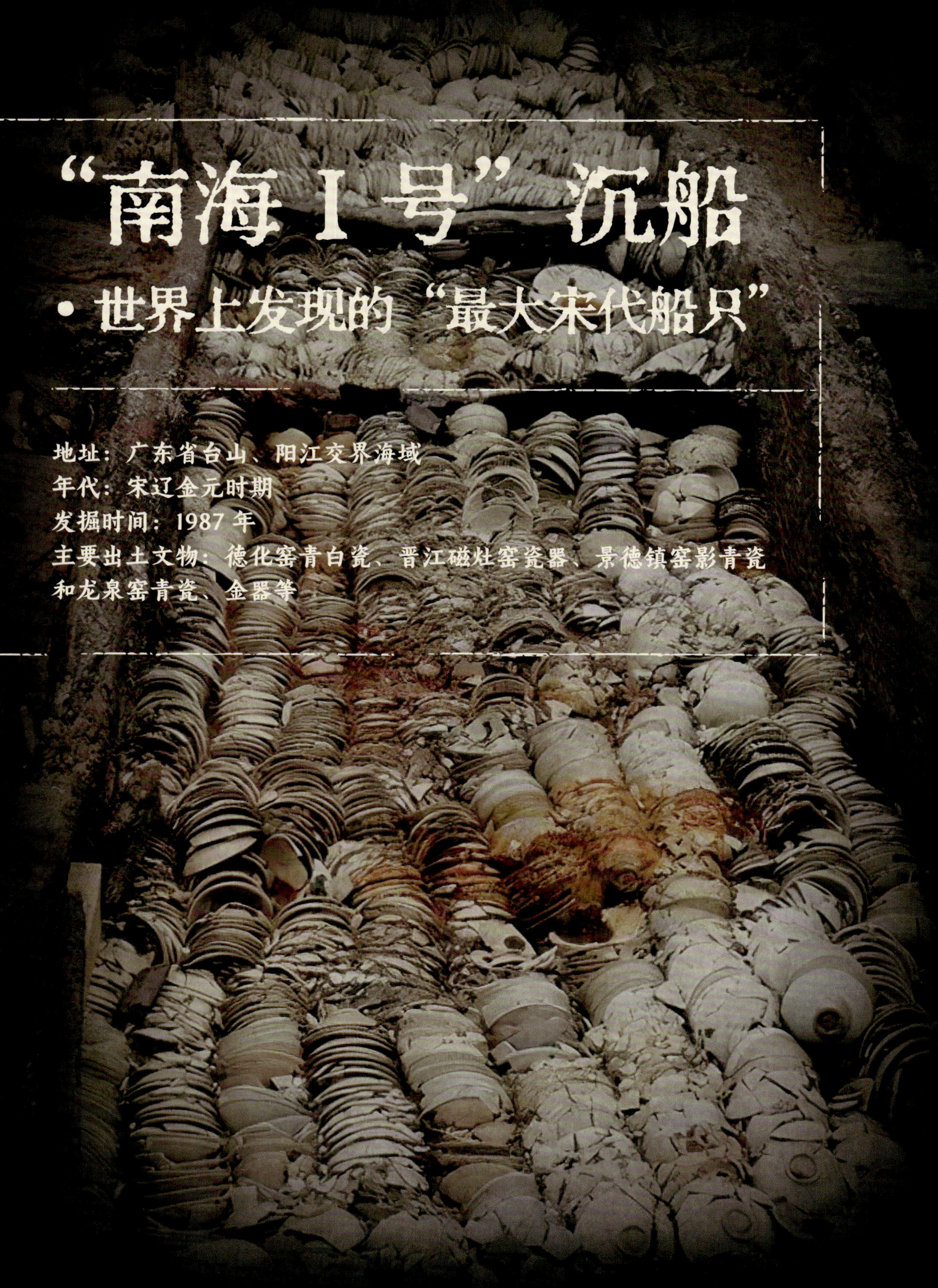

意外的发现

1987年，英国海洋探测公司的三名队员，在荷兰图书馆和航海图书馆中，发现了一艘名为"莱茵堡号"的古沉船。这艘沉船在中国阳江的南海海域发生海难，最后沉入海底。之后，英国海洋探测公司向中国文物局提出打捞沉船的申请，中国方面决定与英国合作打捞，并指定广州救捞局承接这项业务。然而，尽管英国人详细画出了沉船地点，但并未找到这艘"莱茵堡号"沉船，反而阴错阳差发现了另一艘古代沉船。

工作人员从海里捞出了二百四十七件瓷器、铜器、锡器、镀金器和铁器，从风格类型来看，以中国生产为主，而沉船年代则被定为了南宋时期。这艘南宋沉船很有可能与海上丝绸之路有关，时任中国历史博物馆（今中国国家博物馆）馆长的俞伟超将它命名为"南海Ⅰ号"。作为解开海上丝绸之路诸多秘密的关键钥匙，中国方面为了保证研究的独立性，决定与英国中断合作。同年，水下考古中心成立。然而，由于缺乏相应的技术和足够的财力，到了1989年，水下考古中心只能选择与日方合作，联合打捞"南海Ⅰ号"。经过五天的工作，联合打捞队没能找到沉船的主体位置，只打捞上来少量瓷器样本。后来，日方觉得无利可图，以"耗资大、难度大"为由，中断了合作。

整体打捞"南海Ⅰ号"沉船

此时，国家文物局意识到，任何形式的国际合作都存在风险，唯一可行的方式就是发展自己的水下考古力量。但由于水下考古所需的资金和技术难度实在过大，探索“南海Ⅰ号”的工作被搁置了十多年。直到 2001 年，“南海Ⅰ号”考古队获得了香港民间人士 120 万港元的赞助。香港赞助方还找到了 1987 年发现“南海Ⅰ号”的英国船员，从他手中买下当年的定位海图交给了负责人张威。

2002 年，项目重启，装备一新的“南海Ⅰ号”考古队经过艰难寻找，终于找到了沉船的主体位置。然而，由于沉船已经全部被泥沙覆盖，如何将其清理、提取和打捞也是一项繁重浩大的工程。所幸当时国家开始大力扶持水下考古，陆陆续续拨了将近 5 000 万元资金。有了相应支持，考古队终于可以大干一场了。

2015 年冬季“南海Ⅰ号”发掘遗址正射投影图

“南海Ⅰ号”沉船遗址

史无前例的整体打捞

沉船的位置确定了，接下来就是将其打捞上岸。按照以往的国际惯例，都是先在海底将沉船分解，把各部分打捞上岸后再组装为整体。然而，探测表明，“南海Ⅰ号”没有遭到破坏，它的船体基本保存完好，换句话说，船体本身就是一件巨大的文物，如果将其分解，不仅破坏了八百多年前的“国宝”，更将其携带的很多原生态的历史信息毁坏殆尽。

充分考虑过后，考古队提出了一个前无古人的方法：整体打捞，即将沉船船体和船载文物与其周围泥沙，按照原状固定在特殊的钢制沉箱内，将分散易碎的文物一体化、一次性吊浮起运，然后迁移到专门建造的海上丝绸之路博物馆中进行科学发掘。就这样，史上花费最多、难度最大的考古发掘启动了。经过几年的准备，直到 2007 年，打捞工作正式开始。打捞共分四步：定位、沉

沉船整体打捞出水

水晶宫中的“南海Ⅰ号”

中部船舱位置散落的瓷器

水晶宫中船舱内部瓷器情况

井下水、穿底梁和起吊。

第一步定位容易解决，关键是第二和第三步。首先需要制作一个足以容纳"南海Ⅰ号"的钢铁沉箱，此沉箱长 35.7 米、宽 14.4 米、高 12 米，总重 530 吨，面积比一个篮球场还大。接着再由当时亚洲最大的起重船"华天龙"将沉箱放入海底。按照计划，沉箱沉入海底后，可以凭借自身的重量切入海泥，把沉船包入箱体之内。但意想不到的是，海泥非常坚硬，沉箱根本下不去。考古人员先是在沉箱上加水泥重块，再手动挖开沉箱周围的泥土，费了九牛二虎之力，总算是将箱体切入预计位置了。下一个环节是在箱体插入三十六根钢梁，把沉船拖起来。这是最耗时耗力的一步，插入第一根钢梁花了 10 天时间，插入第二根花了 9 天，插入第三根花了 5 天……经过 9 个月的奋斗，2007 年 12 月 22 日上午 10 点，沉睡 800 多年的"南海Ⅰ号"终于出水，随后被放进了海上丝绸之路博物馆的"水晶宫"中。

“水晶宫”通体由玻璃建造，“南海Ⅰ号”船体被放置在一个巨大的水箱中，水质、水温和水体环境均与当初发现沉船的水域保持一致。

这次沉船打捞，在人类历史上开了整体打捞沉船的先例，有多项技术为世界首创。2020 年，“南海Ⅰ号”沉船水下考古发掘项目获评“2019 年度全国十大考古新发现”；2021 年，它又入选“百年百大考古发现”，是当之无愧的中国水下考古事业里程碑。

“南海Ⅰ号”沉船模型

“南海Ⅰ号”之谜

“南海Ⅰ号”自发现以来，围绕着它的讨论一直没有停止，很多谜团也亟待解开。船是从哪里出发的，目的地是哪里？船主是谁？船又是怎么沉的？更奇怪的是船上有吃剩下的鸡、鸭、羊，甚至蛇骨，但是没有发现人骨，那么人到哪去了？

“南海Ⅰ号”究竟是一艘中国货船还是外国货船？专家们已经达成共识，这是一艘中国制造的从中国运载货物出口国外的远航货船，主要依据是：船上发现的“锚”，是麻石制的长方形条板，被鉴定为中国宋代的通用船锚；另外在前期探摸中，考古人员还发现了一些古船身上的碎木块，这些木块的材质大部分是马尾松木，而马尾松多见于福建、广东等地。

“南海Ⅰ号”从哪里出发，又驶向何方？考虑到南宋时期泉州是享誉世界的“东方第一大港”，“南海Ⅰ号”的始发地极有可能就是泉州港。专家还观察到，“南海Ⅰ号”船头朝向西南 240 度，沉没朝向应该与当年的航向大致一样，因此船应该是从中国驶向东南亚地区或中东地区进行海外贸易的。另外，船上出水的不少文物

军持

延展阅读　海上丝绸之路

古时的海上丝绸之路，犹如一条绵延不断的贸易纽带，连接着亚洲、非洲和欧洲的广袤海域。它从中国东南沿海的港口扬帆起航，途经东南亚、南亚、中东，最终抵达非洲的东海岸。在这条航线之上，中国的丝绸、瓷器、茶叶和铜器等手工艺品被广泛传播，同时，异国的香料、贵重金属、宝石和药材等商品也被引入中国。这条航线的繁忙贸易不仅带动了商品的大范围流动和区域经济的蓬勃发展，还加强了沿线各国间的文化和技术交流，促进了宗教、艺术、语言和习俗的相互融合。

具有浓郁的西亚风格，比如军持，最初是佛教僧人使用的贮水器，后来由于伊斯兰教的传播，军持成为穆斯林使用的器具而大为兴盛。宋代开始，军持成为海上对外贸易的重要器型之一。沉船上还发现了两具眼镜蛇遗骨，这很可能是船员饲养的宠物，进而可以推测当时船上曾住有阿拉伯和印度商人。多种证据叠加证明"南海Ⅰ号"的目的地有可能是西亚或是印度。

"南海Ⅰ号"为什么没有发现人骨？一种合理的解释是，在"南海Ⅰ号"沉没的时候，船上的船员都弃船而逃了，因为"南海Ⅰ号"是一艘木船，与一些钢结构船不同，它的沉没速度会比较缓慢，再加上"南海Ⅰ号"船身体量并不大，所以有足够的时间来逃生。

即使历经800多年的海水侵蚀，"南海Ⅰ号"的船体依旧保存相当完好。刚找到沉船的时候，考古人员就发现整艘船几乎是端坐于海底，既没有侧也没有翻，仿佛还是最初的模样。为什么"南海Ⅰ号"可以历经800多年而不腐呢？专家推测，船在沉没后的很短时间内，周围就快速附着了大量淤泥，从而使船体与外界隔绝，避免了氧化破坏。另外，"南海Ⅰ号"所使用的松木是抗浸泡比较好的造船材料。广东民间有一种说法，"水泡千年松，风吹万年杉"，或许正因此，船体才能千年不腐。

德化窑青白釉执壶

德化窑白釉印花四系罐（内套装小瓷瓶）

景德镇窑青白釉印缠枝花卉纹折沿芒口盘

"南海Ⅰ号"珍宝

"南海Ⅰ号"装载了十万余件器物，其中陶瓷器是船货的大宗，主要以德化窑的青白瓷、晋江磁灶窑的瓷器、景德镇窑的影青瓷和龙泉窑青瓷为主。这里重点向大家介绍磁灶窑这一独具地方特色的窑口。

"南海Ⅰ号"出水的南宋"磁灶窑绿釉印花卉纹折沿菱口碟"，是一只模印瓷器，纹饰凸凹起伏，立体感极强，口沿平折呈六瓣菱形，内底边沿的圈纹与口沿的六瓣菱

磁灶窑绿釉印花卉纹折沿菱口碟

南宋，食器
高 2.6 厘米、口径 10.2 厘米、底径 5.6 厘米
现藏于广东海上丝绸之路博物馆

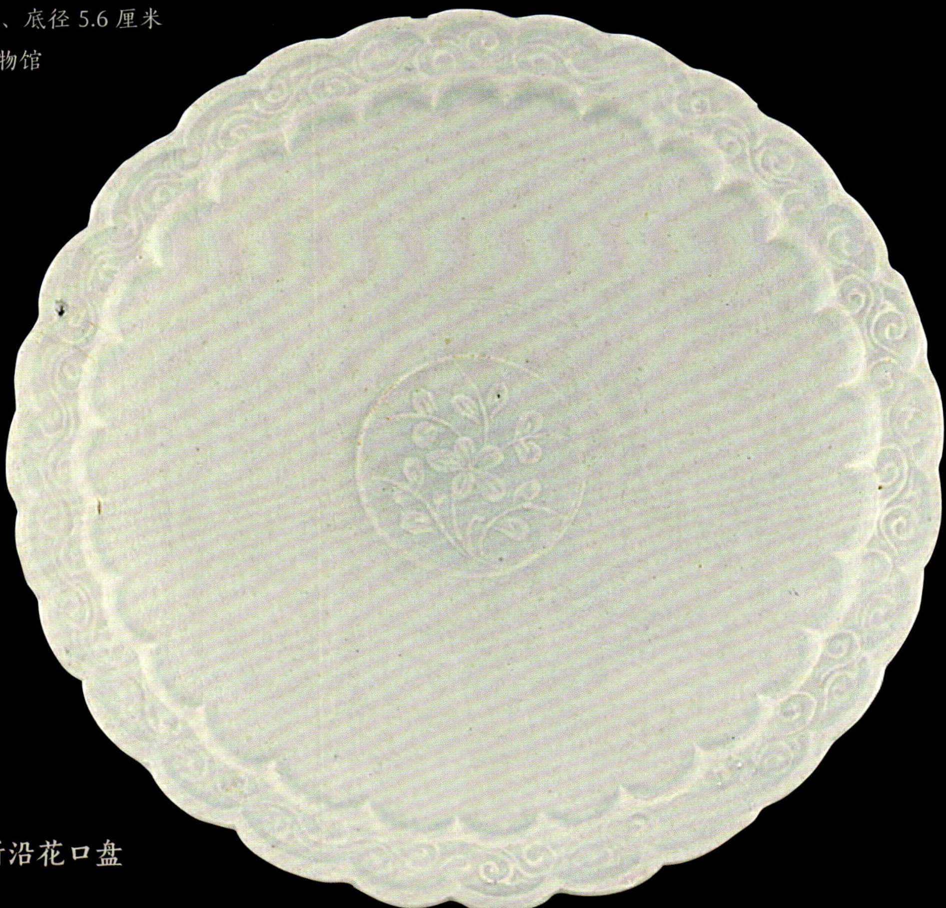

景德镇青白釉印花宽折沿花口盘

南宋，食器
高 3.9 厘米、口径 18.1 厘米、底径 5.17 厘米
现藏于广东海上丝绸之路博物馆

金腰带

南宋，配饰

腰带全长 172 厘米
现藏于广东海上丝绸之路博物馆

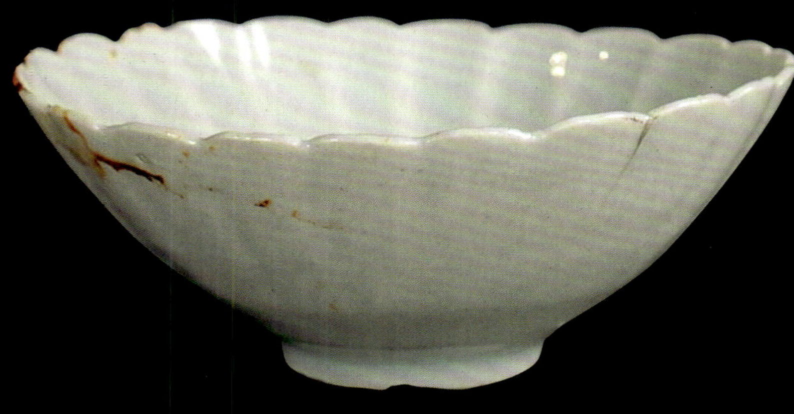

宋景德镇青白釉菊瓣盏（俯视、正视图）

南宋金项饰

金戒指

金虬龙环

对应，弧腹上有与口沿和内底圈纹相对应的六瓣菱的菱角对接的连线，内底处装饰了一株折枝花，花朵鲜活，枝叶灵动。研究者认为，这种菱口碟的造型受到了粟特金银器的影响。粟特金银器常在器壁上锤揲出凸凹起伏的瓣状纹，使得器身表面起伏变化，立体感强。宋代频繁的商贸往来，金银器、玻璃器、珐琅器相互间的传播与交流，使得宋代瓷器造型呈现出极具传统又富创新的特点。

"南海Ⅰ号"还出水了大批金器，它们风格独特、制作精细，并且融入了国内外多种风格，堪称精品。其中有件金腰带是船上打捞出来的第一件金器，早在1987年的时候就已出水。由四股八条金线编织而成，截面呈方形。带钩长条形，中间隆起，并饰璎珞纹，其中一端有五个小圆环，可以用来调节松紧。这件金饰具有浓郁的阿拉伯风格，且价值不菲，推测很有可能是船上身份地位较高的人使用的。另一件金饰由三条金链、两块犀角形牌饰、五条连扣环链和三条流苏坠饰组成。三条流苏坠饰为桃心牌饰，此种平面片状的桃心挂饰受到辽地风格影响。

"南海Ⅰ号"被誉为"海上敦煌"，是宋代海上丝绸之路繁荣的直接证明，其价值和意义远远超出了文物本身。"南海Ⅰ号"的打捞揭示了宋代中国与世界的贸易往来之频繁，以及中国在当时国际市场上的重要地位。沉船的航线、货物构成和船体结构，也为研究宋代的海上贸易网络、航海技术、商业组织形式等提供了珍贵的第一手资料，对于了解宋代乃至整个中国古代的海上活动具有不可替代的作用。沉船上发现的大量瓷器、金银器等珍贵文物，也揭开了宋代工艺水平的辉煌面纱，展现了宋代手工业的卓越技艺。

延展阅读　磁灶窑

磁灶窑位于福建省晋江市磁灶镇，是具有浓郁地方特色和时代风格的民窑，始于南朝，发展于隋唐、五代，宋元时期依托"东方第一大港"泉州港而兴盛，是当时福建外销陶瓷的主要生产地之一。由于磁灶窑主要以海外市场为主，因此其造型与装饰艺术，既融入了深厚的中华传统文化，又迎合了外国的民俗文化和审美情趣，与同时期其他窑口相比，有着独特的艺术魅力。

明定陵·大明风华与考古界之痛

地址：北京市昌平区大峪山东麓

年代：明清时期

发掘时间：1956 年

主要出土文物：三龙两凤冠、六龙三凤冠、九龙九凤冠、十二龙九凤冠、乌纱翼善冠、金丝蟠龙翼善冠、红缂丝十二章福寿如意衮服、霞帔坠、金枕顶、鎏金爵杯、玉谷纹圭、金簪等

定陵匾额

定陵神功圣德碑

发掘背景

明十三陵中的定陵——万历皇帝的陵墓，是中华人民共和国成立后第一座，也是唯一一座经由考古学家主动发掘的帝王陵墓。定陵发掘于 20 世纪 50 年代。初始，考古工作者为寻找完整的《永乐大典》，打算发掘长陵，但发掘一开始就陷入了困境。既然是一次科学考古发掘，那么所有的流程必须严格按照考古程序来，因此发掘的第一步，就是要找到长陵的地宫入口，如此才能保证在整个墓葬形制完好的前提下进入地宫。工作人员围着长陵的宝城和宝顶忙活了好几天，连地宫的影子都没找到。一筹莫展之际，发掘委员会迅速做出对策，决定先对嘉靖皇帝的永陵进行部分试掘，积累经验后再拟定开发长陵的详细计划。可是，对永陵的勘探工作依然一无所获。无奈之下，发掘委员会最终将目标转向了万历皇帝的定陵。

定陵遗址俯视图

延展阅读 **“宝城”“宝顶”**

“宝城”“宝顶”为古代陵墓的专业术语。明代的帝王陵采取的是封土形式，地宫之上堆成一个高高的土堆，四周再砌上高大的砖城，城墙上还设有垛口和女墙，像一座小城，所以被称为“宝城”。高大的封土远远望去，就像凸出的圆顶，被称为“宝顶”。

发掘现场

万历皇帝在22岁的时候就开始修建自己的皇陵了，前后历时 6 年时间完工。历史上定陵先后遭受过三次大火，但仍有一些地面建筑残留了下来。通过这些地面建筑，再加上工作人员的努力，定陵地宫入口的秘密终于缓缓浮现。

考古人员从金刚墙上取下砖块

考古人员尝试推开地宫门

这一天，队员们勘探到宝城一角时，队长赵其昌突然发现，在离地面 3 米多高的城墙上方，有几块城砖塌陷下来，露出一个直径约半米的圆洞！经过观察，此圆洞像是个门券的上端，光照处可辨别砖砌的痕迹。往里挖了一段时间，突然有一位工人发现其中一块砌在墙里的石条上，赫然刻着三个大字：隧道门。果不其然，往下挖了 10 多天后，发现了一个券门。接着又发现了一块带有刻字的小石碑：此石至金刚墙前皮 16 丈，深 3 丈 5 尺。这句话的意思是，只要再往前挖约 54 米，深约 12 米，就能挖到金刚墙了。明朝人把地宫的墓墙称为金刚墙，所以这块墓碑等于是明确提示了地宫的具体位置。

考古人员正在工作

现在的地宫场景

保存棺椁的后殿

发掘的龙纹瓷器

为什么墓边会出现这种类似于“指路”性质的石头呢？这其实与明代的陵墓制度有关。明代帝王讲究帝后合葬，然而人的生死是有先后的，如果皇帝先死，皇后死后就得重新挖开陵墓安葬。为了不对陵墓造成破坏，就得事先在陵墓的入口、隧道口、墓门等地方留下指示标记，方便二次入葬。这块小石碑起的就是标记的作用。

根据石碑提供的线索，考古队很快就挖到了地宫门。定陵的地宫门由两块巨大的汉白玉石制成，沉重无比，有队员尝试推了推石门，发现没有任何反应。好在石门制作得虽然精致，但中间依然留了一道3厘米宽的门缝，有人用手电筒往门缝里一照，发现有一石条把大门死死顶住了。这是如何做到的呢？按照常理分析，石条不可能由宫女、工匠等奴仆在地宫内侧放置，如此的话，奴仆们是出不了地宫的，只能死在地宫内，而地宫是埋葬帝后的处所，其他人是万万不能与帝后同穴的。因此只有一种可能，即石条是通过某种工具由人在地宫外侧顶住石门的。

考古队翻阅了大量史料，最终在清代谭吉璁的《肃松录》找到了一丝线索。《肃松录》中提到，1644年李自成攻克北京城，崇祯皇帝自缢于煤山。昌平州吏赵一桂出于对旧主的效忠，主动拿出钱财为崇祯帝发丧。由于崇祯生前还没来得及为自己建造陵墓，于是赵一桂便将崇祯和周皇后的棺椁运往他的宠妃田贵妃的墓中安葬。工匠们用了四个昼夜，挖开了田贵妃的墓，见到了地宫大门，再用一种叫作“拐钉钥匙”的工具将石门打开，将崇祯的棺椁放了进去。书中所说的“拐钉钥匙”，正是打开石门的关键。根据这一名字，再结合它的用途，队长赵其昌灵机一动，找来了一根1米多长的8号铁丝，把顶端弯成了半个口字形，立着从门缝里送进去，用板条开口卡住倾斜着的顶门石上端，轻轻地向内推动，使顶门石逐渐直立，并最终离开门内凸起的石坎。

推开石门后，考古队发现顶门石上写着一行字：玄宫七座门自来石俱未验。原来，这顶门的石条名为“自来石”。事后，考古队仔细研究自来石的结构，纷纷感慨古人的智慧。整块自来石上下两端略宽，中间稍窄。制作石门时，工匠在门内侧中部预先设计了一个凸起的石坎，再在门洞中部的地面上凿了个凹槽。自来石的长度恰好等于石坎和凹槽之间的直线距离。当皇帝入葬之后，工匠们先将其中一扇门关闭，另一扇半掩着。自来石的下端插在了地面的凹槽内，上端则靠在半掩着的石门内侧凸起的石坎下。随着石门慢慢关闭，自来石就会自动地随着石门慢慢倾斜。等石门完全关闭后，自来石恰好完全顶住两扇石门的凸起石坎，再也打不开了。正是这样一个小小的设计，成为保护帝陵的最后一道屏障。

石门终于打开了。此刻，万历皇帝的玄宫殿堂，全部展露在人们的面前。

现在的定陵地宫

奇特的埋葬姿势

整个地宫的构造分为前、中、后殿和左右配殿五个部分。后殿的中部偏西处有三口朱漆棺椁，里面分别躺着万历皇帝、孝靖皇后和孝端皇后。首先打开的是孝靖皇后的棺椁。孝靖皇后的棺椁损坏严重，尸身已经只剩骸骨，棺内还随葬了大量的锦缎、衣服、金银器等。接着清理的是左侧孝端皇后的棺椁。孝端皇后是万历皇帝的原配，比他早 3 个月去世，万历皇帝去世后，他们一同被葬在了定陵。最后清理的是万历皇帝的棺椁。他的棺椁最大，长 3.3 米、高 1.8 米，棺内除了他的尸体，还塞满了各种陪葬品。棺椁最上层盖的是织锦被，被下放着袍服和织饰匹料。万历皇帝身着刺绣衮服，腰系玉带，头戴乌纱翼善冠（金丝蟠龙翼善冠放置在万历棺内头部北侧一个圆形木盒内）；下身穿黄素绫裤，足蹬红素缎高绣靴。

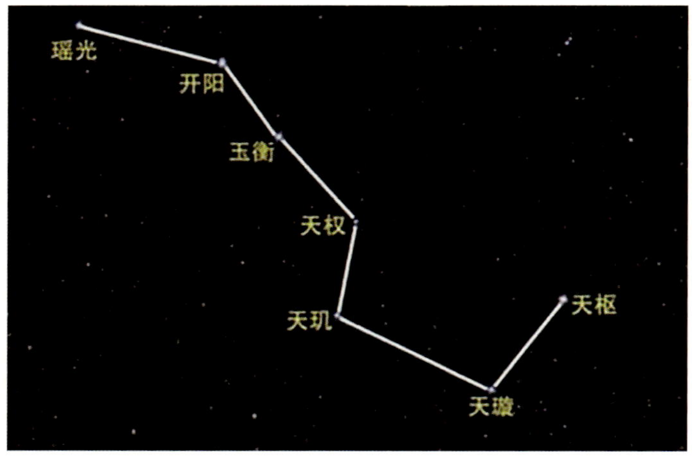

北斗七星示意图

出土时的万历皇帝骨架情况

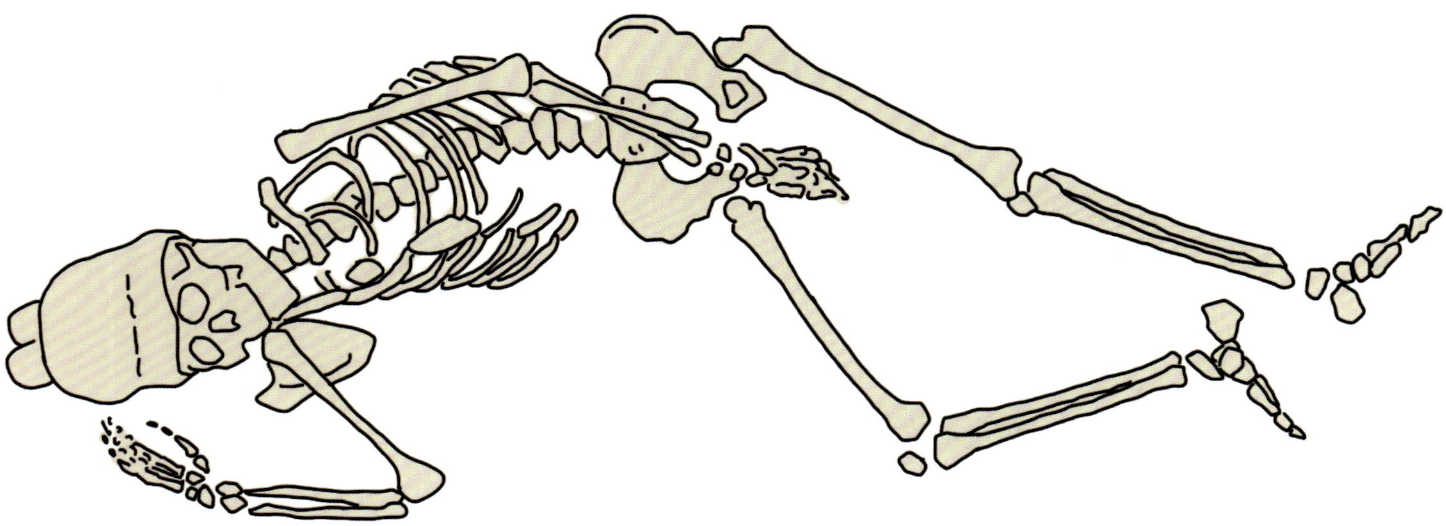

万历皇帝骨架示意图

万历皇帝朱翊钧画像

孝端皇后王氏画像

孝靖皇后王氏画像

乌纱翼善冠（复制品）

明代，服饰

冠高 23.5 厘米、径 19 厘米、金饰件总重 307.5 克

现藏于定陵博物馆

仔细研究这三具棺椁，考古人员发现了一个奇怪的现象：万历皇帝、孝端皇后以及孝靖皇后三人，都采用的是“S”形的侧卧式葬式。古人对死后的葬式非常讲究，在“事死如事生”丧葬观念的引领下，把死者的葬式摆成和生前睡姿类似的仰身直肢葬式是最普遍的姿势。距今约 8 000 年的裴李岗文化中，发现了迄今为止年代最早的仰身直肢葬实例，之后从新石器时代到夏商周三代，直到元明清，仰身直肢葬遍布全国各地。

万历皇帝贵为一国之君，按道理最应该遵守礼制，却偏偏采用了有悖于传统的“S”形侧卧式葬式，这其中必定大有深意。很多学者对万历帝后的葬式进行了研究，总结起来主要有两种解释。其中一种以明十三陵特区办事处（2021 年，更名为“明十三陵管理中心”）的王秀玲老师为代表，她认为这一葬式与北斗七星的星象相对应，通过天人感应，彰显出帝王至尊的身份。

在古代，“北斗七星”被认为是极星，指向正北，位于天空中心，在二十八星宿中属于紫微垣。古人一直把紫微星当成是“帝星”，所以天帝住的天宫，也叫作紫微宫。人间的皇帝自诩为“天子”，“紫”字代称皇帝，

累丝嵌珠宝佛塔式金簪

白玉佛字嵌蓝宝石金簪

因为皇帝居住的内城严禁百姓靠近，所以故宫在古代被称为“紫禁城”。

除此之外，王秀玲老师还提出，明代的道教和风水堪舆，都受到了“北斗七星”理论的影响，比如明朝开国皇帝朱元璋的陵墓明孝陵，其地面建筑就是采用了类似北斗七星形状的“S”形布局。那么，作为太祖子孙的万历皇帝，使用了所谓的“北斗七星葬式”也有可能是受到了明孝陵的影响。这一种解释，看起来很有说服力。但恩子健先生随即提出了不同的看法，他认为，万历皇帝压根儿不信奉道教，为什么死后要秉持道教的那一套升仙理论呢？

根据史料记载，万历皇帝的生母李太后是个虔诚的佛教徒，她广修佛寺，大办法事，在京师内外“多置梵刹，动费钜万”，还曾在宫中安置佛舍利三颗，用于供养。史料还记载，李太后因为自己出身卑微，便假托自己梦见了九莲菩萨授予经书，证明自己是九莲菩萨转世，借此来改变因自己出身带给儿子万历皇帝的不利影响。

受母亲的影响，万历皇帝也很推崇佛学，他曾经在敕谕中说：“朕惟佛氏之教，具在经典。用以化导善类，觉悟群迷，于护国佑民，不为无助。”他要求寺内僧众，“尔寺务须庄严持咏，尊奉珍藏，不许诸色人故行亵玩，致有遗失损坏，特赐护持，以垂永久”。

仅凭文献记载，说服力似乎不够。我们来看看定陵地宫里出土的文物。在地宫里，在万历皇

金丝蟠龙翼善冠

大足宝顶卧佛像

红缂丝十二章福寿如意衮服（复制品）

明代，服饰

衮服衣长 136 厘米、通袖长 233 厘米、袖宽 55 厘米、下摆宽 150 厘米

现藏于定陵博物馆

帝的棺内，出土了一件“红八宝纹暗花缎缂丝盘龙佛字方补交领夹龙袍”，其前后胸方补内为正面龙戏珠，龙首顶部缂一金“佛”字。孝靖皇后尸体最上层覆盖的是一床“经被”，上面有朱书经文，虽然字迹已经模糊，但还是能够隐约看出“南无阿弥陀佛”“华严”等字样。

除此之外，地宫中还出土了一些与佛教相关的首饰，如佛塔样式的金簪、带有“佛”字的白玉嵌蓝宝石金簪等。另外还出土了六串念珠，其中三串出自孝端皇后棺内头部北侧的漆盒中，另外三串则干脆放在了万历皇帝的遗体左手处，其中一串更是被万历握在了左手。死后都要将念珠紧握在手中，万历对佛教的崇信，不言自明……

巧合的是，“侧卧”在佛教拥有十分尊崇的地位。《大般涅槃经》中记载，佛祖在涅槃时，采用的是一种向右侧的卧姿，称为“狮子卧”。现在我国各地佛教古迹中的佛祖涅槃像，比如重庆大足石刻的卧佛，就是采用的这一形象。万历皇帝贵为天子，又自认为是转世菩萨所生之子，去世时特意采用和佛祖涅槃时一致的姿势，似乎是顺理成章的事。

红缂丝十二章福寿如意衮服细节

金枕顶

累丝嵌宝石花蝶金簪

鎏金爵杯

玉谷纹圭

衮服与凤冠霞帔

在古代社会，服饰与社会等级密切关联，从一个人所穿的衣服就能看出其身份和地位。我国历代的史籍，如《后汉书》《晋书》《旧唐书》《新唐书》等，都专门设有《舆服志》一章，来记载本朝服饰的形制、纹样和用途。因此，定陵出土的各种类型服饰极具象征意义，它们代表了当时最高统治阶级的礼制和审美。

这其中，等级最高的服饰叫作“衮服”。衮，指的是古代天子祭祀时穿的绣有龙形的礼服。除了龙纹，衮服的底纹还布满“卍”字图、寿字图、蝙蝠和如意祥云，寓意万寿洪福。另外还有繁复的“十二章纹饰”，分别为日、月、星辰、山、龙、华虫、宗彝、藻、火、粉米、黼、黻。十二章纹饰中的每个符号，都有着深刻的内涵，“日、月、星辰”，表示“照临”，如三光之耀，有“普照天下”的寓意。“山”，形象高大，象征王者镇重安静四方。“龙”，能变化而取其神之意，象征君主的应机布教而善于变化。“华虫”，古人解释为“雉”的一种，表明帝王有文章之德。“宗彝”是古代青铜酒器的一种，用来祭祀。“藻”，指的是深水中的水草，象征洁净。“火”，表示光明。“粉米”，洁白的米粒，取其滋养，有济养之德。“黼”的读音与“斧”一样，所以它的形象也是斧形的，象征着权威。最后，“黻”，读音同“服”，是一个两弓向背的半青半黑的花纹，寓意着明辨是非。

十二章纹饰影响深远，甚至到了民国时期，还潜移默化影响人们的观念。鲁迅先生曾经在北洋政府当过一阵子公务员。当时，他和好朋友钱稻孙、许寿裳完成了袁世凯总统府交办的一项大事——为北洋政府设计国徽。国徽的核心设计思路，就是这十二章纹饰。鲁迅借用了十二章纹饰中蕴含的美德，来寄托自己对中国的美好祝福。

除衮服外，玉圭也是皇室礼服的重要组成部分。《大明万历会典》规定，亲王朝觐天子，先穿常服、行家礼，再穿冕服、行君臣之礼。行君臣礼时，天子要执传位大圭，上刻“奉天法祖，世世相传”，以正君臣之位。定陵共出土了八件玉圭，其中四件出自万历棺内西端胸前，四件出自随葬器物箱内。

说完皇帝，再来说皇后。古代皇后的服装非常讲究，通常有“凤冠霞帔”的说法，实际上，凤冠霞帔是所有

三龙两凤冠

明代，孝靖皇后凤冠
高 35.5 厘米、直径 20 厘米，重 2.95 千克
现藏于故宫博物院

九龙九凤冠

明代，孝端皇后凤冠
通高 48.5 厘米、直径 23.7 厘米，重 2.32 千克，
共嵌天然红宝石一百多颗，珍珠五百多颗
现藏于中国国家博物馆

霞帔坠

皇后、妃嫔、命妇用于朝见等礼仪场合的礼服统称，细分起来等级差别严格。所谓凤冠霞帔，其实是两件服饰：一个凤冠，一个霞帔。定陵一共出土了四顶皇后凤冠，分别是十二龙九凤冠、九龙九凤冠、六龙三凤冠和三龙两凤冠。其中六龙三凤冠上六条龙均由金丝编织而成，栩栩如生，三只用翠鸟羽毛粘贴的凤居下，仿佛要破空而起。龙、凤口衔珠宝，在由珍珠宝石缀编的牡丹花、如意云和花树之间穿行，整个凤冠珠光宝气，极其奢华。

霞帔，《释名·释衣裳》曰：“霞，披也。披之肩背，不及下也。”最早由南北朝时期的帔子演变而来，发展到隋唐时期唤作霞帔，造型类似于现代常见的披肩。到了宋代，霞帔成为妇女礼服中重要的装饰品，并被列入命妇礼服规制中，成为等级的象征。

为了使霞帔在穿着时能平展地下垂，还需要在其底部缀以金制或银制的帔坠。帔坠的基本形状是中空，左右两半分制而成，扣合在一起呈桃形，多伴有挂钩，纹饰则多以镂空錾刻的禽鸟纹为主。

六龙三凤冠（复制品）

明代，孝端皇后凤冠
通高 35.5 厘米、冠底直径约 20 厘米、总重 2.905 千克
现藏于明十三陵博物馆

六龙三凤冠细节 1

六龙三凤冠细节 2

六龙三凤冠细节 3

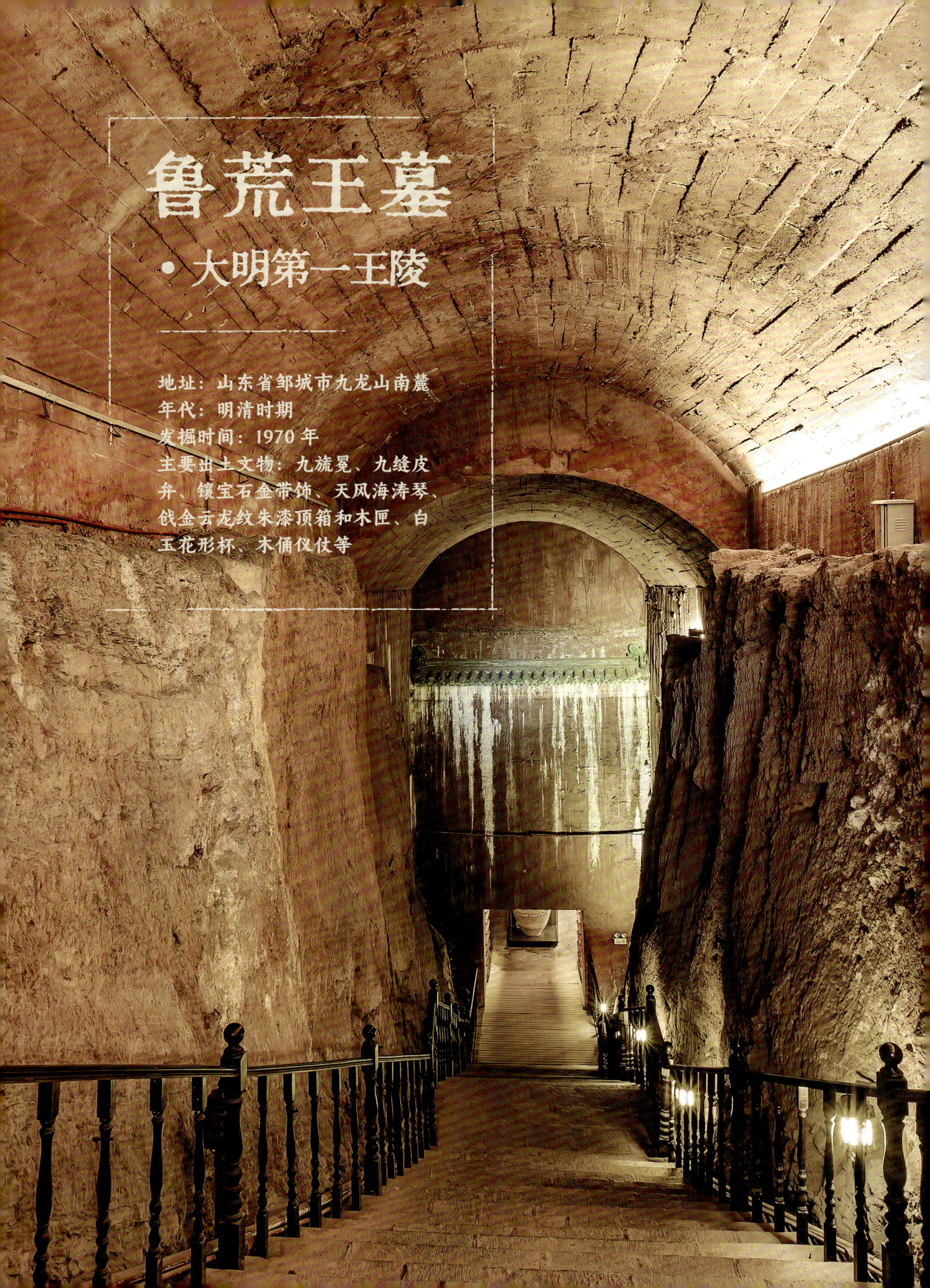

鲁荒王墓

• 大明第一王陵

地址：山东省邹城市九龙山南麓
年代：明清时期
发掘时间：1970 年
主要出土文物：九旒冕、九缝皮弁、镶宝石金带饰、天风海涛琴、戗金云龙纹朱漆顶箱和木匣、白玉花形杯、木俑仪仗等

考究的墓葬选址

邹县，即现在的山东省邹城市，古称“邹鲁圣地”，位于山东西南部，北依孔子故里曲阜，南望滕州。春秋战国时期为邹国国都，是儒学大师孟子的故乡，这里至今还保留着许多名胜古迹，比如中外闻名的孟庙、孟府。

20 世纪 60 年代末，邹县地区掀起一阵盗墓热潮，很多村子甚至召集村民，公开盗掘附近的古墓。一天，山东省考古所收到消息，在邹县中心店镇九龙山南麓，有座规模宏大的陵墓被盗。考古人员查阅相关资料，结合史料和实际情况，判断这座陵墓很可能是明代鲁荒王的墓葬。明万历二十四年（1596 年）的《兖州府志》记载，明鲁荒王园，在县东北 25 里九龙山。康熙五十四年（1715 年）的《邹县志》旦也有记载说明鲁荒王园在九龙山。

鲁荒王，姓朱，名檀，明朝第一任鲁王，明太祖朱元璋第十子。洪武三年（1370 年）二月十七日生，母为宁妃郭氏。根据《明史》记载，朱檀博学多识，好文礼士，颇受朱元璋喜爱。15 岁那年，他按照朱元璋定下的藩王制度，到山东兖州就藩上任，成为第一代鲁王。然而，朱檀到了封地后，却步入邪路，迷上炼丹之术，他在自己的封地内广求方士、道士，让他们炼制仙丹。结果，“饵金石药，毒发伤目”，只活了 19 岁便中毒身亡。朱元璋得知噩耗后，既心痛又愤怒，一气之下，给朱檀赐了个“荒”的谥号。“哀其不幸，怒其不争”，堂堂

鲁荒王陵

修复过的万年灯

一代鲁王，就此成了“鲁荒王”。

虽然朱元璋不满朱檀的荒诞行为，但考虑到朱檀是二十六个儿子中第一个去世的，所以依旧下令，朱檀陵墓的选址、营建，必须十分考究。

明代皇家陵寝的选址，普遍采用江西“形势宗”风水法。形势宗是风水理论的一个派系，其创始人为唐末的杨筠松。这一派讲究的是龙、穴、砂、水四字口诀。龙，也称“龙脉”，指的是山脉的走向、起伏、变化；穴，简单来说就是居住的地方，即地下宫殿的位置；砂，指的是围绕在穴四周的低矮的丘陵；水比较好理解，指穴附近的流水。

据说朱檀墓的选址可谓煞费苦心，踏遍了鲁国的山川，相地形、找风脉，最后选定了九龙山这个地方。这里有连峰九座，从东南到西北，蜿蜒起伏，逶迤如龙，故而得名。以形势宗四字口诀来看，九龙山的确是块风水宝地。鲁荒王墓位于九龙山南端第一座山峰，俗称“龙头”，东西两侧有“白马”二泉，是为“龙眼”，为白马河源头，由东北到西南再往西北，缓缓而流，环抱有情。

延展阅读　古代的谥号

谥号是古代帝王、诸侯、文臣武将死后，朝廷根据其生前事迹，给予的称号。许慎《说文解字》：“谥，行之迹也。”一个人凡是服务于社会，总会有种种事迹，在他死后，凭其一生的事迹，好的，予以褒扬；坏的，予以谴责。此为“谥”。

有关给谥的规定，谓之谥法。由于帝王死后不再称名号，而只称谥号，这等于给他们更改了一个名字，因此谥法又叫易名礼或更名典。一般来说，谥号分为几种。第一种，所谓的“美谥”，如楚庄王的“庄”、汉文帝的“文”，代表的是对其功绩的肯定；第二种，所谓的“中谥”，如汉哀帝的“哀”、晋怀帝的“怀”，有点同情的意味在里面；第三种，所谓的“恶谥”，如隋炀帝，“好内远礼，去礼远众曰炀”，历史上一般只有大权旁落或亡国废杀之君，才有可能被加以恶谥。由此可见，鲁荒王的“荒”，应该算是“恶谥”。

九龙山明鲁荒王墓航拍图

另外，鲁荒王墓的东西方向有卧虎山和玉皇山左右护卫，南边又有朱山遥相呼应，形成了所谓的“前朱雀、后玄武、左青龙、右白虎”四神方位。

相传，朱檀死后，朱元璋命令御史中丞刘基主持陵墓的修建。为了保护陵寝的安全，当时还设置了守陵的军队。后来军队驻扎的地方成了一个叫“老营村”的地方。建陵地址一旦确定，就不允许再动那儿的土，否则就会伤了“风水”，因此工程用土都要从其他地方运来。朱檀墓以西1 000米的地方，就是当年开工取土的地方。因为用土量巨大，地被挖了一个大坑，成了“溪湖”。

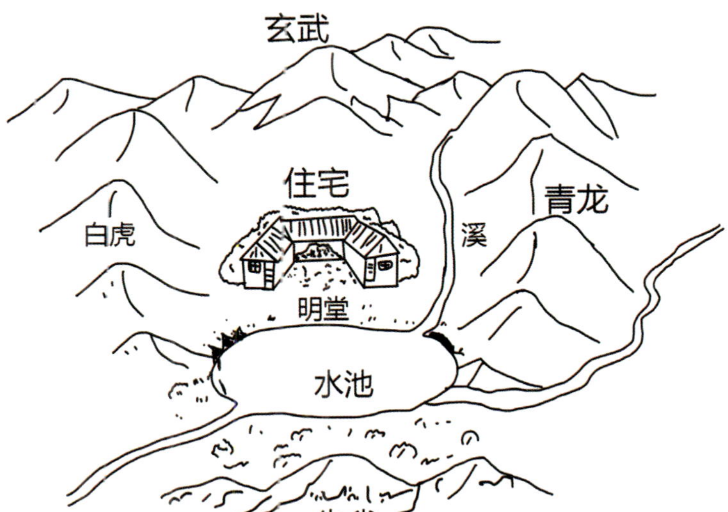

古代的四兽风水图

在考古现场忙碌的工作人员

考古现场

1970 年，为了更好地保护鲁荒王陵，山东省博物馆（2010 年，更名为“山东博物馆”）决定对其进行保护性发掘。经过几个月的发掘清理，考古人员终于搞清楚了鲁荒王陵及其地宫的结构。鲁荒王陵总占地 7 万多平方米，分为外城和内城，修有内外护城河。出陵园后门为方城明楼，它是地宫的重要标志。明楼后面为地宫入口。

地宫分前后两室，墓室为拱券式砖结构，墓门前为一道高 8.86 米的封门墙，墙后是高 8.20 米、宽 5.35 米的红色金刚墙。墓室正中间，放着一口直径 1.7 米的大瓷缸，里面装了铁灯芯座，这就是传说中的长明灯，也叫作万年灯。

长明灯是很多墓葬中的常规配置，据说秦始皇陵中就有长明灯，司马迁说是用人鱼膏制成的，永不熄灭地燃烧放光，让整个地宫常年如同白昼一般。不过，长明灯根本不可能长明，入葬之后，长明灯燃尽了地宫内的氧气后，很快就熄灭了。考古人员进入鲁荒王陵地宫，

拱券式砖结构门

“鲁王之宝”木印

发现大瓷缸内还有很多豆油没有用完。

墓室后部中间，放有朱红御案，上面放了三只宝匣，里面放了“鲁王之宝”木印（木制贴金）。印章的发现，证明了陵墓的主人确实就是少年早逝的鲁荒王。后室为棺室，中间砌有南北 3.85 米、东西 3.10 米、高 0.50 米的须弥座式棺床，上置朱漆楠木棺椁。棺床两边各有两张木桌和两个描金木箱，内装冠、袍、玉圭、玉带、梳妆具等。桌上陈列文房四宝和琴棋书画，东西壁摆着葬仪用的匾牌。据估计，墓葬出土文物达两千余件，其中部分文物是首次发现，且保存较好，具有重要的历史价值，堪称明代亲王第一陵，也是目前为止山东省出土文物最丰富的明代墓葬。

“鲁王之宝”木印

明代，印章

高 7.5 厘米、边长 10.5 厘米，上雕龟钮，钮穿紫红色绶带

现藏于山东博物馆

朱檀像

“鲁府图书”印

花押玉印

玉圭（出土时盛于戗金云龙纹朱漆木匣内）

九旒冕

明代，服饰
高 18 厘米、长 49.4 厘米、宽 30 厘米
现藏于山东博物馆

存世唯一九旒冕

考古人员在陵墓中发现了一个制作精美的戗金云龙纹朱漆木箱，里面藏着一件九旒冕。

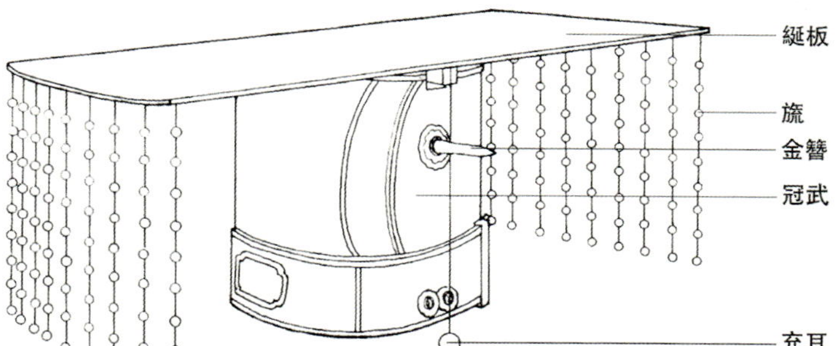

九旒冕现存主要组成部分示意图

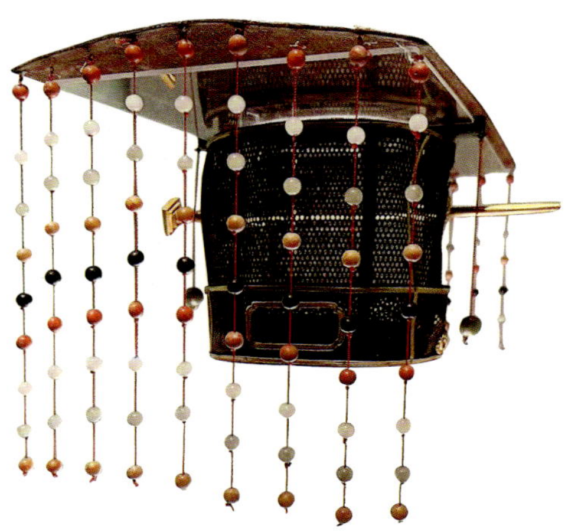

九旒冕的“旒”

九缝皮弁

明代，服饰
冠高 21 厘米、宽 31 厘米、冠筒径 17.5 厘米
现藏于山东博物馆

九旒冕即帝王礼帽，只有皇帝、太子、封王才能佩戴。而鲁荒王墓出土的这件九旒冕，是我国存世的唯一一件明初亲三冕冠实物，也是目前国内保存最早的唯一完整的冕冠，现在是山东博物馆的十大镇馆之宝之一。

此冕通高 18 厘米、长 49.4 厘米、宽 30 厘米。主体部分称为冠武，用竹篾编制而成，表面敷黑色漆纱，其上边缘镶金条，两侧中部偏上部位各有一重瓣葵花形金纽，贯一金簪，整体庄严肃穆，尊贵奢华，展现了古代的礼仪制度和王者威严。

冕冠最顶上的那块板，名为“綖”，它被做成前圆后方的形状，象征着天圆地方。此外，綖板前低后高，呈前俯之状，契合了传统文化中的谦恭之美德。

綖板前后两端，分别垂挂数串玉珠，叫作“旒”。此冕前后各有九旒，每旒九珠，珠为玉石质，有赤、白、青、黄、黑五色，现存一百五十二颗，九旒冕由此而得名。身份等级的不同，旒的数量多寡也不一，皇帝用的是十二旒，太子与亲王用的是九旒。明十三陵定陵中出土的万历皇帝的冕就是十二旒，而鲁荒王用的是九旒，完全符合朱檀的亲王身份。

这些旒垂于面前，能遮挡住视线，使佩戴者目不斜视，寓意帝王不视非、不视邪，是非分明。另外，在冕

戗金云龙纹朱漆木匣（出土时盛放有玉圭）

明代，包装容器

木匣长 36.2 厘米、宽 10.9 厘米、高 7.2 厘米

现藏于山东博物馆

戗金云龙纹朱漆木箱

明代，包装容器

延展阅读 古代的冠礼

礼文化是华夏文化的核心，礼仪分为吉、凶、军、宾、嘉五种类型。而冠礼，属于嘉礼的一种，是最重要的礼仪之一，《礼记·冠义》云：“冠者，礼之始也。”

冠礼始于周朝。按周制，男子20岁行冠礼。冠礼一般在宗庙内举行，冠前10日内，受冠者要先卜筮吉日，10日内无吉日，则筮选下一旬的吉日，然后将吉日告知亲友。及冠礼前3日，又用筮法选择主持冠礼的大宾，并选一位“赞冠”者协助冠礼仪式。行礼时，主人（一般是受冠者之父）、大宾及受冠者都穿礼服。正式行礼共有三次加冠，首先加缁布冠，再加皮弁，最终加爵弁。

冕则是古代服饰中最尊贵的礼冠。《说文解字》云：“冕，大夫以上冠也。邃延、垂旒、统纩。从冃，免声。古者黄帝初作冕。”在汉画像石中，有黄帝头戴冕冠的形象，与之同时出现的颛顼以及帝喾等古代帝王也是以冕冠为佩饰。由此推断冕冠自诞生以来，就与王权、礼制有着极为密切的联系。

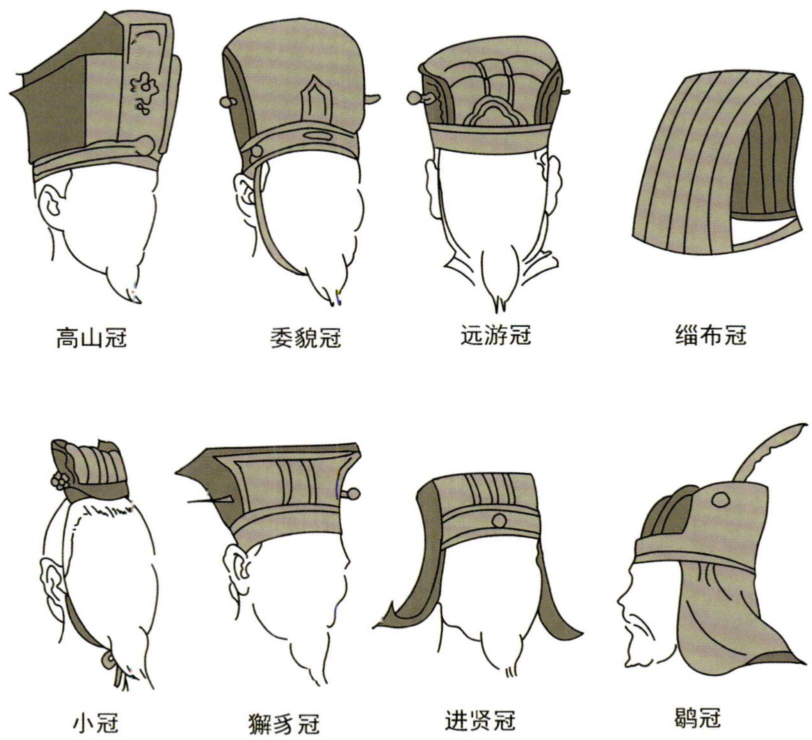

古代冠的种类

的两侧，佩戴者双耳部位，各垂有一颗青玉圆珠，这个圆珠俗称“充耳”，成语“充耳不闻”就是由此而来的。当然了，冕冠上的“充耳”并不是让帝王闭目塞听，而是希望帝王能够不听信谗言，有所闻，有所不闻。

除了九旒冕，墓中还出土了一件九缝皮弁，地位仅次于冕，是鲁王朝宾、巡视、上朝时穿用。皮弁以藤篾编制，缝压金线，镶金边、金圈，贯金簪，上缀五彩珠玉九颗，是现今唯一一件披露于世的明初亲王制皮弁实物，与洪武年间诏定亲王皮弁制相符。在明代，非皇亲国戚、尊贵大臣不能戴。

古画中的冠礼

《历代帝王图》（局部，古画中头戴冕冠的帝王们）

唐代，阎立本，绢本绘画

宽 51 厘米、长 531 厘米

现藏于美国波士顿艺术博物馆

魏文帝曹丕

天风海涛琴

鲁荒王墓中还出土了一把堪称国宝级别的古琴——天风海涛琴。此琴为仲尼式，身长 121 厘米，宽 19.5 厘米。琴面用桐木斫成，底为梓木，琴身通体黑漆，十三徽由金片镶嵌而成，琴底二雁足为玉雕仰莲形，琴面布满蛇蚹断纹。

蛇蚹断纹是判断古琴价值的重要依据之一。一般认为，琴的断纹是因为古琴琴面漆因年久起裂而出现的，而起裂、断纹的出现往往需要百年以上。宋元以来，琴家以蛇蚹断纹最为珍贵。陆游《赠道流》曰：“古琴蛇蚹评无价，鱼肠宝剑托有灵。”

古琴琴颈处刻有篆书“天风海涛”四字，寓意琴声雄浑厚重、大气磅礴。琴腹龙池内有墨书两行：“圣宋隆兴甲申重修，大唐雷威亲斫。”由此可知，此琴为唐代雷威亲手制造，之后一直流传至南宋孝宗时期，并进行了重修。

天风海涛琴

唐代，乐器
长 121 厘米、宽 19.5 厘米
现藏于山东博物馆

雷威之名，在古琴界可谓如雷贯耳，他是唐朝制琴名手。相传雷威斫琴从不墨守成规，做琴一般都用桐木，但雷威有时就用松杉木。他常在寒冬腊月畅饮一番，穿上蓑衣、戴上斗笠，进入深山，站在树下听风吹树木的声音。如果树木发出延绵悠扬的声音，就取材做琴。

天风海涛琴因为雷威亲斫的原因，一直被当作珍品收藏在皇室之中。宋亡后，这把琴又被元世祖忽必烈的曾孙女祥哥剌吉收藏。

祥哥剌吉深受汉文化的影响，喜爱汉人的琴棋书画，她在嫁给元朝的鲁王雕阿不剌之后，一直在鲁国生活，天风海涛琴始终伴随她左右。等到朱元璋称帝，灭亡元朝后，这把绝世唐琴就流传到了鲁荒王朱檀的手上，直到朱檀因为荒唐的吃丹药行为而亡故，这把朱檀生前极为喜欢的琴也跟着他埋入地下。

欧阳旭在《三琴记》中记载，唐琴在北宋时期就已经非常稀有。而能保存到现在的传世唐琴，据说不过十八张，较具代表性的有故宫博物院藏大圣遗音琴、故宫博物院藏九霄环佩琴等。由此可见天风海涛琴的珍贵之处。

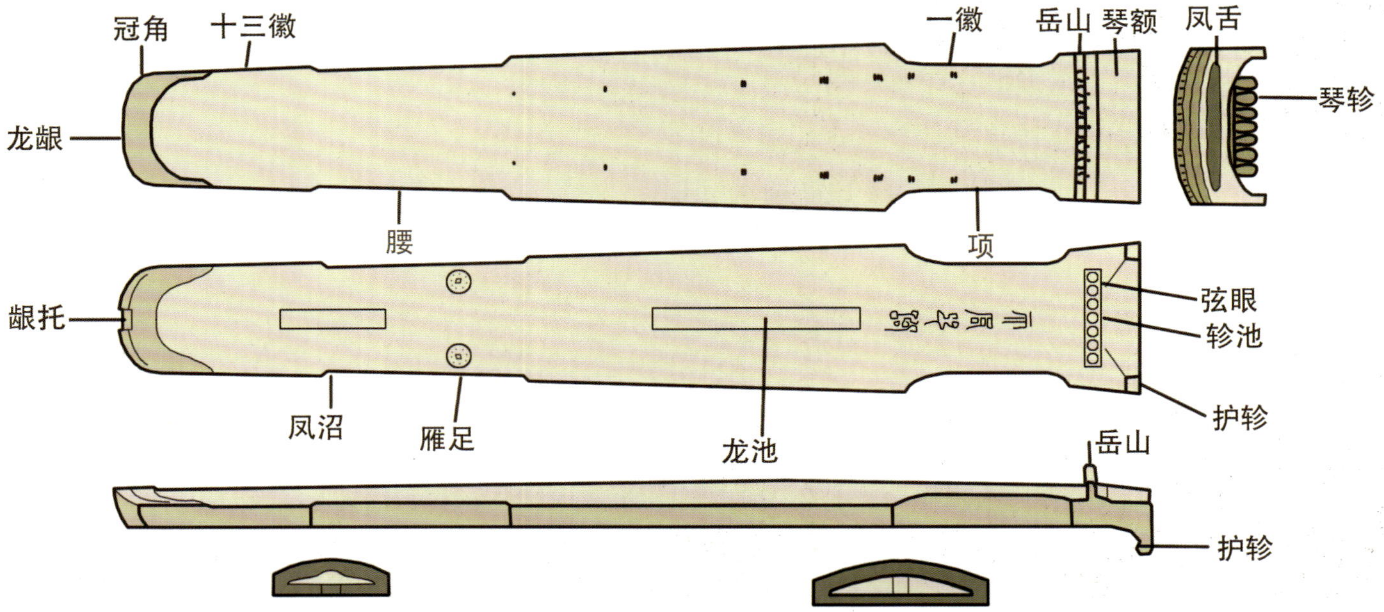

天风海涛琴结构图

延展阅读 古琴样式

根据宋代田芝翁编纂的《太古遗音》，古琴的款式有三十八种之多。其中最常见的有伏羲、月形、连珠、仲尼等。

《太古遗音》中描述伏羲式造型“宽裕古朴，项腰各有一半月形弯入”，代表名琴有故宫博物院藏的九霄环佩琴。月形式相传为春秋时期著名乐师师旷所制，在项腰间作圆月形，造型奇特，代表名琴有山东博物馆藏的宝袭琴。连珠式相传由隋朝逸士李疑创制，所表现意境类似“日月如合璧，五星如连珠”。此制造型严谨，结构合理，音色清丽；后经演变，因项腰间弧度之别，又分为三连珠、四连珠及变体连珠等不同样式。而仲尼式，由名字可知与孔子有关。琴颈、肩处内收一斜下的圆弧，腰部内收一方条，项方折内收，腰内折呈一直线，整体简洁大方，弧度有圆有方，颇具儒家处世之道，代表名琴就是天风海涛琴。

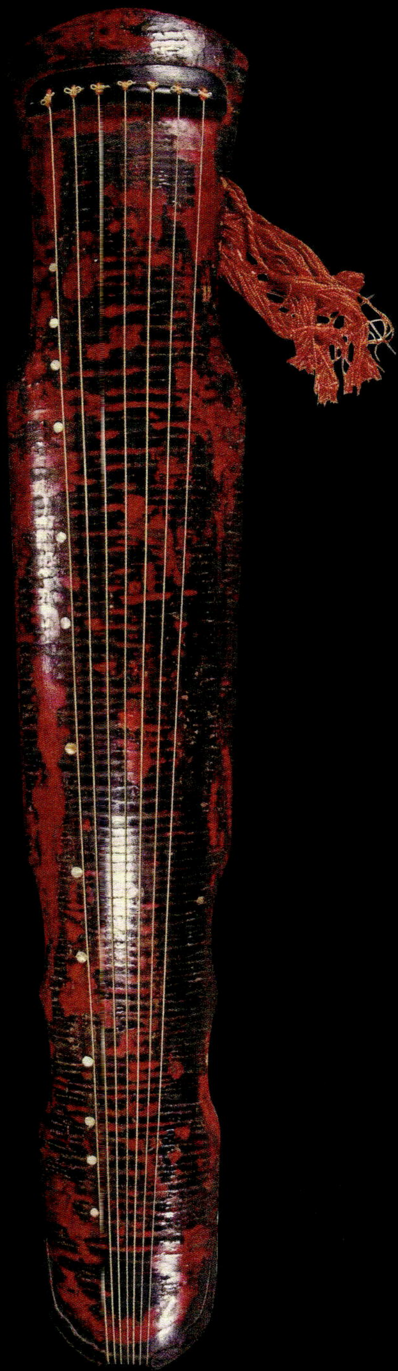

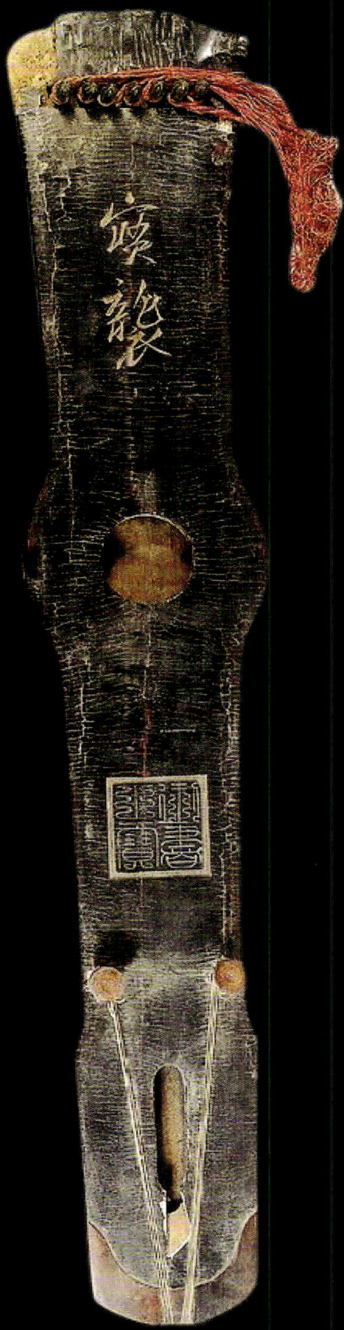

九霄环佩琴

唐代，乐器
长 124 厘米、肩宽 21.2 厘米、
尾宽 15.4 厘米、厚 5.8 厘米
现藏于故宫博物院

宝袭琴

唐代，乐器
长 122.2 厘米、肩宽 25 厘米、
尾宽 16.5 厘米
现藏于山东博物馆

恢宏的地下仪仗队

鲁荒王墓中还出土了一整套仪仗俑群，为我们展现了明代藩王出行时的恢宏气派。这批仪仗俑群包括木俑三百九十七件、马俑十六件、象辂两件。其中木俑形态多样，它们的身份、动作、持物各不相同。数量最庞大的是仪仗俑，它们有的捧剑，有的执戟，有的捧笏，有的手拿灯笼，姿态万千，还有吹笛、箫、笙，佩长鼓、持鼓槌、击拍板的乐俑。武士俑穿甲戴盔，手执长戟，器宇轩昂。文官俑身着圆领曳地长袍，足蹬黑靴，拱手而立，神态安详。

整个仪仗队中最引人注目的当属居于中间位置的朱漆木象辂。辂，也称作“路”，其意义有多种，既指古代车辕上用来挽车的横木，也指大型的车，之后引申为帝王之车。从周代开始，辂车就已经成为帝王用车，《周礼·春官·巾车》：“王之五路，一曰玉路，锡，樊缨十有再就，建大常，十有二游，以祀；金路，钩，樊缨九就，建大旂，以宾，同姓以封；象路，朱，樊缨七就，建大赤，以朝，异姓以封；革路，龙勒，条缨五就，建大白，以即戎，以封四卫；木路，前樊鹄缨，建大麾，以田，以封蕃国。”也就是说，辂分为玉、金、象、革、木五种。

辂车细节（圆顶形象）

辂车细节（辕首龙头形象）

辂车细节（辂亭回廊形象）

仪仗俑群辂车

仪仗俑群的人俑

镶宝石金带饰

明代，配饰
嵌宝石三十三颗、带饰通长 16.7 厘米，重 395 克
现藏于山东博物馆

明朝建立后，明太祖朱元璋认为辂车过于奢华浪费，于是重新制定天子出行仪仗制度，规定天子只用玉辂和大辂，太子用金辂，亲王用象辂，亲王以下官员不再乘坐辂车。

鲁荒王墓出土了两件象辂模型，一大一小，形制基本类似。按照学者的研究，辂车可分为三部分。最上部为状如宝盖的圆顶，分三层叠放，下层为平展帽檐形，中层为一环形木圆圈，最上一层盖面隆起作穹隆顶，形成的三周台阶上插有木制莲瓣形耀叶片，耀叶上贴金，盖顶置宝珠钮。

中间部分为辂亭，方形。亭四面分隔为上中下三部分：上部用木板做横梁，横梁上安有铁钩，可能用来悬挂丝带之类的装饰；中部分别用两根木条交叉做多组“X”形装饰；下部用木板做障水板，前、左、右三面木板等高，后面木板较高。亭内放置一木圈椅式座位，亭外安有一周阑干，与辂亭间的空处形成回廊。圆顶与方亭，其实是古人天圆地方观念的体现，“舆方法地，盖圆象天”，圆顶代表天空，方形的车箱就代表大地。

白玉花形杯

明代，酒水器
高 3.2 厘米、口径 7.3 厘米
现藏于山东博物馆

最下面一部分是底座，平盘状，前后两边连接三辕，辕首和辕尾分别刻龙头和龙尾造型。辂旁还有个三级木踏梯，供上下车之用。

整个木俑群阵容排列整齐，气势磅礴，威严壮观。站在这仪仗阵面前，你耳边仿佛能听到鼓乐齐鸣，眼前仿佛能看到鲁王朱檀端坐在华美的辂车中，伴随着豪华的仪仗出行的情景。

除了上述文物，墓中还出土了如镶宝石金带饰、白玉花形杯等精美文物。镶宝石金带饰看起来像如意的形状，由上下两层组成，中间是空心的，上面有花朵图案的装饰。两侧的部分，上层也是花朵图案的空心装饰，下层则是用金子做的板子。这样的设计非常少见。白玉花形杯是利用一整块白玉巧妙旋制出来的，宛如一朵正在怒放的鲜花。杯子内部雕刻有五瓣小花作为核心，而杯子的手柄和底托则是用精致的镂空技术雕刻出的藤蔓状枝叶，雕刻工艺非常细致，整体造型既经典又美观。这些工艺精湛、造型优美的文物都展现了明代高超的工艺水平和艺术成就。

江口明末战场遗址

·民谣里的惊天宝藏

地址：四川省眉山市彭山区江口镇岷江河道内

年代：明清时期

发掘时间：2017 年

主要出土文物：西王赏功币、金银锭、“永昌大元帅印”、“册封荣王世子朱翊鈖金册”与“蜀王之宝”印、“蜀世子宝”金印等

张献忠沉银

“石牛对石鼓，金银万万五。有人识得破，买尽成都府。”

这是一首在四川彭山当地世代流传的民谣。传说在明朝末年的时候，起义军领袖张献忠在江口兵败，将大量无法携带的金银财宝沉入江底，并以石牛石鼓作为记号，以便重返时挖取。但张献忠本人无法料到，他再也回不来这里了。岁月沧桑，这藏金之处逐渐成了一处传说中的宝藏，吸引着无数人前来寻宝。

张献忠是明末与李自成齐名的起义军领袖之一，曾与李自成一起为第一代闯王高迎祥效力。高迎祥战死后，李自成成为第二代闯王，而张献忠则自立门户，1644 年攻陷成都，创立大西国，年号大顺。张献忠在四川烧杀掳掠，无恶不作，还将大量的财富聚敛到自己身边。1646 年，面对明军和清军等强敌环伺，以及自然灾害造成的军中粮食短缺，张献忠决定不再困守成都，沿长江南下，再东进富庶的湖广地区。然而，如何带走多年搜

江口沉银遗址

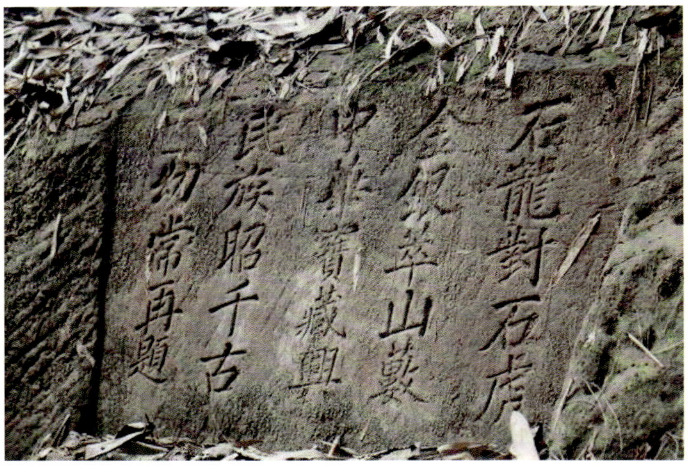

位于四川彭山区江口镇石龙沟有关张献忠沉宝的题刻：“石龙对石虎，金银萃山薮；中华宝藏兴，民族昭千古。”

位于四川彭山区江口镇的石龙雕刻

刮来的金银财宝是个大问题。他想出了一个方法，让木匠将银锭装进青冈木中，投入江中，计划在长江中下游狭窄处再打捞上来。然而，当他的船队驶进彭山县江口镇的“老虎滩”时，遭到明朝将领杨展的伏击，大西国的船队被困在狭窄的江湾中，死伤惨重，张献忠只能仓皇逃命，从此一蹶不振，而那批金银财宝也随着战火永远沉入江底。

当时宝藏刚沉入江底不久，相对来说比较好打捞，杨展也打起了这批宝藏的主意。据史料记载，杨展利用这批宝藏招兵买马，不仅给农民牛、粮，使其有田可种，还给愿意当兵的壮年男子每月发钱粮，致使其军事实力大增，成为明末四川割据将领中的最强者。清代也有不少人打过张献忠宝藏的主意，不过随着时间的推移，宝藏的真相逐渐隐匿在了历史的尘埃中，成了似真非真的古老传说。

张献忠

考古现场

2005年4月20日，彭山区江口镇岷江河道里发现了七枚重达50两的大银锭，这一发现在国内钱币收藏界引起巨大轰动。2015年，彭山发生了一起特大文物盗窃案，多个犯罪团伙在水下盗窃了大量文物，包括金虎、金印、金册子等，估值过亿。四川省文物考古研究院鉴定后发现，这些文物的形制和年代与300年前张献忠沉银传说相符，且盗掘地点在疑似张献忠沉银的江口“老虎滩”，所以判断此处极有可能就是张献忠沉银之处，于是，决定在此进行抢救性考古发掘，以防止再次发生盗掘，并验证这里是否真的是张献忠宝藏沉没地。

发掘工作还没开始，考古队就犯了难。常规的考古发掘基本都在陆地上进行，有一整套完整的流程规范。一般的海底考古相对简单，因为海水深，海底水流平稳，能见度高，考古队员适应后，绘图和记录都容易，比如“南海Ⅰ号”的考古发掘。但是，在岷江底的发掘就不一样了，江口镇河段是两江交汇处，水流湍急、浑浊不清，给水下考古增加了很大难度。采取什么样的发掘方式，是考古队首先要考虑的问题。

最终，专家决定尝试“围堰考古”，将江水分流，把大致的沉银区域围起来，抽尽江水，在围堰内按照田

四川彭山区江口镇沉银遗址考古现场

野考古的探测方法进行发掘。但江口沉银遗址面积大约 100 万平方米，如此大的范围，该围哪里，怎么围？考古队经过勘探、调查，最终确认了大码头、望江台、巫店子、大石包四个重点区域，将范围大大缩小了。接着，考古队通过磁学和电学等技术对四个区域水底的情况进行了探测，基本确定了望江台地点沉银的可能性最大，因为这里的磁异常最强烈，且河底的积岩呈隆起状，它的迎水面更有利于阻挡被冲下来的文物，使其成为文物的有利储集区。

2017 年年初，发掘工作正式开始。连续挖了一个多月，考古队挖出的全是沙子，连文物的影子都没有。好在功夫不负有心人，在岷江的红色砂岩沟槽里，考古队终于发现了一枚银锭，上面镌刻着“银五十两，匠张道”七个字。之后不断有文物出土，最后整个发掘结束时，出土了数万余件文物，包括金银锭、金银铜币、金宝、金册、金碗和金首饰等金器，看来歌谣中所说的“买尽成都府”不是虚传。

挖掘现场的金器

破损木槽里的银锭

遗址出土的金银锭

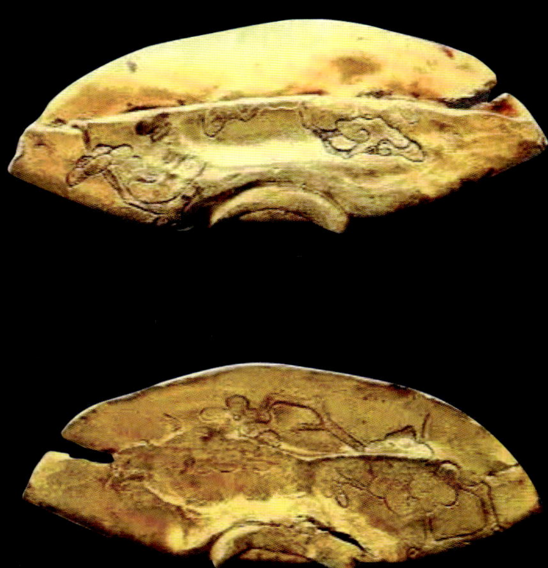

压扁的金碗

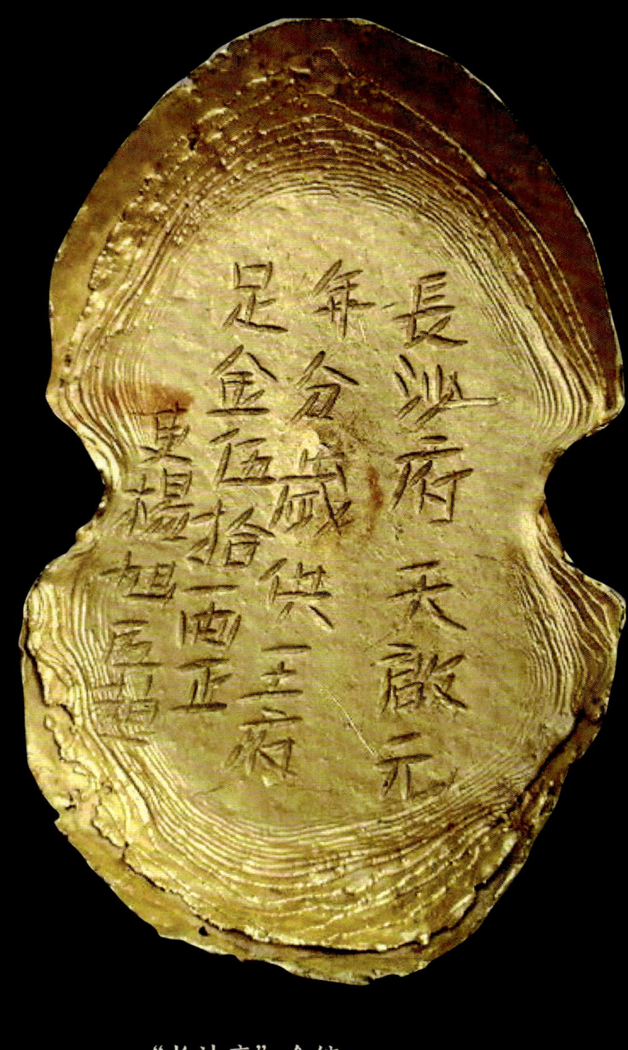

“长沙府”金锭

金镯子

金纽扣

压扁的金镯子

西王赏功币

大量珍贵文物的出水，确认了彭山区江口镇就是当年张献忠沉银之处。其中最有力的证据就是遗址中出土的二百余枚西王赏功金银币。根据明史记载，张献忠在1644年攻占成都后称帝，定国号“大西”，并铸“大顺通宝”铜钱，同时铸了金、银、铜纪念性币——“西王赏功”。西王赏功币属于非流通币，是作为战争中论功行赏用的，其作用类似于我们的功勋章。当年清朝政府为了惩罚张献忠部将，销毁了大量西王赏功币，所以在“江口沉银”发掘之前，这种钱币就已经非常珍贵了，号称是古钱“五十珍”之一，是无数古钱收藏家梦寐以求的宝贝，类似的钱币还有太平天国农民起义军时期翼王石达开铸造的“翼王赏功”钱。

西王赏功币拓印

西王赏功银币出土现场

西王赏功金币出土现场

目前所见发现最早的西王赏功币实物，是收藏家蒋伯埙的西王赏功金币，1963年被上海博物馆收购。在相当长的一段时间内，上博曾经以珍藏唯一一枚西王赏功金币而闻名于世，堪称“存世孤品”。2011年的一场拍卖会上，一枚西王赏功金币，甚至拍出了230万元的天价。而这次“江口沉银”考古发掘，一次性发掘出了二百余枚西王赏功币，意义重大。

有学者对出土的西王赏功金币进行了统计数据分析，发现它们钱径基本一致，但厚度相差较大。为什么金币的厚度、重量相差较大呢？因为金币材料的来源极其复杂，有劫掠明藩王府、官府的库藏宝物，有搜刮民间的各类金器、金饰，这些充当币材的含金量差异较大，品质也不同，导致西王赏功金币表面上虽然大小基本一致，但厚度、重量相当悬殊，反映出大西政权下的金币铸造管理制度较为混乱，不重视含金量的配比。

延展阅读　磁学技术和电学技术

磁学技术，指在江面上使用磁力仪，来探测水下哪些部分磁性或磁场有异常，通常鹅卵石、岩石没有磁性，金银具有弱磁性，铁器则具备强磁性。电学技术，则是向水下发射直流电，利用水下不同探测目标电阻率不同的原理，通过直流电可以分辨出哪些是金属、哪些是岩石。

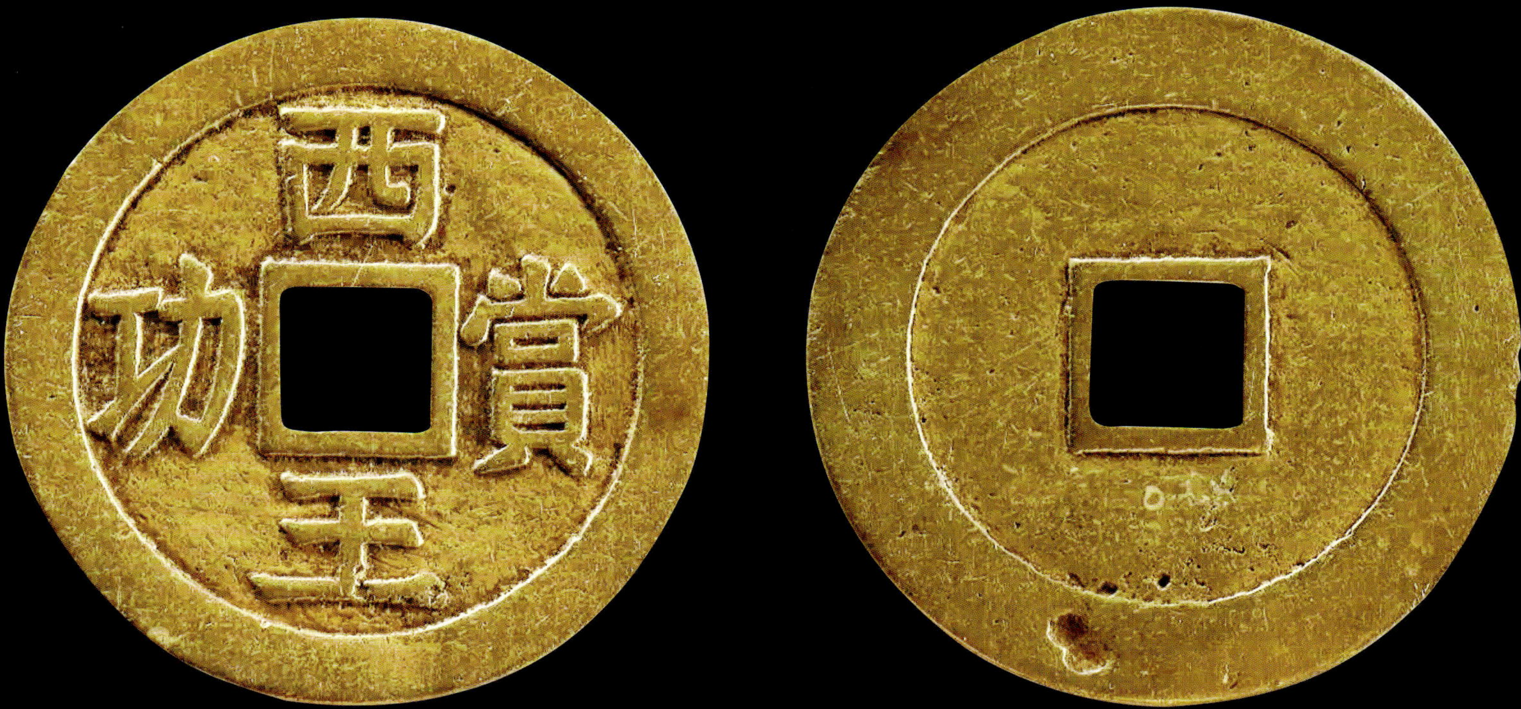

西王赏功币（正反面）

明代，行赏用币
直径约 5 厘米
现收藏于上海博物馆

其他西王赏功金、银、铜币

“永昌大元帅印”

“5·1 特大盗掘、倒卖文物案”中追缴回的一方“永昌大元帅印”，被认为是迄今为止发现的属于张献忠的最重要文物。该印用黄金制成，印面用九叠篆文书“永昌大元帅印”六字，印的背面左右分别刻“永昌大元帅印”和“癸未年仲冬吉日造”。印钮为一只身体前倾的立虎形象，虎口张开，尾巴向上卷曲，姿态凶猛。虎身用阴刻线纹装饰，生动地展现了虎的鬃毛和斑纹。

学界曾讨论金印的主人，有人认为李自成曾建年号“永昌”，故该金印主人当为李自成，但这一观点经不起推敲。李自成在 1644 年使用“永昌”年号，而这枚金印制造于 1643 年。那时李自成已自称“大元帅”和“新顺王”，不太可能再用“永昌大元帅”的称号。此外，李自成为避自己及其父、祖的讳，规定“其一切文书避海、玉、光、明、印、受、自、务、忠、成等十字，不许用”。“印”字相传是李自成父亲李守忠的别名。现存的李自成军队用印都没有“印”字，而是用“契”“符”“记”等字替代。因此，这枚金印是李自成所用的可能性较小。

相比之下，“永昌大元帅印”是从江口沉银遗址盗掘而出的，所以主人为张献忠的可能性更大。在该金印铸造的崇祯十六年（1643 年）十一月，张献忠正处在势力最盛之时。该年五月，张献忠攻占了武昌，并自称“大西王”，建立了大西农民政权，设六部和五军都督府，并委派地方官吏。此后向南进军，陆续控制了湖南全部，及湖北南部，广东、广西北部的广大地区。次年正月，张献忠进军四川，并于崇祯十七年（1644 年）八月占领成都，其后在成都称帝。在称帝之前，张献忠自封为“永昌大元帅”符合当时的形势，也表达了自己对政权永昌、长久的期待。

“永昌大元帅印”印背拓本和印面拓本

“永昌大元帅印”印面

金册、金宝

在江口沉银遗址中，还发现了很多张献忠劫掠的明代藩王金银封册和亲王金宝。金银封册多为不完整的单片册，其中“册封荣王世子朱翊鈊金册”是唯一完整的一件，第一册为四川彭山公安局从盗掘者手中追缴，第二册为 2017 年考古发掘出土，二者合为一副。这副金册在 1643 年被张献忠掳掠，经过被盗掘后追缴和考古发掘，跨越 374 年后得以合璧，成为目前国内发现最具代表性的亲王世子金册，弥足珍贵。

相比于金册，更为珍贵的是金宝。按照明制，皇子封亲王者，授金册、金宝；世子承袭王位，只授金册，传用金宝。也就是说，明朝的每个藩王府中可以有多本金册，但只有一枚金宝（金印章）。江口沉银遗址第三期考古发掘中，出土的一万二千余件文物中，包括一枚珍贵的明朝“蜀王之宝”金印，这是国内首次出土明代藩王金宝，只可惜发掘出来时，已经碎成很多块了。据《明史·舆服志》记载，明朝亲王金宝纯金打造，造型为龟钮，依周尺，方五寸二分，厚一寸五分，文曰“某王之宝”。这次出土的金宝虽然残损，但仍可以轻易地辨识出印面篆书“蜀”字，专家为其命名为“蜀王之宝”，经鉴定，这枚金宝为蜀藩王府所有。很显然，张献忠夺得此宝后，没有把它当一回事，而是将它砍成十多块作为硬通货来使用，金宝被砍的刀痕清晰可见。这是不是也可以从侧面反映出他对皇权的蔑视？

除了“蜀王之宝”印，另外还有一枚“蜀世子宝”金印，这是国内首枚明代蜀世子宝金印。

“册封荣王世子朱翊鈖金册”两册

“蜀王之宝”印残件底部可见“蜀”字及龟钮

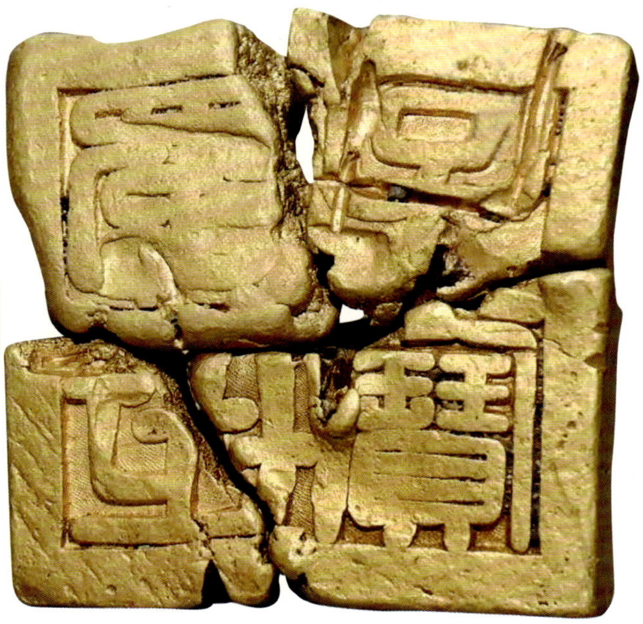

“蜀世子宝”金印

明代，印章

印台边长约 10 厘米、厚约 3 厘米、重约 8 千克，含金量高达 95%

现藏于四川文物考古研究院

延展阅读　藩王册宝

《明史·舆服志》中记载了藩王册宝的制度。亲王册宝，册制与皇太子相同，用金册二片，按照周尺，方五寸二分，厚一寸五分，文字依数分行，镌以真书。上下有孔，联以红绦，开阖如书帙。亲王妃册印，亦为金册，高度比照太子妃册减一寸，其余的设计相同。有关亲王世子的金册及金宝规定，承袭只授金册，而传位则用金宝，世子妃也是以金册的形式册封。郡王等级低一些，所用的册或印为镀金或银的，而其嫔妃只使用镀金、银的册。

“永昌大元帅印”

明代，印章

重约 3.9 千克

现藏于四川文物考古研究院

附录

Appendix

“百年百大考古发现”名单

旧石器时期

❶ 北京周口店遗址

地址：北京市房山区周口店镇龙骨山

年代：距今70万—3万年

发掘时间：1927年

主要出土文物：“北京人”头盖骨化石、用火遗迹

❷ 河北阳原泥河湾遗址群

地址：河北省阳原县阳原盆地泥河湾层分布区

年代：早更新世中期至晚更新世末期

发掘时间：1965年

主要出土文物：大量石制品、动物化石

❸ 山西襄汾丁村遗址

地址：山西临汾市襄汾县县城以南约4千米

年代：距今50万—2万多年

发掘时间：1954年

主要出土文物：“丁村人”牙齿化石

❹ 辽宁营口金牛山遗址

地址：辽宁省营口市大石桥市永安镇西田村村西金牛山

年代：距今20多万年

发掘时间：1974年

主要出土文物：“金牛山人”化石

❺ 宁夏灵武水洞沟遗址

地址：宁夏回族自治区灵武市

年代：距今约4万年

发掘时间：1923年

主要出土文物：石器与动物化石

新石器时期

⑥ 河北武安磁山遗址

地址：河北省武安市磁山镇二街村

年代：距今约 8 000 年

发掘时间：1976 年

主要出土文物：陶器、鸡骨化石、石磨盘、石磨棒

⑦ 山西夏县西阴村遗址

地址：山西省运城市夏县尉郭乡西阴村

年代：距今 5 900—5 500 年

发掘时间：1926 年

主要出土文物：半个人工切割的蚕茧标本

⑧ 山西襄汾陶寺遗址

地址：山西省襄汾县陶寺村南

年代：距今 4 300—3 900 年

发掘时间：1978 年

主要出土文物：彩绘龙盘、朱书扁壶、土鼓、鼍鼓

⑨ 内蒙古敖汉旗兴隆洼遗址

地址：内蒙古自治区敖汉旗宝国吐乡兴隆洼村

年代：距今约 8 200—8 000 年

发掘时间：1983 年

主要出土文物：玉玦

⑩ 辽宁朝阳牛河梁遗址

地址：辽宁省朝阳市下辖的凌源市及建平县境内

年代：距今 5 800—5 200 年

发掘时间：1983 年

主要出土文物：女神像、玉人、玉猪龙

⑪ 上海青浦崧泽遗址

地址：上海市青浦区崧泽村

年代：距今 5 800—5 300 年

发掘时间：1960 年

主要出土文物：双耳宽檐陶釜、玉璜

⑫ 浙江浦江上山遗址

地址：浙江省金华市浦江县黄宅镇

年代：距今 11 000—8 600 年

发掘时间：2001 年

主要出土文物：炭化稻米

⑬ 浙江余姚河姆渡文化遗址群

地址：浙江省余姚市河姆渡镇河姆渡村

年代：距今 7 000—5 000 年

发掘时间：1973 年

主要出土文物：双鸟朝阳纹牙雕、木胎朱漆碗、陶灶

⑭ 浙江余杭良渚遗址

地址：浙江省杭州市余杭区瓶窑镇、良渚镇

年代：距今 5 300—4 300 年

发掘时间：1936 年

主要出土文物：玉琮、玉钺、玉璧

⑮ 安徽含山凌家滩遗址

地址：安徽省马鞍山市含山县铜闸镇凌家滩村

年代：距今 5 800—5 300 年

发掘时间：1987 年

主要出土文物：玉人、玉鹰、玉龟

⑯ 福建闽侯昙石山遗址

地址：福建省福州市闽侯县昙石村
年代：距今 5 000—3 000 年
发掘时间：1954 年
主要出土文物：陶釜、陶灯

⑰ 江西万年仙人洞、吊桶环遗址

地址：江西省万年县大源镇
年代：距今约 20 000—9 000 年
发掘时间：1962 年
主要出土文物：人工栽培稻植硅石、夹粗砂条纹陶、绳纹陶、石磨盘

⑱ 山东泰安大汶口遗址

地址：山东省泰安市和宁阳县交界处
年代：距今 6 100—4 600 年
发掘时间：1959 年
主要出土文物：红陶兽形壶、白陶鬶

⑲ 山东章丘城子崖遗址

地址：山东省济南市章丘区
年代：距今 4 500—4 000 年
发掘时间：1930 年
主要出土文物：蛋壳黑陶、陶鬶

⑳ 河南舞阳贾湖遗址

地址：河南省舞阳县北舞渡镇贾湖村
年代：距今 9 000—7 500 年
发掘时间：1983 年
主要出土文物：骨笛、刻符龟甲

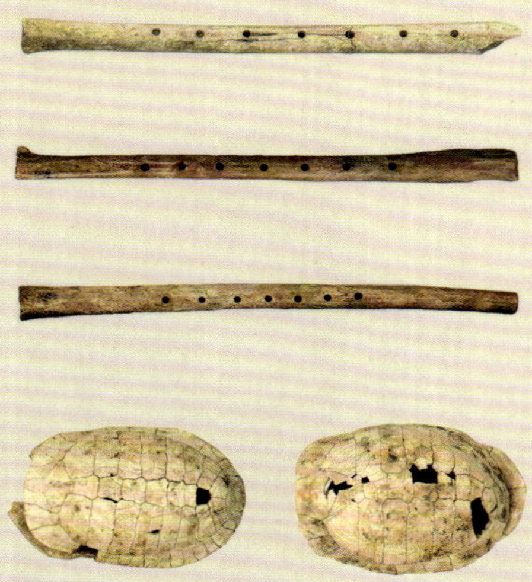

㉑ 河南新郑裴李岗遗址

地址：河南省郑州市新郑市新村镇裴李岗村
年代：距今约 8 000 年
发掘时间：1977 年
主要出土文物：乳钉纹陶鼎、小口尖底瓶

㉒ 河南渑池仰韶村遗址

地址：河南省三门峡市渑池县仰韶镇
年代：距今 7 000—5 000 年
发掘时间：1921 年
主要出土文物：小口尖底红陶瓶，灰褐夹砂陶鼎

㉓ 河南三门峡庙底沟遗址

地址：河南省三门峡市湖滨区陕州古城南
年代：距今 6 000—4 800 年
发掘时间：1956 年
主要出土文物：卷缘曲腹盆、曲腹钵、敛口瓮、花瓣纹彩陶钵

㉔ 河南巩义双槐树遗址

地址：河南省郑州市巩义市黄河南岸以南 2 千米
年代：距今 5 300 年
发掘时间：2013 年
主要出土文物：三重环壕、骨质蚕雕

㉕ 湖北荆门屈家岭遗址

地址：湖北省荆门市屈家岭管理区屈岭村
年代：距今 5 000—4 600 年
发掘时间：1955 年
主要出土文物：彩陶纺轮、炭化粟粒、陶器

㉖ 湖北天门石家河遗址

地址：湖北省天门市石家河镇
年代：距今 5 900—3 800 年
发掘时间：1955 年
主要出土文物：玉凤、玉人像

㉗ 湖南道县玉蟾岩遗址

地址：湖南省永州市道县寿雁镇白石寨村
年代：距今约 10 000 年
发掘时间：1993 年
主要出土文物：动物残骸、打制石器、炭化稻谷

28 湖南澧县城头山遗址

地址：湖南省常德市澧县车溪乡南岳村
年代：距今 6 500—5 800 年
发掘时间：1991 年
主要出土文物：水稻田遗迹、古城遗址、红陶碗

29 广西桂林甑皮岩遗址

地址：广西壮族自治区桂林市南郊
年代：距今 12 000—7 000 年
发掘时间：1965 年
主要出土文物：石器、骨器、角器

30 重庆巫山大溪遗址

地址：重庆市巫山县瞿塘峡东口长江南岸
年代：距今 6 400—5 300 年
发掘时间：1959 年
主要出土文物：人面形玉佩、彩陶瓶

31 西藏昌都卡若遗址

地址：西藏自治区昌都市卡若镇卡若村
年代：距今 5 300—4 300 年
发掘时间：1978 年
主要出土文物：夹砂陶罐

32 陕西神木石峁遗址

地址：陕西省神木市高家堡镇
年代：距今 4 300—3 800 年
发掘时间：1976 年
主要出土文物：兽面纹石雕、玉铲

33 陕西西安半坡遗址

地址：陕西省西安市灞桥区
年代：距今 6 800—6 300 年
发掘时间：1954 年
主要出土文物：人面鱼纹陶盆、尖底瓶

34 陕西临潼姜寨遗址

地址：陕西省西安市临潼区
年代：距今 6 600—4 000 年
发掘时间：1972 年
主要出土文物：姜寨黄铜、彩陶器

35 甘肃秦安大地湾遗址

地址：甘肃省天水市秦安县
年代：距今 8 000—4 000 年
发掘时间：1978 年
主要出土文物：人头形器口彩陶瓶

36 甘肃临洮马家窑遗址

地址：甘肃省定西市临洮县洮阳镇马家窑村
年代：距今 5 200—4 000 年
发掘时间：1924 年
主要出土文物：彩陶罐

37 青海民和喇家遗址

地址：青海省海东市民和回族土族自治县官亭镇喇家村
年代：距今约 4 000 年
发掘时间：1999 年
主要出土文物：大玉刀、面条遗存、"黄河磬王"石磬

38 香港马湾岛东湾仔北遗址

地址：香港马湾岛
年代：距今 5 700—2 500 年
发掘时间：1997 年
主要出土文物：双流鸡形陶壶、陶钵、陶杯

39 江西新干商代大墓

地址：江西省新干县大洋洲乡程家村

年代：商代中晚期

发掘时间：1989 年

主要出土文物：立鹿四足青铜甗、卧虎耳青铜大方鼎、兽面纹青铜胄

40 河南偃师二里头遗址

地址：河南省洛阳市偃师区二里头村

年代：距今 3 800—3 500 年

发掘时间：1959 年

主要出土文物：镶嵌绿松石兽面纹铜牌饰、绿松石龙形器、乳钉纹青铜爵

41 河南偃师商城遗址

地址：河南省洛阳市偃师区

年代：前 16—14 世纪

发掘时间：1983 年

主要出土文物：陶器、青铜器、骨角器、玉石器

42 河南郑州商城遗址

地址：河南省郑州市管城回族区

年代：商代早期

发掘时间：1956 年

主要出土文物：杜岭方鼎、兽面纹提梁铜卣

43 河南安阳殷墟（含洹北商城、后冈遗址）

地址：河南省安阳市洹河南北两岸

年代：商代晚期

发掘时间：1928 年

主要出土文物：刻辞卜甲、后母戊鼎、妇好鸮尊、嵌绿松石象牙杯

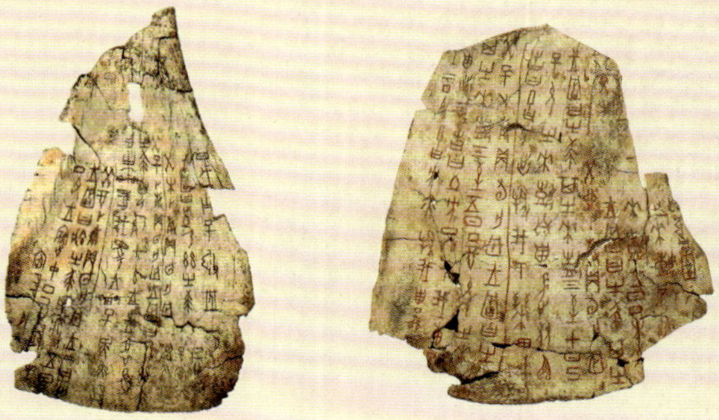

44 湖北黄陂盘龙城遗址

地址：湖北省武汉市黄陂区

年代：商代早期至中期

发掘时间：1963 年

主要出土文物：大玉戈、绿松石镶金饰件

45 湖北大冶铜绿山古铜矿遗址

地址：湖北省大冶市矿区

年代：商代晚期至汉代

发掘时间：1973 年

主要出土文物：大型铜斧、铜锛、铜凿、石钻、辘轳等采矿工具

46 四川广汉三星堆遗址

地址：四川省广汉市三星堆镇西北的鸭子河南岸

年代：距今 4 500—2 900 年

发掘时间：1986 年

主要出土文物：青铜神树、青铜面具、青铜立人像、金面罩

47 新疆若羌小河墓地

地址：新疆维吾尔自治区巴音郭楞蒙古自治州若羌县孔雀河下游

年代：距今 4 000—3 400 年

发掘时间：2002 年

主要出土文物："小河公主"干尸、毡帽、船形棺

48 台湾卑南遗址

地址：中国台湾台东市卑南乡南王村

年代：距今 3 000—2 000 年

发掘时间：1980 年

主要出土文物：石板棺、人兽形玉耳饰

两周时期

49 北京琉璃河遗址

地址：北京市房山区琉璃河镇董家林村

年代：西周早期

发掘时间：1972 年

主要出土文物：堇鼎、伯矩鬲

50 河北易县燕下都遗址

地址：河北省保定市易县城东南

年代：东周时期

发掘时间：1930 年

主要出土文物：透雕龙凤纹铜铺首、铁胄

51 河北平山战国中山王墓

地址：河北省平山县三汲村

年代：东周时期

发掘时间：1974 年

主要出土文物：错金银四龙四凤铜方案座、兆域图铜版

52 山西临汾晋侯墓地及曲村—天马遗址

地址：山西省临汾市曲沃县、翼城县

年代：西周至春秋初期

发掘时间：1963 年

主要出土文物：陪葬车马坑、晋侯鸟尊、晋侯苏钟

53 山西侯马晋国遗址

地址：山西省侯马市西北部

年代：战国晚期

发掘时间：1956 年

主要出土文物：侯马盟书

54 山东临淄齐国故城

地址：山东省淄博市临淄区齐都镇

年代：西周晚期至汉代

发掘时间：20 世纪 60 年代

主要出土文物：青铜镜、钱范

55 山东曲阜鲁国故城

地址：山东省济宁市曲阜市

年代：西周至汉代

发掘时间：1977 年

主要出土文物：鲁国大玉璧、战国兽面纹玉带钩

56 河南三门峡虢国墓地

地址：河南省三门峡市上村岭

年代：西周末期至春秋早期

发掘时间：1956 年

主要出土文物：玉组佩、人形玉佩

57 河南洛阳东周王城遗址

地址：河南省洛阳市

年代：东周时期

发掘时间：1953 年

主要出土文物："天子驾六"车马坑

58 湖北随州曾侯墓群

地址：湖北省随州市枣阳、京山的随枣走廊一带

年代：西周早期至战国

发掘时间：1978 年

主要出土文物：曾侯乙编钟、曾侯乙尊盘

59 四川成都金沙遗址

地址：四川省成都市城西苏坡乡金沙村

年代：商周时期

发掘时间：2001 年

主要出土文物：太阳神鸟金饰、金面具、蛙形金箔

60 陕西宝鸡周原遗址

地址：陕西省宝鸡市扶风县

年代：先周至西周时期

发掘时间：1956 年

主要出土文物：大盂鼎、大丰簋、毛公鼎、史墙盘

61 陕西西安丰镐遗址

地址：陕西省西安市长安区

年代：西周时期

发掘时间：1933 年

主要出土文物：车马坑、多友鼎

62 陕西凤翔秦雍城遗址

地址：陕西省宝鸡市凤翔区

年代：东周时期

发掘时间：20 世纪 50 年代

主要出土文物："蕲年宫当"瓦当、车马坑

63 甘肃张家川马家塬遗址

地址：甘肃省天水市张家川回族自治县

年代：战国晚期至秦代

发掘时间：2006 年

主要出土文物：车马饰、青铜器、金带钩

秦汉时期

64 北京大葆台汉墓

地址：北京市丰台区大葆台

年代：西汉晚期

发掘时间：1974 年

主要出土文物："黄肠题凑"墓、透雕双面刻墨玉舞人饰件、透雕螭虎玉佩

65 河北满城汉墓

地址：河北省保定市满城区陵山之上

年代：西汉中期

发掘时间：1968 年

主要出土文物：金缕玉衣、长信宫灯、错金博山炉

66 吉林集安高句丽王城、王陵及贵族墓葬

地址：吉林省集安市境内以及辽宁省桓仁县境内

年代：高句丽早中期（1—5 世纪）

发掘时间：1930 年

主要出土文物：好太王碑

67 江苏徐州汉楚王墓群

地址：江苏省徐州市

年代：西汉时期

发掘时间：1980 年

主要出土文物：金缕玉衣、汉兵马俑

68 江西西汉海昏侯墓

地址：江西省南昌市新建区大塘坪乡观西村

年代：西汉中期

发掘时间：2011 年

主要出土文物：黄金、孔子衣镜、玉舞人、青铜雁鱼灯

69 山东临沂银雀山汉墓

地址：山东省临沂市银雀山西南麓

年代：西汉早期

发掘时间：1972 年

主要出土文物：银雀山汉简

70 湖北云梦睡虎地秦墓

地址：湖北省云梦县

年代：秦汉时期

发掘时间：1975 年

主要出土文物：睡虎地秦简、彩绘凤形漆勺

71 湖南里耶古城遗址

地址：湖南省湘西土家族苗族自治州龙山县里耶镇

年代：战国至秦代

发掘时间：2002 年

主要出土文物：里耶秦简

72 湖南长沙马王堆汉墓

地址：湖南省长沙市东郊马王堆

年代：西汉早期

发掘时间：1972 年

主要出土文物：T 形帛画、素纱禅衣、朱地彩绘棺

73 广东广州南越国官署遗址及南越王墓

地址：广东省广州市老城区中心及越秀区象岗山

年代：西汉中期、五代十国时期

发掘时间：20 世纪 70 年代以来

主要出土文物："文帝行玺"龙钮金印、丝缕玉衣、透雕龙凤重环玉佩

74 广西合浦汉墓群

地址：广西壮族自治区合浦县廉州镇

年代：西汉早期至六朝时期

发掘时间：20 世纪 70 年代以来

主要出土文物：东汉铜提梁壶、羽纹铜凤灯

75 云南晋宁石寨山古墓群

地址：云南省昆明市晋宁区上蒜镇石寨村

年代：战国至东汉初年

发掘时间：1955 年

主要出土文物：滇王之印、四牛鎏金骑士铜贮贝器

76 陕西汉长安城遗址

地址：陕西省西安市未央区

年代：西汉

发掘时间：1956 年

主要出土文物：汉代瓦当、骨签

77 陕西秦咸阳城遗址

地址：陕西省咸阳市渭城区

年代：秦代

发掘时间：1959 年

主要出土文物：青铜鼎、玉具铜剑

78 陕西秦始皇陵

地址：陕西省西安市临潼区骊山北麓

年代：秦代

发掘时间：兵马俑祭祀坑于 1974 年发掘；秦始皇陵暂未发掘

主要出土文物：兵马俑、铜马车

79 新疆民丰尼雅遗址

地址：新疆维吾尔自治区和田地区民丰县

年代：汉代

发掘时间：1959 年

主要出土文物：“五星出东方利中国”锦护膊、佉卢文文书

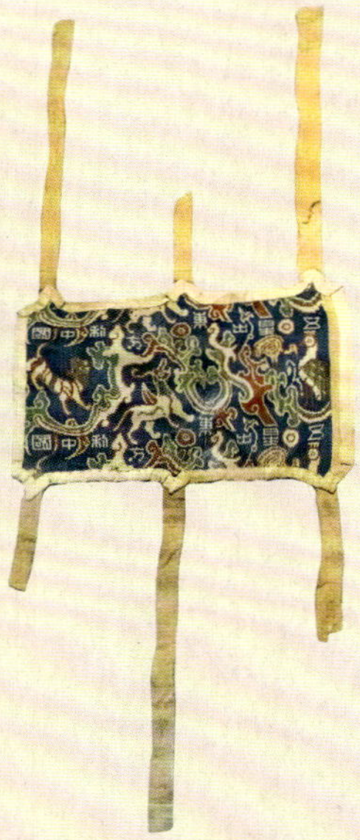

三国至隋唐时期

80 河北临漳邺城遗址及磁县北朝墓群

地址：河北省临漳县及磁县

年代：东汉末期至南北朝

发掘时间：20 世纪 50 年代

主要出土文物：北吴庄佛造像

81 黑龙江渤海国上京龙泉府遗址

地址：黑龙江省牡丹江市宁安渤海镇

年代：唐代

发掘时间：20 世纪 30 年代以来

主要出土文物：舍利函、石灯幢、天门军之印

82 河南汉魏洛阳城遗址

地址：河南省洛阳市洛龙区城东

年代：西周至唐代

发掘时间：1962 年

主要出土文物：永宁寺遗址出土泥塑佛像、正始石经、熹平石经

83 河南隋唐洛阳城遗址

地址：河南省洛阳市区洛河两岸

年代：隋代至唐代

发掘时间：1954 年

主要出土文物：杨国忠进奉银铤、波斯银币

84 陕西法门寺遗址

地址：陕西省宝鸡市扶风县法门镇

年代：唐代

发掘时间：1987 年

主要出土文物：佛指舍利、秘色瓷、迎真身银金花双轮十二环锡杖

85 陕西唐大明宫遗址

地址：陕西省西安市未央区

年代：唐代

发掘时间：1957 年

主要出土文物：含光殿“毬场”石志、鎏金铜铺首

86 甘肃敦煌莫高窟

地址：甘肃省敦煌市东南 25 千米处的鸣沙山东麓崖壁上

年代：北魏至元代

发掘时间：20 世纪初

主要出土文物：文书、壁画、彩塑

87 青海都兰热水墓群

地址：青海省海西蒙古族藏族自治州都兰县热水乡

年代：唐代

发掘时间：1982 年

主要出土文物：立凤银饰片、“外甥阿柴王之印”

88 新疆吐鲁番阿斯塔那古墓群

地址：新疆维吾尔自治区吐鲁番东南约 40 千米的阿斯塔那及哈拉和卓附近

年代：3—8 世纪

发掘时间：1959 年

主要出土文物：张雄干尸、唐代仕女图、伏羲女娲绢像

宋辽金元时期

89 内蒙古辽上京遗址

地址：内蒙古自治区赤峰市巴林左旗

年代：辽代

发掘时间：1962 年

主要出土文物：辽上京南北塔、建筑构件、契丹银币

90 内蒙古元上都遗址

地址：内蒙古自治区锡林郭勒盟正蓝旗上都镇

年代：蒙元时期

发掘时间：20 世纪 90 年代以来

主要出土文物：汉白玉角柱、古叙利亚文墓顶石、琉璃瓦当

91 黑龙江金上京会宁府遗址

地址：黑龙江省哈尔滨市阿城区南郊

年代：金代早期

发掘时间：20 世纪初以来

主要出土文物：铜印、铜镜等

92 浙江杭州南宋临安城遗址及官窑遗址

地址：浙江省杭州市主城区

年代：南宋时期

发掘时间：20 世纪 50 年代以来

主要出土文物：六方七管占景盆、南宋官窑青釉纸槌瓶

93 山东青州龙兴寺遗址

地址：山东省潍坊市青州市城区西部
年代：南北朝至明代
发掘时间：1996 年
主要出土文物：佛教造像、陶瓷器

94 河南许昌白沙宋墓

地址：河南省禹州市白沙镇北
年代：宋代
发掘时间：1951 年
主要出土文物：妇人启门图、墓主对坐图

95 广东"南海Ⅰ号"沉船

地址：广东省台山、阳江交界海域
年代：南宋初期
发掘时间：1987 年
主要出土文物：德化窑青白瓷、晋江磁灶窑瓷器、金器

96 贵州遵义海龙屯城址及播州杨氏土司墓群

地址：贵州省遵义市
年代：唐代至明代
发掘时间：2012 年
主要出土文物：金螭龙杯盘、象钮银执壶

97 宁夏西夏陵

地址：宁夏回族自治区银川市西部贺兰山下
年代：西夏时期
发掘时间：1971 年
主要出土文物：石雕力士志文支座

明清时期

98 北京明定陵

地址：北京市昌平区大峪山东麓
年代：明代
发掘时间：1956 年
主要出土文物：红缂丝十二章福寿如意衮服、乌纱翼善冠、金丝蟠龙翼善冠、六龙三凤冠

99 江西景德镇御窑厂窑址

地址：江西省景德镇市珠山区
年代：明清时期
发掘时间：1982 年
主要出土文物：永乐宣德大盘、明代板瓦、明成化素三彩鸭形香薰

100 四川江口明末战场遗址

地址：四川省眉山市彭山区江口镇岷江河道内
年代：明代末期
发掘时间：2017 年
主要出土文物：西王赏功币、金银锭、"永昌大元帅印"

参考文献

周口店遗址：探寻人类起源的重要线索

黄慰文 . 北京原人：周口店北京人遗址考古大发现 [M]. 杭州：浙江文艺出版社，2005.

林圣龙，吴新智 . 远古人类的家园：周口店北京猿人遗址 [M]. 北京：中国大百科全书出版社，1998.

岳南 . 寻找祖先："北京人"头盖骨化石失踪记 [M]. 北京：商务印书馆，2012.

贾湖遗址：拥有多项"第一"的伟大考古发现

河南省文物考古研究所，中国科学技术大学科技史与科技考古系 . 舞阳贾湖 [M]. 北京：科学出版社，2015.

陈楠楠 . 论贾湖文化 [D]. 天津：天津师范大学硕士论文，2014.

李耀辉，尚泽雅 . 试探贾湖遗址墓葬出土龟甲的用途 [J]. 黄河，黄土，黄种人，2022（10）.

张自成，钱治 . 复活的文明：一百年中国伟大考古报告 [M]. 北京：团结出版社，2000.

张居中 . 八千年前的书法艺术——河南贾湖原始文字的发现与研究 [J]. 中国书法，2001（1）.

叶子婧 . 新石器时代酿造酒研究的学术史回顾——以科技考古为中心 [D]. 厦门：厦门大学硕士论文，2021.

良渚遗址：实证中华 5 000 年文明史的圣地

俞为洁 . 饭稻衣麻：良渚人的衣食文化 [M]. 杭州：浙江摄影出版社，2007.

方向明 . 良渚玉器线绘 [M]. 杭州：浙江古籍出版社，2018.

刘斌 . 五千年良渚王国 [M]. 杭州：浙江少年儿童出版社，2019.

马黎 . 看见 5000 年：良渚王国记事 [M]. 杭州：浙江古籍出版社，2020.

王宁远 . 何以良渚 [M]. 杭州：浙江大学出版社，2019.

朱雪菲 . 神王之国：良渚古城遗址 [M]. 杭州：浙江大学出版社，2019.

喇家遗址：东方的"庞贝古城"

叶茂林 . 青海民和喇家史前遗址的发掘 [J]. 考古，2002（7）.

周强 . 青海喇家遗址史前灾难成因的探索与辨析 [J]. 地理学报，2015（11）.

叶茂林 . 喇家遗址的公众考古 [J]. 公众考古学，2020（9）.

叶茂林 . 民和喇家遗址发现地震和洪灾新证据 [N]. 中国文物报，2002-3-15.

夏正楷 . 青海喇家遗址史前灾难事件 [J]. 科学通报，2003（6）.

吕厚远 . 青海喇家遗址出土 4000 年前面条的成分分析与复制 [J]. 科学通报，2015（8）.

王仁湘 . 面条的年龄——兼说中国史前时代的面食 [J]. 中国文化遗产，2006（1）.

二里头遗址：在这里，探寻"最早的中国"

许宏 . 聊聊考古那些事儿 [M]. 郑州：河南文艺出版社，2022.

许宏 . 何以中国：公元前 2000 年的中原图景 [M]. 北京：生活 · 读书 · 新知三联书店，2016.

许宏 . 中国通史大师课 [M]. 长沙：岳麓书社，2020.

许宏 . 最早的中国：二里头文明的崛起 [M]. 北京：生活 · 读书 · 新知三联书店，2021.

陈旭 . 邹衡先生与夏文化探索 [J]. 考古学研究，2003.

殷墟：中国 20 世纪百大考古发现之首

苏湲 . 殷墟之谜 [M]. 郑州：河南人民出版社，2005.

张文波 . 中原文化探微：安阳殷墟 [M]. 北京：世界图书出版公司，2013.

唐际根，巩文 . 殷墟九十年考古人与事（1928—2018）[M]. 北京：社会科学文献出版社，2018.

许进雄．甲骨文有故事 [M]. 北京：化学工业出版社，2021.

李硕．翦商 [M]. 桂林：广西师范大学出版社，2022.

三星堆遗址：沉睡 3 000 年，一醒惊天下

岳南．天赐王国：三星堆、金沙遗址发现之谜 [M]. 北京：商务印书馆，2012.

王仁湘．三星堆：青铜铸成的文化 [M]. 长沙：巴蜀书社，2022.

周新华．一醒惊天下：三星堆古蜀文明 [M]. 杭州：浙江摄影出版社，2022.

段渝．发现三星堆 [M]. 北京：中华书局，2021.

小河墓地：新疆史前考古重大成果

贝格曼．新疆考古记 [M]. 乌鲁木齐：新疆人民出版社，1997.

杨晓静．浅谈古尸的分类 [J]. 文物鉴定与鉴赏，2017（9）.

车爱琳 .5000 年前的开颅手术 [J]. 百科知识，2006（8）.

伊弟利斯 .2002 年小河墓地考古调查与发掘报告 [J]. 边疆考古研究，2004（1）.

伊弟利斯．新疆罗布泊小河墓地 2003 年发掘简报 [J]. 文物，2007（10）.

金沙遗址：中国进入 21 世纪第一项重大考古发现

李进增．古蜀王国：三星堆和金沙遗址出土文物精华录 [M]. 银川：宁夏人民出版社，2012.

成都金沙遗址博物馆．金沙遗址 [M]. 北京：五洲传播出版社，2006.

黄剑华．古蜀金沙：金沙遗址古蜀文明探析 [M]. 成都：巴蜀书社，2003.

岳南．天赐王国：三星堆与金沙遗址惊世记 [M]. 北京：商务印书馆，2021.

邱紫华．论金沙“太阳神鸟”金饰图案的文化意蕴和形式美 [J]. 三峡大学学报（人文社会科学版），2020（7）.

曾侯乙墓：曾楚文化的艺术宝库

谭维四．曾侯乙墓 [M]. 杭州：浙江文艺出版社，2023.

岳南．旷世绝响：擂鼓墩曾侯乙墓发掘记 [M]. 北京：商务印书馆，2012.

秦始皇陵：世界上“最大的地下皇陵”

段清波．秦陵：尘封的帝国 [M]. 北京：中国民主法制出版社，2018.

段清波．秦始皇帝陵的物探考古调查——“863”计划秦始皇陵物探考古进展情况的报告 [J]. 西北大学学报（哲学社会科学版），2005（1）.

段清波．秦始皇陵封土建筑探讨——兼释“中成观游”[J]. 考古，2006（5）.

段清波．了不起的文明现场：跟着一线考古队长穿越历史 [M]. 北京：生活・读书・新知三联书店，2020.

赵国隆，李宫茂．采用综合探测技术，揭开秦皇陵地宫千古之谜 [J]. 探矿工程（岩土钻掘工程），2004（4）.

周小虎，谭克龙，万余庆，等．现代遥感技术在秦始皇陵考古研究中的应用 [J]. 现代地质，2007（1）.

后晓荣，王涛．科学发现历史：科技考古的故事 [M]. 北京：清华大学出版社，2022.

汉长安城遗址：中国“最早的国际化大都市”

刘庆柱．汉长安城 [M]. 北京：文物出版社，2003.

潘明娟，王新文．汉长安城 [M]. 西安：西安出版社，2016.

徐龙国．汉长安城考古的收获、进展与思考 [J]. 南方文物，2022（2）.

游湖者．汉长安城的千年兴衰 [J]. 地球，2018（1）.

马王堆汉墓：世界十大古墓稀世珍宝之一

岳南 . 西汉孤魂：长沙马王堆汉墓发掘记 [M]. 北京：商务印书馆，2012.

侯良 . 神奇的马王堆汉墓 [M]. 广州：中山大学出版社，1990.

周世荣，欧光安 . 马王堆汉墓探秘 [M]. 长沙：岳麓书社，2005.

傅举有，陈松长 . 马王堆汉墓文物 [M]. 长沙：湖南出版社，1992.

南越王墓：震撼岭南的考古大发现

岳南 . 越国之殇：广州南越王墓发掘记 [M]. 北京：商务印书馆，2012.

麦英豪，王文建 . 岭南之光：南越王墓考古大发现 [M]. 杭州：浙江文艺出版社，2002.

吕烈丹 . 南越王墓与南越王国 [M]. 广州：广州文化出版社，1990.

满城汉墓：大汉朝的绝唱

卢兆荫 . 满城汉墓 [M]. 北京：生活・读书・新知三联书店，2005.

中国社会科学院考古研究所，河北省文物管理处 . 满城汉墓发掘报告 [M]. 北京：文物出版社，1980.

海昏侯墓：汉废帝刘贺的跌宕人生

王仁湘 . 南藩海昏侯 [M]. 北京：生活・读书・新知三联书店，2022.

辛德勇 . 海昏侯刘贺 [M]. 北京：生活・读书・新知三联书店，2016.

辛德勇 . 海昏侯新论 [M]. 北京：生活・读书・新知三联书店，2019.

王东林，王冠 . 图说海昏侯 2：刘贺其墓 [M]. 南昌：江西美术出版社，2016.

万军 . 图说海昏侯 3：答疑三十六 [M]. 南昌：江西美术出版社，2016.

尼雅遗址：传说中的“精绝古城”

（英）奥莱尔・斯坦因 . 勘探尼雅遗址 [M]. 刘文锁，肖小勇，胡锦州，译 . 桂林：广西师范大学出版社，2020.

刘文锁 . 尼雅 [M]. 北京：外文出版社，2005.

曹操高陵：东汉第一权臣的最终归宿

李凭 . 曹操高陵：中国秦汉史研究会、中国魏晋南北朝史学会会长联席会议 [M]. 杭州：浙江文艺出版社，2010.

贺云翱 . 曹操墓事件全记录 [M]. 济南：山东画报出版社，2010.

河南省文物考古研究所 . 曹操墓真相 [M]. 北京：科学出版社，2010.

齐东方 . 曹操墓的发现与考古学 [C]. 北京大学演讲 .

潘伟斌 . 曹操患头风病和华佗被杀之原因探究 [J]. 黄河，黄土，黄种人，2017(7).

敦煌莫高窟：一部佛教艺术史

樊锦诗，赵声良 . 灿烂敦煌 [M]. 杭州：浙江文艺出版社，2023.

赵声良 . 敦煌石窟艺术简史 [M]. 北京：中国青年出版社，2015.

青州龙兴寺佛教窖藏：改写艺术史的国宝佛像

夏名采 . 青州龙兴寺佛教造像窖藏 [M]. 北京：生活・读书・新知三联书店，2004.

青州市博物馆 . 青州龙兴寺佛教造像艺术 [M]. 济南：山东美术出版社，2014.

法门寺遗址：地宫一开，便是半个盛唐

陕西省文物考古研究所 . 法门寺考古发掘报告 [M]. 北京：文物出版社，2007.

岳南 . 万世法门：法门寺地宫佛骨现世记 [M]. 北京：商务印书馆，2012.

裴建平 . 法门寺佛教文化奇迹：舍利・宝塔・地宫 [M]. 成都：四川教育出版社，1996.

李新玲 . 法门寺 [M]. 西安：三秦出版社，2003.

“南海 I 号”沉船：世界上发现的“最大宋代船只”

刘冬媚 . 南海 I 号沉船：解读南宋海洋贸易的重要宝库 [J]. 收藏家，2019（5）.

吴添宝 . 浅谈福建磁灶窑陶瓷装饰艺术 [J]. 陶瓷科学

与艺术，2020（9）.

张澜．“南海Ⅰ号”的时空之旅——访广东省文物考古研究所水下考古研究中心主任魏峻、水下考古队队长张威 [J]. 中国科技奖励，2007（12）.

何国卫.“南海Ⅰ号”与“海上丝绸之路”[J]. 中国船检，2019（10）.

明定陵：大明风华与考古界之痛

中国社会科学院考古研究所，定陵博物馆，北京市文物工作队．定陵 [M]. 北京：文物出版社，1990.

岳南．风雪定陵：明定陵地下玄宫洞开记 [M]. 北京：商务印书馆，2012.

鲁荒王墓：大明第一王陵

山东博物馆，山东省文物考古研究所．鲁荒王墓 [M]. 北京：文物出版社，2014.

刘仕毅．说“辂”：以明代辂车为例 [J]. 博物院，2019（2）.

江口明末战场遗址：民谣里的惊天宝藏

霍宏伟．四川彭山江口遗址出水西王赏功金银币探讨 [J]. 中国国家博物馆馆刊，2021（6）.

赵倩倩．沂戟沉沙“银”未销——专访彭山江口沉银遗址水下考古领队刘志岩 [J]. 四川省情，2018-11-30.

李飞．“永昌大元帅印”考 [J]. 四川文物，2018（3）.

图片版权

本书图片版权所属以下单位或个人：

新华社 上海图虫网络科技有限公司

崔亚旭　代康　何安琪　蒋欣　秦臻　陶红　田丁瑶　魏力　夏岚清　项晨　杨贝贝（按姓氏拼音排序）

我们已尽所能与图片版权方取得联系，以获得其对材料使用的许可，如有遗漏请与我们联系。

致谢

本书中涉及的文物相关信息，来自文物收藏机构官网或官方出版物，在此表示感谢！

笔者和出版方向所有中国考古事业前辈和从业人员表示诚挚的敬意，并向所有阅读本书并提供勘误信息的读者表示衷心的感谢！对于本书中可能存在的错漏，我们将在未来加印或再版版本中进行更改。

创作团队

项目策划：陶　红　莽　昱

图书在版编目（CIP）数据

伟大的中国考古：见证中华文明的25处奇迹发现 / 项木咄编著. -- 北京：北京理工大学出版社，2025. 8.

ISBN 978-7-5763-5263-4

Ⅰ. K87

中国国家版本馆CIP数据核字第20256JU800号

责任编辑：申玉琴　　**文案编辑**：申玉琴

责任校对：刘亚男　　**责任印制**：李志强

出版发行 / 北京理工大学出版社有限责任公司

社　　址 / 北京市丰台区四合庄路6号

邮　　编 / 100070

电　　话 /（010）68944451（大众售后服务热线）

（010）68912824（大众售后服务热线）

网　　址 / http://www.bitpress.com.cn

版 印 次 / 2025年8月第1版第1次印刷

印　　刷 / 北京博海升彩色印刷有限公司

开　　本 / 700 mm × 1000 mm 1/8

印　　张 / 56.5

字　　数 / 912千字

定　　价 / 498.00元